江苏大学专著出版基金资助出版

中国博士后科学基金面上资助　编号：2023M731385

投资者情绪、反馈与金融市场有效性研究

陈聪　著

上海三联书店

序

过去几十年里，行为金融所掀起的研究范式革命的风暴，以其鲜明现实主义特色和实证优势席卷了金融学的几乎所有研究领域。新古典金融学以其统一、优美、定义良好、数理可推演的理论体系获得了经济学家的垂青。许多行为金融学者也孜孜不倦地尝试构建统一的理论模型，以整合不断涌现的行为金融“异象”或“特征事实”。遗憾的是，由于金融市场波动印证的并不是事件本身，而是人们对于事件的反应，是数以千百万计人对这些事件如何影响他们行为的认知，迄今为止，能够拟合各种数据、解释各种异象的“大一统”理论尚未完全浮出水面。

金融市场是由人组成的，以投资者情绪与行为作为研究对象的行为金融学已经成为国内外金融学研究的前沿领域。行为金融理论基于一系列心理学实验的证据，放松了投资者理性偏好和理性预期的假设，把投资者情绪引入资产均衡价格中，为我们理解资产价格的波动性开辟了新的道路。站在前人的肩膀上，陈聪博士以其深厚的数理基础和扎实的建模能力勇敢地投身于这一充满挑战和吸引力的领域。他所撰写的《投资者情绪、反馈与金融市场有效性研究》，在目前投资者情绪相关理论的基础上引入更一般的反馈理论，结合中国的实际情况，从理论模型到实证研究，试图建立一个完整的投资者情绪与资产定价的研究框架。可以看出，陈聪博士的努力被证明是卓有成效的，他以敏锐的理论嗅觉寻找“情绪”这一关键变量，巧妙地融入古老的、更加一般的反馈机制，围绕同步性、价格泡沫、异常收益、过度交易以及市场风格切换等“典型事实”进行理论推演和论证，得出了一系列富有启发的命题和结论。

该著作是其博士后科学基金项目“行为视阈下中国A股泡沫的形成机制、预测与防范研究”的阶段性成果。其研究立足于投资者情绪与资产价格之间的反馈机制，讨论情绪反馈机制对于金融市场有效性的影响，包括资产价格过度波动、短期动量、长期反转、泡沫以及超额成交量等违背有效市场假说（EMH）命题的金融异象。具体来说，本书以一种递进式写法，沿着“投资者情绪对资产价格过度波动的影响—情绪反馈对资产价格泡沫的影响—情绪反馈对股票市场动态风格转换的影响”这一主线，借助于经典的DSSW模型讨论了投资者情绪对于资产价格波动的影响，将模型由单一资产拓展至双资产，证实了原有模型所产生的命题。基于上述建模，作者通过建立投资者情绪与知情交易变量之间的实证模型，对理论研究所产生的结论进行检验。由于价格过度波动能够降低价格所包含的基本面信息含量，致使股票收益同步性增加，作者通过理论建模与实证检验，讨论了投资者情绪对股票收益同步性的影响，基于投资者情绪与资产价格之间的反馈机制，将研究对象由单一的价格过度波动拓展至以泡沫为代表的极端金融异象。作者通过建立一个包括理性投机者对具有反馈交易特征的非理性投资者进行交易诱导的理论模型，讨论了情绪反馈对于泡沫的影响。并且，通过减少信息冲击、延长时间间隔的方式，创造了一条理性投机者可以维持价格稳定的独有机制；作者将外推信念作为情绪反馈机制的心理学基础，系统性讨论了外推投资者与基本面交易者的相互博弈如何形成泡沫与崩盘，并全面解释了泡沫所具有的一系列经验特征；作者将风格分类与情绪反馈相结合，从风格投资层面解释了股票市场动态风格转换。有鉴于此，该著作从“人性”视角对金融市场效率进行解读，并以较高的质量呈现出这一交叉学科研究的成果。

陈聪博士不仅在理论研究上斩获颇丰，他也不遗余力地寻找更有力的经验证据来佐证相关理论命题，或者结合这些理论洞见来解释中国资本市场的种种现象。尽管短期内这些努力无法达到令所有人满意的程度，但这种顶天立地、刨根究底的研究态度无疑是值得赞赏的。我非常期待他能够继续保持严谨的治学态度，在未来取得更为丰硕的成果。

是为序。

饶育蕾

2023 年 7 月

目　录

摘　要

“人非圣贤，孰能无过”，这句出自《左传·宣公二年》的古语体现了古人对于人性的认知。反映至金融市场层面，在这个由人所主导的场所中，投资者绝非理性的经济人，而是具有行为偏差的非理性个体，所做出的决策往往由于偏离有效框架，致使金融市场的效率流失。自从 Shiller(1981)关于“波动性之谜”的经典研究以来，人们逐渐发觉金融市场中的许多现象无法与传统金融框架相协调。作为新兴市场，中国金融市场的定价机制不完善、信息不对称、监管缺位、投资者专业素质低等问题亟待解决，投资者将金融市场视为赌场，试图通过高频的“炒卖”来积累财富(Burdekin 和 Yang, 2010)。投资者情绪对于金融市场的有效运行至关重要，有助于我们在保证流动性充裕的前提下防范价格风险，更关系到我国经济的成功转型、持续发展与供给侧结构性改革的有效推进。本书立足于现有的国内外行为金融研究，融合中国的现实特征，试图由理论至实证层面构建一个关于投资者情绪与金融市场有效性的完整性研究框架，希望能够为学术研究的推进与现实市场的长期发展增添理论与现实价值。

新古典主义金融于 20 世纪中叶拉开序幕，以 Markowitz (1952)的投资组合理论(portfolio choice)与 Modigliani 和 Miller(1958)的资本结构理论(capital structure)为代表。总体来说，新古典主义金融理论的理论基础源于古典博弈论，将人类行为纳入纯粹的理性范式：首先，面对新信息的出现，人们会根据贝叶斯法则及时、有效地更新有关未来结果地预期；其次，基于理性信念，人们所作出的决策均能实现期望效用最大化。随后，Modigliani 与 Miller 于 1958 年在资本结构方面取得了突破性进展，Sharpe 和 Lintner 在 20 世纪 60 年代构建了资产定价模型，尤以著名的 CAPM 为例。继 CAPM 之后，Fama 在 1970 年再度提出新古典主义金融的支柱性理论：有效市场假说(EMH)。尽管作为主流思想的新古典主义金融理论一直在推动着金融研究的前行，但是一些市场事件对于这些理论的合理性构成了挑战，尤其是关于市场价格能够反映标的资产内在价值的论点。在第一章中，我们首先对新古典主义金融范式下的主要研究与思想进行概述；随后对这一范式下的两种支柱性思想：CAPM 与 EMH 进行具体回顾，尤其是各种理论所具有的贡献与局限；最后通过现实事件反映新古典主义金融的没落。

行为金融理论以 Shiller(1981)的研究为起点，舍弃了理性经济人与有效定价的假设，试图从非理性视角出发、利用心理学知识去解释一系列无法通过传统理论所诠释的现象。投资者的非理性特征表现出多种形式。在偏好层面，Kahneman 和 Tversky(1979, 1982)所提出的早期心理学理论为行为金融理论奠定了基础，并构建了用于解释损失厌恶的展望理论；在信念层面，外推构成了行为金融理论最重要的假设之一，能够解释大量金融异象；在认知层面，现实中的投资者是有限理性的，无法迅速地搜集、处理所面临的大量信息，更不用说对信息做出及时的反应。行为金融理论基于一系列心理学实验的证据，通过放宽投资者理性偏好与理性预期的假设，把投资者情绪引入资产均衡价格中，为我们理解资产价格的波动性开辟了一条新的道路。在第二章中，我们首先提出理性投资者假设无法成立的证据，并通过总量与横截面异象对新古典主义金融中的 CAPM 与

EMH 进行批判，随后分别从套利限制、偏好、信念与认知这几个维度讨论了非理性投资者得以存在的前提与非理性形式，最后梳理了非理性特征对于金融异象的解释力。无论是信念还是偏好层面所具有的偏差，都可以通过投资者情绪进行定义。自 De Long 等人(1990a)所构建的噪音交易模型以来，行为金融学者通过一系列理论模型解释了投资者情绪对市场价格构成的影响。当对理论模型进行检验时，通常的做法是采取市场数据构建投资者情绪指数进行证实，形成一个“自上而下”的过程。然而，从理论上明确投资者情绪的内涵，乃是在实证中获取一个富有代表性的情绪指数的核心基础。因此，我们随后对显性情绪指数、隐性情绪指数、复合情绪指数与文本情绪指数的构建思想、方法与不足进行整理。最后，分别从总量与横截面视角梳理了相关的实证文献，考察投资者情绪对于未来资产收益的预测能力。

基于第二章有关投资者情绪的定义与度量，我们立足于总量层面，从理论与实证角度分析投资者情绪对于资产价格所构成的影响。在第三章中，首先借鉴 De Long 等人(1990a)的思路构建噪音交易者模型，发现在面临投资者情绪可能会在未来进一步加剧的情形下，理性套利者会由于风险厌恶降低套利强度，致使非理性投资者的错误信念能够持续影响资产价格，形成资产价格的过度波动；随后，我们借鉴 Baker 和 Wurgler(2006)与 Sibley 等人(2016)的方法构建具有不同信息含量的投资者情绪指数，从实证层面讨论了投资者情绪指数与股价信息含量之间的关系，发现投资者情绪的高涨会导致股价中的信息显著降低，证实了理论模型的核心命题。

投资者情绪的介入导致资产价格偏离基本价值，表现出过度波动性。我们初步推翻了 EMH，证实了金融市场效率的缺失。然而，随着股价所含的公司特质信息减少，股票收益同步性随之增加（Wurgler, 2000; Durnev, Morck 和 Yeung, 2004; Boubaker, Mansali 和 Rjiba, 2014），暗含着投资者情绪与股票收益同步性之间存在关联性。大量文献探讨了股票收益同步性的影响因素。Morck, Yeung 和 Yu(2000)发现，完善的产权保护制度能够推动知情套利的产生，通过向股价注入详尽的公司基本面信息、实现降低股票收益同步性的目的。随后，学者们从卖空限制(Bris et al., 2007)和机会主义(Jin 和 Myers, 2006)视角对股票收益同步性展开了讨论。上述文献均发现了股票收益同步性与促进或抑制知情交易的因素之间存在关联。根据行为金融理论，投资者情绪是知情交易的重要决定因素，情绪高涨时期的卖空限制会显著地减少知情交易，情绪低落时期会推动知情交易的产生(胡昌生和池阳春,2014)。据此，我们可以从投资者情绪视角对股票收益同步性进行解释。在第四章中，本书借鉴第三章的两种情绪指数，分别从总量与横截面视角讨论投资者情绪与股票收益同步性之间的关系，发现在情绪指数包含较多基本面信息时，情绪高涨无法对股票收益同步性构成显著为正的影响，但是可以在低落时期反向预测股票收益同步性；随着情绪指数中的基本信息被进一步剔除，情绪高涨能够导致股票收益同步性的显著增加，情绪低落对股票收益同步性的影响不具有显著性，说明了更加“纯净”的情绪指数更加能够代表投资者行为偏差；在横截面层面，那些定价主观、难以套利的股票收益同步性更加容易受到情绪的牵引，使得情绪与股票收益同步性之间的关系表现出横截面差异。

资产价格不单会由于情绪冲击偏离于理性价值，也会构成具有信息劣势的投资者进行交易决策的参照指标，使得投资者情绪与资产价格之间形成一种相互作用的关系，这便是重要的情绪反馈机制(胡昌生和池阳春,2014)。在第五章中,我们拓展了 De Long 等人(1990b)的模型,研究了正反馈交易者与理性投机者之间的关系。研究表明:第一,如果市场中出现一个准确信号,在正反馈交易者的反馈系数具有递减性,引入额外的无附加信息交易时期的情形下,理性投机会产生稳定效应;第二,如果这一信号含有噪音,理性投机可以在信号所含噪音成分较大的情况下产生稳定效应;第三,如果市场依次出现正确信号与噪音信号,资产价格会在不同时期对第一个信号表现出相反的反应,如果市场中缺乏理性投机者,资产价格会产生反转效应。基于研究结论,笔者从遏制噪音交易比例等角度提供政策建议。

理性投机者在面临具有正反馈交易特征的非理性投资者时,会通过诱导性交易引发进一步的噪音交易,对价格波动产生放大效应,形成了短期动量、长期反转与过度波动性。但是,即使没有理性投机者的预期性行为,正反馈交易者的存在亦会产生上述异象。此外,作为金融异象的极端形式,泡沫仍然没有得到有效解释,尤其是负泡沫这种异象在很大程度上被忽略。在第六章中,我们以外推信念作为情绪反馈的微观机制,构建了两套包含有限理性的基本面交易者与外推投资者的有限期模型。在基准模型中,我们将对初始的利好与利空信息冲击下风险资产价格的变化过程进行数值模拟,并通过改变投资者自身特征重新计算均衡价格,进行比较静态分析。在拓展型模型中,我们构建了包含基本面交易者与若干个异质外推投资者在内的有限期模型,两者均面临卖空约束,外推投资者对于风险资产的需求取决于价值投资与外推投资的加权,随后对初始的利好信息冲击下风险资产价格与交易量的变化过程进行数值模拟,并在基准模型的基础上改变投资者自身特征重新计算均衡价格,进行比较静态分析,旨在对泡沫进行全面地讨论。

针对进一步的理论建模，我们在第七章首先借鉴 Berger 和 Turtle(2015)的思想构建能够体现投资者情绪累积性变化的投资者情绪累积指数，从总量至横截面构建情绪累积指数与资产组合收益的实证模型，对理论建模的核心结论提供市场证据。实证结果表明，投资者情绪的累积性高涨(低落)会对未来资产组合收益构成非线性影响，在初期能够显著推高(降低)未来资产组合收益，在长期能够显著导致未来资产收益出现反转，使得情绪累积成为产生正或负泡沫的驱动因素，与第五至六章理论模型的基本结论相吻合。此外，在横截面分组条件下，我们发现具有高情绪敏感性的资产组合(如：小盘股、高波动性股)会形成更大的泡沫，不仅与 Baker 和 Wurgler(2006)的结论相似，也对理论模型的比较静态分析进行了验证。最后，为了进一步验证金融市场能够在非理性投资者淡出市场之时保持稳定，我们讨论了不同估值水平下的情绪累积性变化与未来资产组合收益，发行高估值时期的情绪累积变化能够对未来资产组合收益构成更加显著的非线性影响，低估值时期的影响将丧失显著性。为了验证泡沫时期所伴随的成交量高涨，本章将对中国 A 股市场中 2007 年与 2015 年两轮著名泡沫期间的行业成交量与历史回报率进行相关性分析，结果证明行业成交量与历史回报率高度正相关，且泡沫形成期间的相关性明显高于泡沫破裂之后；最后，笔者以成交量作为需求代理指标，讨论了规模与收盘价分组下不同投资组合在泡沫期间的超额交易量分布，发现小盘股与低价股在泡沫期间的超额交易量明显高于大盘股与高价股，进一步验证了泡沫期间的成交量定理。

投资者的非理性特征不仅体现在信念与偏好层面，也可以通过认知偏差进行度量。人类大脑的信息处理能力十分有限，使其无法有效吸收所面临的大量信息，因此会通过分类来简化决策过程。反映至金融市场，分类机制产生了著名的“风格投资”。与前三章的研究不同，风格投资者会按照风格而非个股进行资金配置，但是即使在对个股进行风格分组之后，也会形成一些更加显眼（突出）亦或与周围环境的对象形成鲜明对比的组合（如：大盘股的市值显著性高于其他按照规模划分的组合）。因此，由于投资者的注意力十分有限，更容易关注富有显著性的信息、忽略非显著的信息，进而为风格偏好在极端风格组合之间的动态转换奠定了行为金融理论基础。在第八章中，我们采用第三章中的 Hc 情绪指数，基于滚动回归法提取个股的情绪 beta，通过建立横截面回归模型，研究市场层面的“热点”产生和风格轮动现象。研究发现：股票的情绪 beta 最能捕捉到市场的“热点”产生和风格轮动特征，市场中“热点”的切换很大程度上存在于高情绪 beta 组合和低情绪 beta 组合之间；中期收益是市场风格偏好发生动态转换最为重要的影响因素，前 6 个月平均收益越低的情绪 beta 极端组合越有可能成为当前市场的“热点”；情绪 beta 风格偏好动态转换对资产组合收益有系统性的影响，这种影响在不同的情绪状态下会表现出不同的特征。

本书是我从人性视角对金融市场的理解中所进行的富有价值的探索，衷心希望所投入的努力可以为广大读者换来启示，这将是行为金融研究的重大进展。

陈　聪

2023 年 10 月于江苏大学

第一章　绪　论

新古典主义金融主要依托两大关键性假设。第一，理性信念：面对新信息的出现，人们会根据贝叶斯法则及时、准确地对未来结果的信念进行更新。第二，预期效用理论：基于理性信念，人们会根据具有递增且凹性的消费性效用函数作出能够实现预期效用最大化的决策。这两种假设形成了新古典主义金融的两大支柱性理论：有效市场假说（EMH）与资本资产定价模型（CAPM），最终汇聚为新古典主义金融的重要思想：(1)资产价格应该始终锚定于基本面价值；(2)金融市场能够迅速对新信息作出反应；(3)价格服从一个由信息的随机性注入所致的随机游走过程；(4)没有投资者能够持续赚取超过由于投资者承担风险所进行补偿的超额回报率。诚然，新古典主义金融理论为我们绘制了一幅有关金融市场的绝美图景，但现实市场中浮现出一系列难以通过传统理论所解释的异象，对有效市场假说乃至于新古典主义金融构成了严峻的挑战，行为金融学者通过放宽有关投资者信念与偏好的假设，将投资者情绪引入资产定价模型中，为解释金融异象开辟了一条新的道路。然而，解释金融异象等同于证实有效市场假说的谬误，现有研究所得出的结论主要集中于"资产价格异常波动"，未能广泛涉及有效市场假说的其他含义，使得行为金融理论研究具有局限性。因此，为了对有效市场假说提出全面的挑战、对金融市场效率缺失进行诠释，我们需要立足于非理性视角对金融异象进行更为深入的研究。

第一节 新古典主义金融:概述

Caginalp 和 DeSantis(2011)借助古典博弈论对新古典主义金融的命题进行阐述,以纯数理语言对人类行为进行简化处理。因为一旦我们定义了某个博弈,其结果可以单独通过推理进行预测,不需要进一步通过数据或调查对人类行为的任何层面进行分析。简单地说,新古典主义金融将人类简化为机器,一台不包含任何情感或偏见的智能机器。新古典主义金融的拥护者认为,在一个类似于金融市场的宏观经济环境下,缺乏经验的投资者与噪音交易者的偏差与所犯的错误会被经验丰富与更加知情的投资者迅速利用。我们由此可以断定,金融市场是由绝对理性与经验丰富的市场参与者行为所驱动。这种推理方式存在一定优势,令我们无需再讨论一些投资者偏差的性质。问题并不在于数理化本身,而是经济与金融学所产生的一些过度与无谓的数理化包装。

自 20 世纪中叶起,以 Markowitz(1952)的投资组合理论(portfolio choice)与 Modigliani 和 Miller(1958)的资本结构理论(capital structure)为代表的新古典主义金融一直在推动着金融领域研究的前行。投资组合理论讨论了一位理性投资者如何通过接受高风险以赚取高回报的方式将资金投资于一系列资产中。随后,Modigliani 和 Miller(1958, 1963)提出了资本结构无关定理(即,MM 定理)。Sharpe(1964)与 Lintner(1965)构建了包含 CAPM 在内的资产定价模型,Fama(1970)提出了新古典主义金融的支柱性理论:有效市场假说。20 世纪 70 年代,Black 和 Scholes(1973)首创期权定价模型。20 世纪 90 年代,Fama 和 French(1993, 1996)在三因子模型的基础上创造了一个“蓬勃发展的产业”,Subrahmanyam(2010)在此基础上提出不少于 50 个因子对三因子模型进行拓展。

表 1-1　新古典主义金融的发展脉络

作者	主题	结　论
Markowitz (1952)	投资组合选择	选择投资组合的第一步是通过观察形成观点,第二步以相关观点为起点,以投资组合的选取告终
Modigliani and Miller(1958)	资本结构	为我们在一个充满不确定性的环境下进行公司估值奠定理论基础
Modigliani and Miller(1963)	资本结构	一种修改型模型,与传统模型在量化层面存在巨大差异
Sharpe(1964)	资产定价	在均衡状态,风险资产有效组合的收益标准差与组合预期收益呈现出简易的线性关系
Lintner(1965)	资产定价	产生了一种条件,即使股票的风险溢价为负(正),仍然在最优组合中建立多头(空头)头寸
Samuelson(1965)	有效市场假说	股票价格遵循随机游走过程,任何时点的证券价格均是对其内在价值的理性估计
Fama(1970)	有效市场假说	大量文献对 EMH 进行了支撑,却鲜有反例的存在
Black and Scholes(1973)	期权定价	首次从理论层面对欧式期权进行定价的模型
Jensen and Meckling(1976)	资本结构	代理成本理论认为,一种最优的资本结构是由最小化当事人之间冲突所引致的成本决定
Myers and Majluf(1984)	资本结构	资本结构的啄序理论否认了明确定义的目标债务率的思想
Fama and French(1993)	资产定价	提出了 FF 三因子:总量、规模、价值
Fama and French(1996)	资产定价	除了短期回报的持续之外,异象基本消逝于三因子模型中。这与理性的跨期资本资产定价模型和套利定价模型相吻合
Subrahmanyam (2010)	资本资产定价模型的拓展	提出 50 个变量对资本资产定价模型进行拓展

新古典主义金融的发展于 20 世纪 70 年代达到了巅峰。

第二节 支柱性理论:CAPM

资本资产定价模型(CAPM)描述了系统性风险与资产预期回报率之间的关系,可以通过如下公式表达:

$$r_j = r_f + \beta_j (r_m - r_f) \tag{1-1}$$

其中,r_j 是资产 j 的预期回报率,r_f 为无风险利率,r_m 为市场回报率,β_j 为资产 j 的 beta,用于度量资产的系统性风险。$(r_m - r_f)$表示市场溢价,是由市场提供的高于无风险利率的回报率。CAPM 的背后思想在于,对于持有资产 j 的投资者来说,必须根据货币的时间价值与风险对其进行补偿。货币的时间价值可以根据无风险利率进行衡量,作为对投资者在一段时期内将货币进行任何投资进行补偿的代理指标。补偿的另一层含义在于风险承担,这里的风险是通过 beta 进行衡量,能够反映一只资产相对于总量市场所具有的风险。如果由 CAPM 所产生的回报率低于必要回报率,这项投资不宜进行。根据 CAPM,风险补偿只针对系统性风险,无法进行分散。

因此,该模型告诉我们,投资者投资某一项资产而不是其他资产能够获取(或者是应该获取)更多回报的唯一原因是该资产具有更高的风险,这便是风险—回报的均衡。

回顾(1-1)式,如果$(r_m - r_f) > 0$, $\beta_j = 0$ 的时候会使得 $r_j = r_f$,表明不随市场变化的资产回报率必定等于无风险利率。另外,如果 $\beta_j = 1$,则 $r_j = r_m$,表明与市场步伐一致的资产回报率等于市场回报率。最后,$\beta_j < 0$ 使得 $r_j < r_f$,如果$|\beta_j (r_m - r_f)| < r_f$, $r_j < 0$,表明在市场溢价为正的条件下,负 beta 的资产预期回报率应该小于无风险利率甚至为负①。

① 值得注意的是,负 beta 并不代表市场情绪,而是指股价波动受到公司特质因素的驱动,也无法代表低风险。

现在，让我们讨论预期回报率与 beta 系数、无风险利率与市场回报率之间的关系。根据(1-1)式：

$$\frac{\partial r_j}{\partial \beta_j}=r_m-r_f \tag{1-2}$$

$$\frac{\partial r_j}{\partial r_f}=\beta_j(r_m-r_f) \tag{1-3}$$

$$\frac{\partial r_j}{\partial r_m}=\beta_j \tag{1-4}$$

综上，预期回报率与市场溢价正相关，但是与无风险利率、市场回报率之间的关系并不直观，取决于 β_j 的符号。根据图 1-1，基于固定的市场溢价，我们发现预期回报与 β 之间存在符号为正的线性关系，对于负 beta 资产来说，其预期回报为负。

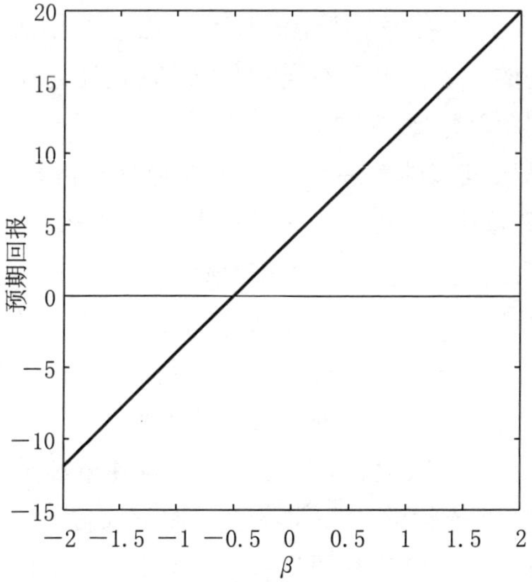

图 1-1 预期回报与 β(CAPM)

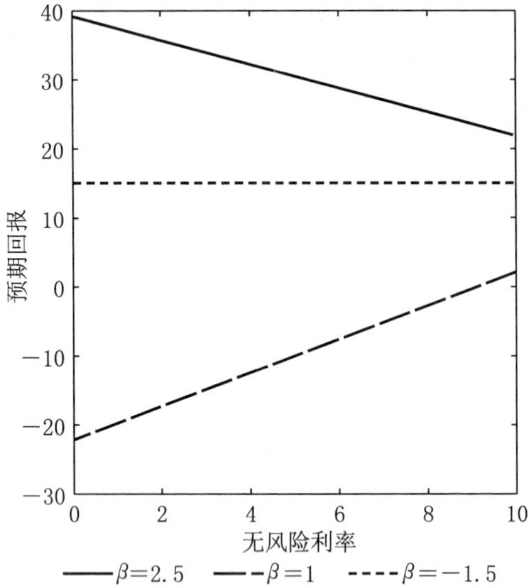

图 1-2　预期回报与无风险利率(CAPM)

图 1-2 展示了在每一固定的市场回报之下,预期回报与无风险利率之间的关系会由于不同的 beta 值表现出多样性。图 1-3 的信息与图 1-2 类似。

CAPM 及其基础性理论构成了芝加哥经济学派的核心思想,从某种程度来说,已经主导了新古典主义金融的发展,被称为独一无二的"范式"。长期以来,该模型被用于估算资本成本与评估投资组合的绩效,但是却未能经受现实数据的检验。CAPM 在实证层面的表现很糟糕,足以使其无法在现实应用中立足。出现这种情况的原因在于该模型的理论漏洞、过于简化的假设以及执行有效检验的困难(比如,构建市场投资组合的困难)。CAPM 所依赖的一些假设不仅脱离实际,而且显得很荒谬。尽管基于一系列放宽假设有助于构建模型,但是妄言凭借这些假设的模型能够反映现实是十分荒谬的。

根据 CAPM,预期回报是关于 beta 的线性函数,排除了其他潜在解释变量的存在。单纯通过系统性风险解释股票回报率的模型不免引起人们的广泛质疑。

现实中,市场参与者的投资渠道以及用于形成买卖信号的方法很丰富,因此假设所有参与者只关注 beta 这一个因素为标的资产制定公平价格、进而做出买卖决策,非常不令人信服。同质性有利于单边市场的形成,然而异质性更加符合以交易活跃、高波动性为特征的投机性行为。后者更加符合市场现状。

单凭 beta 便可以决定预期回报,这同样是不切实际的。人们主观地认为,两种金融变量(回报率与 beta)之间的函数关系如同波义耳定律一样稳健。如果物理学家可以通过一条精准的矩形双曲线证实气体体积与压力有关,金融经济学家同样也可以通过线性函数证实预期回报率与系统性风险有关,尽管函数包含了误差项。但是,物理学家所刻画的矩形双曲线并未否认没

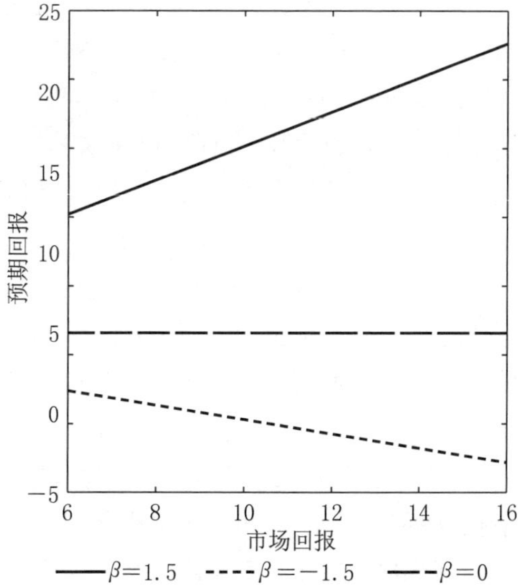

图 1-3 预期回报与市场回报(CAPM)

有保持其他变量(如,温度)不变,但是金融经济学家却没有控制影响回报率的其他变量。

除此之外,还有一些不切实际的假设导致 CAPM 无法指导实践。首先,资产回报率满足正态分布的假设与现实不符,我们通过观察收益分布的偏度与峰度便可推翻正态分布假设。全球金融危机表明,被正态性假设所忽略的多重方差损失事件十分普遍。其次,CAPM 在假设资产回报率满足正态分布的前提下,以方差作为风险的代理指标。然而,非对称风险变量的提出揭示了以方差度量风险所存在的劣势与不适。除此之外,CAPM 的其他假设与市场参与者有关:他们具有相同的信息渠道,能够形成同质信念,其概率信念与回报率的实际分布相匹配。并且,也假设市场组合包含了所有市场中的所有资产。这些都是 CAPM 与现实偏离的表现所在。

尽管 Fama 在 1973 年对 CAPM 表示支持,但是 Fama 和 French(1993, 1996)发现单凭 beta 无法解释股票收益的横截面差异。因此,Fama-French 三因子模型提出了额外的风险因子。具体来说,股票的超额回报率可以通过如下因素进行解释:(1)市场组合的超额回报;(2)小盘股与大盘股的回报差;(3)价值股与成长股的回报差。随着 FF 三因子模型的问世,Fama 和 French 宣布了 CAPM 的消亡。然而,FF 模型究竟是对于 CAPM 的拓展还是替代,这一点仍有争议。一方面,他们对 beta 进行批判,却同时将之视为解释变量引入他们的模型中。另一方面,FF 模型认为 beta 是一个多余的解释变量,因为其所具有的解释力微乎其微。

然而,FF 模型的合理性也遭到质疑(Daniel 和 Titman, 1997)。第一,学者们通常以某个因子进行试验,如果无效便将之舍弃;如果有效便极力刻画出其与回报率之间的关系。所以,其中涉及广泛的数据挖掘,会产生虚假的结果。第二,对于一个新发现的因子而言,使用传统的显著性准则(临界值为 2 的 t 统计量)不具有任何经济学或统计学层面的意义(Harvey et al., 2015)[①]。第三,FF 的研究结果倾向于后视偏差的产物(Kothari et al., 1995)。

面临上述弊端,学术界继续对 CAPM 进行不同层次的改良、增添更多的解释变量,在解释横截面异象方面作出巨大的尝试与努力。Subrahmanyam(2010)对股票收益横截面预测因子的文献进行梳理,找到了 50 个曾被用于拓展 CAPM 并取得相应进展的因子。然而,总体情况仍然不明朗,我们需要通过更多的努力去讨论这些变量之间的相关性结构,如:采取一套全面的控制变量集去检验研究结果是否会因为方法的改变而保持稳健。即使没有进行数据挖掘,实证检验的结果通常也依赖于样本期间,这就意味着在某一特定时期的研究所产生的结果不应该进行推广,因为毫无普适性可言。

第三节 支柱性理论:EMH

EMH 是现代金融最具有影响力的理论之一,也是金融经济学的一块重要基石,最初由保罗·萨缪尔森在 1965 年提出,其核心概念是通过一个纯随机游走模型去验证边际利润缺失以及股票价格与价值的均衡,表明价格能够完美地反映所有可用的信息。具体来说,在一个有效的市场中,金融资产价格能够反映所有可获得的信息,历史价格不会包含未来价格的信息,无法预测未来收益。由于信息的随机性注入,使得资产价格变化亦具有随机性与不可预测性。这反映在价格的时间序列特征上,即表现为价格

① 那么,现有研究应当采取什么样的判别标准?学者们建议应该为一个新发现的因子设定更高的临界值,比如大于 3 的 t 统计量。

随机游走，不应该观察到价格波动的任何特征。EMH与理性预期假说(REH)紧密相关，后者认为市场参与者搜集并处理所有与市场价格(还有其余任何宏观经济和金融变量)相关的信息，使得这些信息能够最终汇聚于正确的基准模型或数据生成过程中。然而，EMH与REH是完全对立的，前者被用于证明金融自由化的合理性，后者被用于倡导自由主义政策，反对政府干预经济活动。

尽管REH已经在很大程度上被舍弃，但是EMH仍然得到了广泛的支持。该假说被用于证实人们对于资产价格泡沫的自满。因此，EMH引发了全球金融危机的到来，但是也可以认为EMH是金融危机的牺牲品。事后经验表明，金融与地产市场正在经历最终会破裂的泡沫。不只如此，金融资产还面临着严重的高估值，使得一些高明人士通过利用高估值赚取高额利润，这一事实亦与EMH相悖。所以，这场危机揭示出EMH的不真实，人们不得不对之重新审视。

EMH在金融经济学主流思想的形成中扮演着举足轻重的角色，具有很强的现实意义。由于人们会对可得信息作出理性反应，当价格过高时会卖出资产，反之则买。换言之，EMH的第一个重要含义在于：资产与市场不会处于高估或低估状态，由市场所决定的价格总是处于合理水平。资产价格相对于内在价值所产生的任何偏离都可以凭借“无形的手”被迅速修正。另一个与之相关的含义在于：资产价格不会表现出任何形态，只会由于信息的随机性与瞬间性注入表现出随机性波动。因此，EMH被誉为新古典主义金融的核心思想，坚信市场具有自我调节功能，能够自行重建均衡。EMH的第三种含义在于：由于所有的可得信息都已反映至价格中，投资者无法获取超额回报。进一步来说，既然所有的市场参与者均是理性主体，他们将会搜集并处理一切与资产价格有关的信息，并通过交易使得资产价格保持在内在价值水平中。

那么,所形成的均衡价格使得资产既不会面临高估亦不会面临低估,无人选择在此时买卖资产,这就意味着所有的市场参与者对于未来证券回报具有相同的期望,在一个由均质信念的理性投资者构成的世界中,交易量显然应该很少或无交易。与 REH 相似,EMH 的第四种含义在于:金融市场中不会产生交易。即使存在交易,也是为了满足投资者流动性与再平衡的需要。

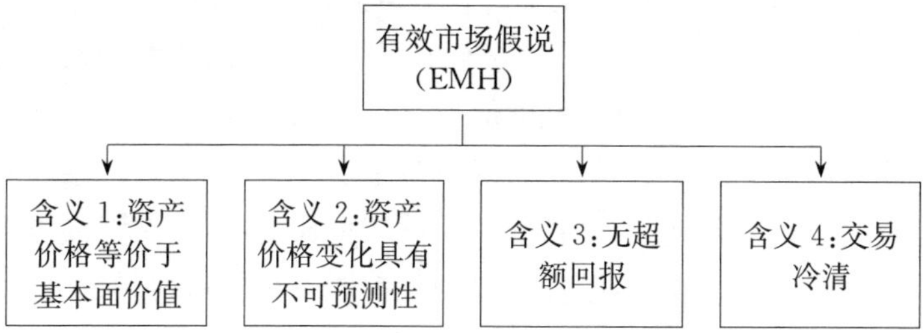

图 1-4　有效市场假说的含义

自 20 世纪中叶之后的 30 年中,金融领域的研究一直都由这个单一的新古典主义框架所主导。进入 20 世纪 80 年代之后,一些市场事件开始对这一理论提出了挑战,对于含义 1 来说尤为如此。1987 年 10 月 19 日,道琼斯工业平均指数在单日内下跌了 20%以上,其中一些股票遭受了更为严重的亏损。1987 年的崩盘以及随之而来的超额波动所引发的困惑在于,尽管各国的经济形势不尽相同,但几乎所有股市都出现了崩溃,每个国家的经济基本面都无法对这次股灾的起源作出合理解释,因为我们不应该在一个信息与资本自由流动的年代中出现这种异象。同一时期,日本市场也发生了相似的事件:1990 年初,日经指数达到了 40000 点,在两年内几乎翻了一番,日本电话电报公司市值已超过西德市场的总体市值,但是随后又从峰值下跌了 50%。进入千禧年之后,又上演了高科技公司的兴衰,最终以这些公司 80%以上的市值蒸发告终。与成熟市场相比，新兴市场由于制度不完善、信息披露不透明、监管缺位、投资者受专业训练水平低等原因，投资者更容易“像噪音交易者一样进行交易，单纯地进行投机，把市场当作赌场”(Burdekin 和 Yang, 2010)，从而使得市场表现出较强的投机性。2014 年 7 月左右，中国新闻媒体开始对市场作出看涨预期。大众报道提出所谓的“改革红利理论”，强调国有企业私有化，并将互联网金融公司作为经济成功转型的关键。在新经济模式下，政府将让这些公司发挥更大的作用，从而抬高它们的股价。当时，人们对于该理论的可信度尚不明确，因为已经制定的政策很少。尽管如此，许多投资者还是毫不犹豫地买入股票。《人民日报》的头条文章强烈敦促投资者信任股市，激发了投资者的热情。不久之后，投机活动变成了现实：市场经历了长达 6 个月的上行，在此期间，大多数中国股票的价值都翻了一番。然而，同时期的中国宏观经济基本面却保持了相对的稳定，为什么 A 股市场会表现出如此显著的异常波动，这一系列现象引起了学术界与业界的质疑。

如何对上述现象做出解释？彼时所构建的新古典主义金融模型认为资产价格会受到经济基本面的牵引，并根据理性预期将金融与整体经济融合于一个框架中。Merton(1973)将资本资产定价模型拓展为一个综合性跨期一般均衡模型，在这种理性预期一般均衡框架下，资产价格包含了一个与消费可预测性相关的可预测项(Lucas, 1978)。立足于有效市场的新古典主义金融模型或许能够描绘出一个虚构的理想世界，却严重偏离了现实。导致人们对新古典主义金融模型产生的质疑主要源于超额波动性。相对于其他异象(如：一月效应、股价日历效应)来说，超额波动性对有效市场理论构成了更为严峻的挑战(Shiller, 2003)，价格变化完全与基本面因素无关，而是由诸如“太阳黑子"、"动物精神"或"大众心理"这样的因素所致。进一步来说，将个体视为追求效用最大化的经济人的有效金融市场模型对于我们周边的世界来说只是一种隐喻，意味着假设每个人都知晓如何求解复杂的随机最优化模型是极其荒谬的。

理性理论坚守理性预期假设，难以对金融异象进行解释，行为金融理论将金融异象的产生归结于市场参与者的异质性，意味着不同时点的参与者具有不同的情绪状态与预期。因此，他们面临新信息会作出不同的反应，一些人希望买入从而增加超额需求，一些人希望卖出从而减少超额需求。交易者行为的净效应会导致资产的总体超额需求函数在给定的时点朝着某一方向发生定量的移动。金融市场的波动便可归结于由于异质性所引致的超额需求函数的随机性变化。

现实中投资者的预期违背了贝叶斯法则，信念偏差可以被归入投资者情绪的范畴，使得投资者情绪在金融异象中扮演了重要角色。不仅如此，反馈理论作为一种古老的学说，在现有文献中得到证实，使得投资者情绪普遍存在一个与历史价格变化的双向反馈过程(胡昌生等，2017)，基于投资者情绪理论的反馈机制能够对更多的金融异象进行破解(Barberis, 2018)，本课题将在投资者情绪理论的基础上融入更为一般的反馈理论，从理论至实证层面构建一个完整的研究框架。

第四节 研究意义

尽管行为金融理论通过放宽投资者信念与偏好的假设，从人性视角对资产价格异常波动作出了解释，使得波动性之谜这一经典异象得以破解。但是，有效市场是一个多维度的概念，绝非局限于价格层面，有效市场假说尚未得到全面、深入的批判，本课题从情绪反馈视角出发，以渐进的方式讨论了金融市场有效性问题，试图对有效市场假说的其他含义进行解释，不仅丰富了投资者情绪的内涵，也有利于完善行为金融资产定价理论。

金融市场与实体经济之间具有显著的溢出效应，金融市场的稳定运行关乎国民经济的稳定发展，本课题的研究不仅有利于维护金融市场稳定，也有助于监管当局利用所得结论制定相关政策。

第五节 国内外研究现状

一、投资者情绪与金融市场有效性

在理论层面，任何有关投资者信念与偏好相对于理性范式的偏差都被视为投资者情绪（Baker 和 Wurgler，2006；胡昌生和池阳春，2014）。学者们将投资者情绪融入资产定价模型，试图对资产价格异常波动进行诠释。最初的理论建模可追溯至 De Long 等人（1990a）：基于对未来股息的错误预期进行交易的噪音交易者会产生系统性风险，使得投资者情绪变化所产生的资产价格波动具有不可预测性，旨在消除资产错误定价的套利行为至少会在短期遭遇“投资者情绪更加极端、价格进一步偏离”的风险，这种潜在的亏损几率与套利者的风险厌恶会减少他们愿意建立的头寸。所以，套利者无法完全消除错误定价，投资者情绪可以影响均衡资产价格。Dumas 等人（2009）以投资者的异质信念为前提条件，构建了一个包含贝叶斯交易者和过度自信交易者的动态一般均衡 DKU 模型。贝叶斯交易者能够对公共信号及红利序列进行准确解读，还可以观察过度自信交易者的行为。这类投资者满足了我们对于理性主体的定义。研究结论表明，市场中过度自信交易者所占权重越大，导致的资产价格异常波动程度也就越大。

在实证层面,投资者情绪是资产收益具有可预测性的重要原因(Barberis et al., 2001),投资者情绪对于资产价格的影响存在一个由正逐渐变负的过程(胡昌生和池阳春,2014),最具稳健性的观点是“高的投资者情绪预测低的未来资产收益”(Frazzini 和 Lamont, 2008; Berger 和 Turtle, 2015; Dash 和 Maitra, 2017)。

二、投资者情绪、反馈理论与金融市场有效性

反馈理论指出,由各种诱发因素所引致的初始价格上涨,在放大器的作用下会形成更加强烈的价格上涨(席勒,2016)。反映至金融市场,使得投资者情绪普遍存在一个与历史价格之间的双向反馈过程(胡昌生等,2017)。在行为金融理论发展的过程中,情绪反馈的思想始终贯穿其中,扮演着越来越重要的角色。理论层面,De Long 等人(1990b)构建了第一个理性投机者对正反馈交易者进行交易诱导的模型,不同类型投资者的相互作用能够产生资产价格的短中期动量与长期反转效应,即泡沫的形成与破裂。Daniel 等人(1998)指出,投资者所具有的过度自信与自我归因偏差使得投资者情绪与历史价格相互影响,同样能够刻画出资产价格的中期动量与长期反转效应。Barberis(2018)构建了一个包含外推投资者与基本面交易者的有限期模型,证实了在连续现金流冲击作用下,外推投资者与基本面交易者的相互作用能够同时刻画出动量、反转、波动性之谜与可预测性之谜。

在实证层面,现有文献主要围绕三个层面。第一是交易者行为,Baltzer 等人(2019)发现德国的个体投资者倾向于采取负反馈交易策略,机构投资者会采取正反馈交易策略。拓展至市场层面,Kuttu 和 Bokpin(2016)发现非洲市场表现出正反馈交

易。第二是价格序列自相关性，De Bondt 和 Thaler(1985)与 Jegadeesh 和 Titman(1993, 2001)证实了股票收益存在中期动量效应与长期反转效应。买入过去表现良好、卖出历史表现欠佳的股票会在未来产生显著为正的收益。由此可知，根据正反馈交易策略所构建的投资组合的短期表现能够证实该策略是理性的。第三是调查数据。反馈交易不仅通过大量理论与实证研究得到充分的证实，也通过市场调查数据得到了进一步的论证(Bacchetta et al., 2009; Amromin 和 Sharpe, 2014; Greenwood 和 Shleifer, 2014)：笔者通过询问投资者关于未来资产收益的预测问题，证实了反馈交易的存在。

三、金融市场有效性的其他层面

股票收益同步性：除了资产价格行为，有效性还可从其他层面进行考察。成熟资本市场的股价能够更为充分地反映公司基本面的信息，因而具有较低的股价同步性，相反，新兴资本市场的股价更多的受到市场层面因素的影响，往往表现出“同涨同跌”的现象，即具有较高的股价同步性。Morck, Yeung 和 Yu(2000)发现，完善的产权保护制度能够推动知情套利的产生，通过向股价注入详尽的公司基本面信息，实现降低股票收益同步性的目的。随后，学者们从卖空限制(Bris et al., 2007)和机会主义(Jin 和 Myers, 2006)视角对股票收益同步性展开了讨论，亦发现股票收益同步性与知情交易的驱动因素相关。

交易量：有效市场假说认为，市场中的参与者均为理性主体，同质性使其对价格行为持有相同预期，市场中将会较少出现交易或者无交易发生。然而，个体投资者层面的研究表明，交易者的交易行为已经超出了理性理论的预测，被称为“交易量之谜”。大量研究证据表明，过度自信可以充分解释交易量之谜

(Daniel 和 Hirshleifer, 2015;胡昌生等,2020)。过度自信的投资者会高估自己占有信息的准确性,对信息进行误读(Barber and Odean, 1999),即使在面临交易成本与预期收益下跌之时,仍然表现出巨大的交易强度(Odean, 1998)。并且,男性通常在投资决策能力上表现得比女性更加过度自信,从而更加频繁地交易(Barber 和 Odean, 2001)。

四、文献评述

首先,投资者情绪的介入产生了价格异常波动,价格偏离了基本价值,使得价格中的有效信息开始流失,股票收益同步性本身又被证实是价格信息含量的反向指标,但是鲜有文献从投资者情绪视角对股票收益同步性进行解释,投资者情绪的应用范围以及投资者情绪理论的内涵有待进一步深化。

其次,情绪反馈机制能够产生泡沫,同时对波动性之谜、动量、反转与可预测性之谜作出解释。然而,学者们侧重于模型所产生的量价结果,未能讨论情绪反馈的微观机理。并且,泡沫不仅由这些不同的异象组成,还伴随着交易量的高涨,这是目前文献中所未涉及的,未能充分捕捉到泡沫所具有的一系列特征。根据 Barberis(2018),我们最终所要解释的泡沫是具有一系列具体经验特征的情景:(1)价格在短期内快速上涨,随后急剧下跌;(2)在价格上涨过程中,有关价格被高估的新闻报道甚嚣尘上;(3)在价格上涨并达到峰值的过程中,成交量异常高涨;(4)大量投资者具有外推信念;(5)在价格上涨的过程中,成熟投资者会增持风险资产;(6)在价格上涨初期,通常会出现资产未来现金流的利好消息。

第三,行为金融研究在解释交易量之谜上取得了重大进展,但是主要立足于单个资产与总量市场,对于横截面与风格投资层面的探索鲜有问津。虽然现有文献讨论了风格偏好转换(Kumar, 2009;胡昌生等,2013),但只是立足于个体投资者,尚未拓展至总量层面。

第六节 研究内容与创新点

一、研究内容与框架

第一章是绪论,对新古典主义金融的发展脉络进行梳理,回顾了两种支柱性理论:CAPM 与 EMH 的主要内容与含义。随后以一系列有悖于理性理论的金融事件证实理性思想的没落,并引出本课题的研究动机与视角。

第二章是理论基础,分别从非理性投资者的生存问题、非理性特征的心理学基础、金融异象以及投资者情绪概念这几个层面进行梳理。

第三章作为核心章节的起点,分别从理论与实证视角讨论投资者情绪对资产价格的影响。我们首先构建了两个噪音交易者与理性套利者共存的世代交叠模型来讨论非理性投资者的错误认知在资产价格中扮演的角色;随后,我们以"资产价格的基本面信息含量"度量价格波动性,通过不同的投资者情绪指数与股价信息含量变量建立实证模型,研究总量层面的投资者情绪能否对价格中的有效信息产生影响,为理论模型的结论提供市场证据。

第四章,投资者情绪的解释对象转向股票收益同步性。在理论层面,以过度自信刻画投资者情绪,建立一个有限期模型以讨论投资者情绪对股票收益同步性的影响;在实证层面,分别从总量与横截面层面构建投资者情绪指数与股票收益同步性的线性回归模型与面板模型，考察投资者情绪的变化是否能够对股票收益同步性构成系统性的影响，进一步揭示投资者情绪对金融市场的影响。

第五章，我们在投资者情绪理论中融入更加古老、一般的反馈理论，构建了一个包含非理性投资者、理性投机者与基本面交易者的有限期模型。面对具有反馈交易特征的非理性投资者，理性投机者将维持市场稳定还是利用非理性投资者的交易特征加剧市场波动？什么情况下会使得理性投资者重新保持市场稳定？这些都是我们希望解答的问题。

第六章，我们将构建一个包含非理性投资者与基本面交易者的有限期模型，在缺乏理性投机者诱导性交易的前提下，通过现金流冲击作为诱导性信息的驱动因素，进一步利用反馈理论对泡沫进行全面的解释，力争情绪反馈机制达到解释大量横截面异象的价值顶点。

第七章，我们首先考察投资者情绪的累积性变化能否对未来资产组合收益构成非线性影响，对第五至六章的结论提供市场证据。对于“稳定的理性投机”结论来说，我们按照估值水平的不同将市场划分为高估值与低估值时期，由于高估值时期对应于非理性投资者占据主导的场景、低估值时期等价于理性交易者占据主导的场景，我们分别基于不同的时段重复上述实证工作；然后，对资产组合进行横截面分组，考察投资者情绪累积性变化能否对不同类型的资产组合收益构成不同的影响（如：大盘 VS.小盘、低波动 VS.高波动），证实比较静态分析的结论。进一步地，我们将立足于行业视角，对两轮 A 股泡沫期间的领涨行业成交量与历史回报率进行相关性分析，并考察横截面分组下的极端组合超额成交量在泡沫期间的表现，对第六章关于“泡沫期间的成交量”结论进行检验。

第八章，我们立足于市场总量层面，以交易量作为风格偏好（对于风格组合的需求）的代理指标，讨论股票市场风格偏好动态转换与交易量之谜，并找出最具代表性的风格分类指标。

第九章，我们将对全书工作进行总结，随之进行政策举措设计。

二、创新点

1. 本书对 De Long 等人（1990a）的理论模型进行拓展，讨论了噪音交易者对两只具有相关性的风险资产持有不同信念的情形。

2. 本课题构建了一个更加科学的反馈交易者需求函数，其反馈交易系数的绝对值呈现出递减性，更好地刻画出“短视性偏差”。

3. 不同于相邻时期价格变化的协方差，我们以资产价格在不同时期对同一信息的反应差异刻画动量与反转，为我们从理论层面理解横截面金融异象提供了新的方法与视角。

4. 立足于 Barberis 等人（2018）的框架，通过解除投资者面临的卖空约束，讨论了不同类型信息下由不同投资者相互作用所产生的正或负的资产价格泡沫，丰富了关于负泡沫的理论研究。

5. 从总量与横截面角度讨论了投资者情绪累积指数与资产组合收益之间的关系，不仅证实了投资者情绪与未来资产组合收益之间所存在的“路径依赖”关系，更从实证角度破解了反向诱导之谜（理性交易者为什么未能主动纠正资产错误定价）。

6. 通过不同风格分类指标的对比捕捉到了能够有效证实风格分类下的超额交易量以及风格偏好转的新指标——情绪 beta，从风格投资层面解释了交易量之谜，进一步拓宽了情绪反馈机制对于横截面异象的解释宽度。

第七节 本章小结

传统金融理论对不确定条件下的决策问题采取的是微观经济学中的新古典主义分析框架。在新古典分析框架中，金融决策者在不确定财富分布上拥有 von Neumann-Morgenstern (1947, vNM)偏好，且能采用贝叶斯法则进行数据处理，做出正确的统计判断。新古典金融时代始于 20 世纪 60 年代初期，以 Eugene Fama 所提出的有效市场假说(EMH)作为主流思想。尽管新古典主义金融理论曾一度占据主导地位，但是一些市场事件对于这些理论的合理性构成了挑战，尤其是“市场价格能够反映资产基本面价值”的观点难以通过传统理论所解释，使得坚持理性理论的学者显得日渐乏力。

第二章 行为金融的理论基础与核心概念

20 世纪 80 年代末，人们逐渐发觉金融市场中的许多现象无法与传统金融框架相匹配。Shiller（1981）与 Le Roy 和 Porter（1981）的研究表明实际的资产价格波动远远超出了理性理论所预测的边界。De Bondt 和 Thaler（1985）发现一些投资策略可以赚取超额回报率。伴随着 20 世纪 90 年代的科技股浪潮（technology stock mania）、2008 年全球金融危机以及美国房地产泡沫，学术界不禁陷入思索：EMH 对于资产定价来说或许是一个正确的研究起点，但却更像是一个错误的落脚点。并且，20 世纪 90 年代在套利限制领域取得的进展构成了行为金融的一块基石。有关行为金融的一种古老批判，即：套利批判，认为非理性投资者无法对资产价格构成长期的实质性影响，因为一旦如此，将为理性投资者创造一个富有吸引力的机会，后者会针对错误定价进行积极的反向套利，使得错误定价被彻底消除。长年以来，这一观点一直没有遭到质疑，阻碍了行为金融的发展。然而，20 世纪 90 年代，一些学者开始对这一理论提出挑战。发现现实中的投资者所面临的风险与成本限制了他们纠正错误定价的能力（De Long et al.，1990a；Shleifer 和 Vishny，1997）。更为重要的是，以“判断与决策”为代表的心理学研究在 20 世纪 70 至 80 年代所取得的发展，对于那些正在思索如何能够使得理论模型更加富有心理学特质的金融经济学家来说是十分宝贵的。

在过去的 30 年中，行为金融的大多数理论性进展都是通过将判断与决策领域的思想融入更为传统的金融模型中取得的。

第一节　套利限制：非理性投资者的生存问题

新古典主义金融学派认为，金融市场中的参与者、机构乃至于市场本身均是有效的，总是能够作出最优决策、切实维护自身利益。因此，任何作出次优决策的非理性投资者都会由于收益流失而被逐出市场，无法对资产价格构成显著的影响。即使非理性投资者能够长期立足于市场中，并由于彼此之间的交易无法抵消、引致资产错误定价，也会由于为套利者创造了一个诱人的获利机会，使之通过与噪音交易者进行反向交易、完全消除价格偏离。可见，这是一幅多么完美的图景，但却不那么真实（胡昌生和高玉森，2020）。现实中，与错误定价进行反向交易并不像表面上那样富有吸引力，当套利者试图对错误定价进行修正时会面临一系列风险与成本，这些风险与成本会降低套利者的交易强度，进而使得错误定价能够持续存在。简而言之，套利机制受到了限制，意味着非理性投资者能够对资产价格构成系统性的影响。

一、基本风险

持有错误定价资产的对冲基金会遭受来自该资产基本面利空消息的风险。假设该资产的基本面价值为 20 元，过度悲观的噪音交易者会将该价格压低至 15 元。尽管此时以 15 元买入资产为对冲基金提供了极好的套利机会，但是标的公司却有可能出现基本面利空消息，使得股价进一步下跌至 10 元。如果对冲基金在此时纠正资产错误定价，便会遭遇亏损。由于对冲基金与其他套利者具有风险厌恶特征，基本面风险足以使其面对资产错误定价时减少套利头寸。

尽管我们可以寻找一只替代证券对基本面风险进行对冲。比如：一家对冲基金认为通用汽车的股票被低估而购买该公司的股票，那么它可以同时做空福特公司的股票。这种行为能够保护对冲基金免受来自汽车行业的负面信息的冲击。然而，对冲基金无法完全消除基本面风险，因为可能会受到来自通用汽车的特质信息的影响。并且，现实中难以获取可以实现完全替代的姊妹证券。

二、噪音交易者风险

噪音交易者最初由 Black（1986）提出，代指不具有内部信息、以噪音作为交易依据或者仅仅具有交易意愿的市场主体。De Long 等人（1990a）进一步指出，即使不存在基本风险，套利者也会面临噪音交易者风险：导致资产错误定价的非理性投资者会在短期增加非理性程度，扩大资产错误定价规模。对于那些“代客理财”的套利者来说，这一风险尤为重要（Shleifer 和 Vishny, 1997）：一旦错误定价程度因噪音交易者风险而扩大，套利者会遭遇亏损，投放资金的投资者在面临亏损之时会将此亏损归结为套利者水平不足并通过撤资来避险，最终迫使套利者亏本平仓。因此，如果套利者率先意识到该风险的可能性，便会降低交易强度。这一思想体现在 Shleifer 和 Vishny（1997）构建的 SV 模型中，并以命题概述了全文的核心结论：如果 q 较大（噪音交易者风险很高），套利者将投入部分资金进行套利，此时的预期财富函数与需求无关；如果 q 较小，未来的投资风险较低，套利者将执行全仓套利，此时预期财富函数关于仓位的一阶导数恒为正。

即使不存在“代客理财”情形，当套利者采取杠杆、融资等方式时，依然会产生相同的结果。如：某基金通过借款买入低估资产，如果由于噪音交易者风险使得后期资产价格进一步降低，使得资产价值紧缩。贷款人发现抵押品价值减少，便会通过收回贷款的方式，仍然导致套利者亏损、平仓。

三、同步性风险

把握最佳套利时机是一种社会困境(social dilemma)的表现形式，不同套利者之间存在协调性问题。进一步来说，套利机制的有效性取决于套利者是否能够同时观察到资产错误定价(Abreu 和 Brunnermeier, 2003)。现实中的套利者无法做到这一点，致使某一套利者面对资产错误定价时对于是否纠正表现得犹豫不决，如果仅凭个人之财力、难以消除错误定价，反而会由于错误定价进一步加剧遭受亏损。因此，套利者可能会依次观察到资产错误定价，导致单个套利者在试图卖出错误定价股票时面临同步性风险，选择延迟套利(delayed arbitrage)，只有当他确信有大量套利者发现错误定价时才会执行套利。在此期间，非理性投资者将会对资产价格构成系统性影响。

四、交易成本

除了上述风险之外，套利者也会面临如下交易成本：佣金、卖空费用、买卖价差，尤其是发现资产错误定价所需耗费的成本。这些成本也会使得套利失去吸引力。其中，由于卖空是套利的重要环节，卖空约束势必影响套利的进行，最简易的卖空费用便是融券费用，尽管大部分股票的融券费用仅为 10—15 个基点(basis points)，但是投资者有时会因为融券费用过高以至于无券可融(D'Avolio, 2002)。

五、进一步讨论

至此，我们已对套利批判的静态版本(如果非理性投资者导致了错误定价，将会为套利者创造一个能够积极利用的盈利机会)做出了回应。然而，该评判还存在另一种动态版本，假设由于非理性投资者凭借次优方式进行交易，最终将会赔损大部分钱财、只能在金融市场中扮演小角色。最终，资产的错误定价程度将会明显降低。

对于该批判的动态版本亦存在一些相反观点。首先，这种观点表明每年都会有大量青涩、缺乏经验的投资者进入市场，从而填补了非理性投资者的存量短缺、防止这类投资者走向“灭亡”。其次，金融市场中的许多缺乏经验的交易者也会从日常工作中赚取劳动报酬，使得他们可以长期从事这种无利可图的投资策略。第三，非理性投资者可能需要花费数年甚至数十年的时间才会耗费大量财富(Yan, 2008)。

综上，我们将对套利限制的核心观点进行总结：

表 2-1 套利限制总结

风险名称	经典文献	研究视角	核心结论
基本风险	Barberis and Thaler(2003) Gromb and Vayanos(2010) Barberis(2018)	基本面信息	存在错误定价的资产可能会释放进一步的利空消息。具有高特质风险与不可替代性的资产对于需求冲击更加敏感，形成显著的价格压力
噪音交易者风险	De Long et al.(1990a、1991) Shleifer and Vishny(1997) Shleifer and Summers(1990)	噪音交易者	导致资产错误定价的非理性投资者会在短期增加非理性程度，扩大资产错误定价规模。迫于在短期内清算的套利者会由于亏损及“委托代理”机制丧失套利资本

（续表）

风险名称	经典文献	研究视角	核心结论
同步性风险	Abreu and Brunnermeier（2002、2003）	套利者	把握最佳套利时机是一种社会困境（social dilemma）的表现形式，不同套利者之间存在协调性问题。因此，套利者可能会依次观察到资产错误定价，导致单个套利者在试图卖出错误定价股票时面临同步性风险，选择延迟套利，只有当他确信有大量套利者发现错误定价时才会执行套利
交易成本	D'Avolio（2002） Brunnermeier and Pedersen（2009）	执行套利策略的成本	除了上述这些风险之外，套利者也会面临如下交易成本：佣金、卖空费用、买卖价差，尤其是发现资产错误定价所需耗费的成本。这些成本也会使得套利失去吸引力。其中，卖空成本尤为重要

第二节　非理性投资者的心理学基础

套利限制类别工作的成功开启了行为金融深入研究的新纪元，经济学家开始认真思索投资者的非理性形式及其基础性理论。

一、偏好

1. 展望理论

在过去数十年的历史中，学者们获取了大量关于风险态度的实验性证据。这些证据表明，期望效用框架并不是对于个体在风险情形下进行决策的准确描述，由此衍生出许多“非期望效用”模型，试图以简洁的方式对实验结果进行论证。其中在金融领域得到最广泛运用的便是展望理论。

现存有两种版本的展望理论，初始版由 Kahneman 和 Tversky(1979)提出，包含了该理论的所有关键要素，但是仍然存在一些弊端：该理论仅适用于至多两种非零结果的赌博，并且在某些情形下预测个体将会选取一个占据主导的赌博。

因此，Tversky 和 Kahneman(1992)对该理论进行了完善，提出了“累积展望理论”。

Tversky 和 Kahneman(1992)构建了如下的赌博框架：

$$(x_{-m}, p_{-m}; x_{-m+1}, p_{-m+1}; \cdots x_1, p_1; \cdots x_n, p_n) \tag{2-1}$$

其中，x 为赌博结果，p 为该结果的发生概率。$i<j$，$x_i<x_j$；$x_0=0$。因此，x_{-m}至x_{-1}表示亏损、x_1 至 x_n 表示盈利，所有概率的加总自然为 1。

在期望效用框架下，个体会对这类赌博进行如下评估：

$$\sum_{i=-m}^{n} p_i U(W+x_i) \tag{2-2}$$

根据(2-2)，W 为个体的初始财富，U 为满足增凹性的函数。反之，在累积展望理论的情形下，个体对于赌博的评估模式为：

$$\sum_{i=-m}^{n} \pi_i v(x_i) \tag{2-3}$$

$$\text{其中：}\pi_i=\begin{cases} w(p_i+\cdots p_n)-w(p_{i+1}+\cdots p_n) & 0\leqslant i\leqslant n \\ w(p_{-m}+\cdots p_i)-w(p_{-m}+\cdots p_{i-1}) & -m\leqslant i\leqslant 0 \end{cases} \tag{2-4}$$

$w(.)$表示概率加权函数。对于价值函数 $v(.)$来说，满足如下分布形式：

$$v(x)=\begin{cases} x^{\alpha} & x>0 \\ -\lambda(-x)^{\alpha} & x<0 \end{cases} \tag{2-5}$$

$$w(P)=\frac{p^{\delta}}{(p^{\delta}+(1-p)^{\delta})^{\frac{1}{\delta}}} \tag{2-6}$$

其中，α，$\delta\in(0,1)$，$\lambda>1$。图 2-1 绘制了 $\alpha=0.5$，$\lambda=2.5$ 时的(2-5)式。图 2-1 绘制了 $\delta=0.4$(虚线)、$\delta=1$(细点线)与 $\delta=0.65$(实线)时的(2-6)式。值得注意的是，累积展望理论的核心要素如下：

参照点依赖

个体效用并非来源于最终的财富水平，而是由相对于某个参照点的损益所产生。(2-1)的效用来自 x，并非 $W+x$。

损失厌恶

损失厌恶指的是个体面对损失(即使是少量损失)时会表现出比同等规模收益更加显著的敏感性。在展望理论中，损失厌恶表现为价值函数在损失域的斜率较之收益域更加陡峭。简而言之，这一特性使得价值函数在零收益域形成了一个拐点。(2-5)中的 λ 刻画了损失厌恶程度。

敏感性递减

尽管期望效用函数具有凹性，但是展望理论下的价值函数仅在收益域具有凹性，在损失域具有凸性。凹凸性的结合产生了敏感性递减。个体面对中等概率的收益时表现出风险厌恶，由此产生了收益域的凹性。反之，个体面对中等概率的损失时表现出风险偏好，形成了损失域的凸性。

概率加权

在展望理论中，个体并不使用客观概率，而是根据加权函数

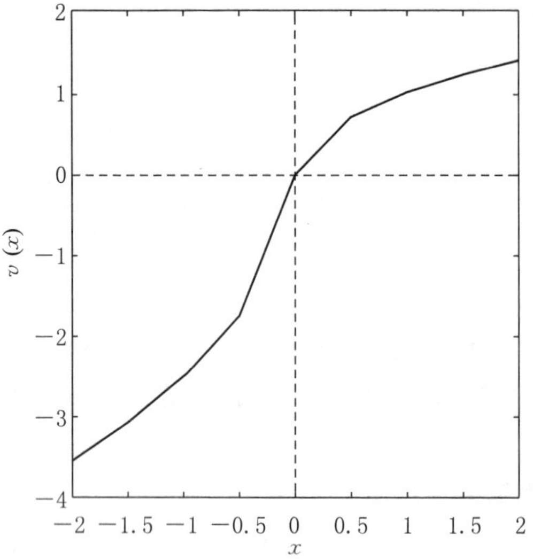

图 2-1　价值函数

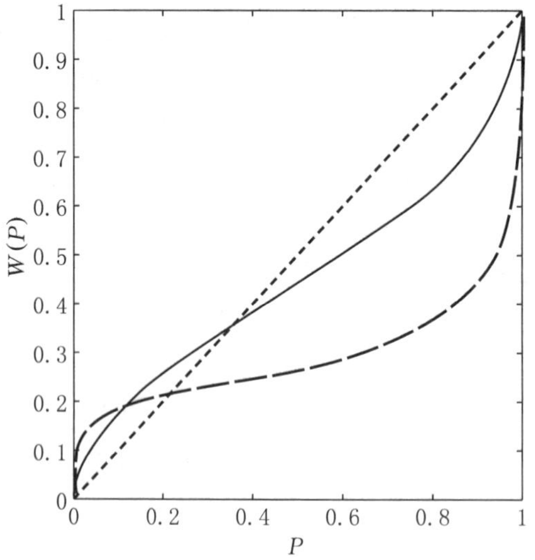

图 2-2　概率加权函数

从客观概率中获取转换概率。从图 2-2 可知，当 P 很小时，$w(P)>P$。在最初的展望理论中，表明个体对于小概率事件赋予了较高权重。在累积展望理论中，表明个体对于其所观察到的任何分布赋予了过度的“厚尾性”。背后机制在于个体同时对彩票与保险所表现出的偏好，形成了权重函数在小概率区域的形状。

2. 其他

行为金融在偏好方面所取得的杰出成就便是提出了展望理论。然而，也存在一些其他的非期望效用理论能够有效地运用于金融领域。主要包括：失望厌恶、等级依赖期望效用与显著性理论。

失望厌恶最初由 Gul(1991)所提出，认为个体倾向于对那些低于其未来财富分布的确定性等价的结果赋予更高权重。非正式地说，个体相对于某个参照点(即：确定性等价)表现出风险厌恶。失望厌恶被广泛用于解释美国股市中的历史股权溢价及家庭的低参与率(Epstein 和 Zin, 2001; Ang et al., 2005; Routledge 和 Zin, 2010; Dahlquist et al., 2016)。

等级依赖期望效用则是由 Quiggin(1982)与 Yaari(1987)所提出，通过融入概率加权的方式对期望效用框架进行修改：个体并不采用客观概率，而是选取由权重函数 $g(.)$ 所产生的转换概率。因此，(2-1)所描述的赌博可以表示为：

$$\sum_{i=-m}^{n} \pi_i U(W+x_i) \tag{2-7}$$

其中，

$$\pi_i = g(p_{-m}+p_{-m+1}+\cdots+p_i) - g(p_{-m}+p_{-m+1}+\cdots+p_{i-1}) \tag{2-8}$$

并且，$g(.)$ 最普遍的形式为 $g(P)=P^{\phi}$，$\phi \in (0, 1]$。最后，

我们沿袭累积展望理论中的形式，即：

$$g(P)=\frac{p^{\delta}}{(p^{\delta}+(1-p)^{\delta})^{\frac{1}{\delta}}} \tag{2-9}$$

与失望厌恶相一致，该范式亦被用于解释股市中的股权溢价以及家庭低参与率，但是还可以用于研究一些个体在倾斜资产中所产生的集中持仓（Epstein 和 Zin, 1990; Polkovnichenko, 2005）。

显著性理论由 Bordalo 等人（2012）提出，认为环境至关重要：个体对于一次赌博所赋予的价值取决于其与何种赌博进行对比。假设共计 N 个赌博，以 i 进行标记；一共 S 个状态，以 s 进行标记，则赌博 i 在状态 s 下的支付为 $x_{i,s}$。为了对赌博 i 进行评估，个体按照显著性对每一次赌博的支付 $\{x_{i,s}\}_{s=1,\cdots S}$ 进行排序。$x_{i,s}$ 的显著性可以进行如下表示：

$$\frac{|x_{i,s}-\bar{x}_s|}{|x_{i,s}|+|\bar{x}_s|+\theta} \tag{2-10}$$

其中，$\theta>0$，$\bar{x}_s=\sum_{i=1}^{N}\frac{x_{i,s}}{N}$。我们由此可得，对于状态 s 来说，如果赌博 i 的支付与该状态下其余赌博的平均支付截然不同，那么状态 s 将具有显著性。比如，对于赌博 i 而言，状态 s 具有一个显著性等级 $k_{i,s}$，这是一个整数：1 表示最显著状态，s 表示最不具显著性。据此，个体将对赌博进行如下评估：

$$\frac{1}{\Delta}\sum_{s=1}^{S}p_s\delta^{k_{i,s}}U(x_{i,s}) \tag{2-11}$$

其中，p_s 表示状态 s 的概率，$\delta\in(0, 1]$，Δ 是一个修正因子，可以确保 S 个赌博结果的权重总和为 1。因此，赋予最显著状态的权重将以$\frac{\delta}{\Delta}$进行调整，最不显著状态的权重则以$\frac{\delta^S}{\Delta}$调整，越显著的状态将被赋予越高的权重。该框架所产生的一个直接结果便是使得彩票型赌博富有吸引力：赌徒获取头等奖的状态将被赋予极高权重，因为该状态下所产生的赌博支付较之其他状态显得极其不同。

Bordalo等人(2013)构建了一个资产定价模型，讨论了投资者依据显著性理论进行风险评估。作者假设了一种狭隘框架：将显著性理论运用于单个资产，而非投资组合层面。该模型所得到的结论之一便是一种资产的特质偏态将被定价。并且，我们也能够以此理论解释股权溢价及价值溢价之谜。

二、信念

1. 外推

席勒指出，资产价格变化表现为一种自然形成的庞氏过程，其背后的放大机制被称为反馈环(feedback loop)：历史价格上涨会刺激投资者信心与预期的高涨，进一步影响资产价格，吸引更多的投资者入局。如此循环往复，最终导致资产价格对初始诱发因素表现出过度反应，形成一轮又一轮正或负的资产价格泡沫。长期以来，尽管大量文献记载了投资者情绪与历史价格变化之间的双向反馈关系，这种反馈机制仍被视为一种未被证实的猜想。外推信念是行为金融最为关键的假设之一，假设人们对于变量未来数值的估计是关于其历史数值变化的增函数。这一假设通常被应用为投资者对资产回报率或基本面因素变化的信念，以此刻画出投资者的信念更新过程。外推信念的提出使得反馈理论的背后机制得以明确，所形成的情绪—价格反馈能够解释大量金融异象。

外推究竟如何产生？我们可以从心理学与有限理性角度进行梳理。根据现有文献，形成外推的心理学机制可以分为：表征性启示（representativeness heuristic）、基率忽略（base-rate neglect）、小数法则（law of small numbers）、过度自信（overconfidence）、锚定效应（anchoring effect）与处置效应（disposition effect）。

表征性启示由 Kahneman 和 Tversky（1972，1973a）所提出：当人们被问及“数据 A 由模型 B 所产生的概率是多少”时，他们的答案取决于 A 能够反映 B 的本质特征程度。这种经验法则有时会产生合理的概率判断，但是更有可能会导致个人出现判断失误，形成“基率忽略”（base-rate neglect）的偏差。

基率忽略可以通过贝叶斯法则进行说明。基于贝叶斯法则，在给定信息 I 的情形下，状态 S 的条件后验概率为：

$$p(S|I)=\frac{p(I|S)\cdot p(S)}{p(I)} \tag{2-12}$$

其中，$p(I|S)$是在基于状态 S 的情形下，信息 I 的条件概率；$p(S)$是状态 S 的条件先验概率；$p(I)$是信息 I 的无条件概率。受到表征性启示影响的投资者无法合理运用这一法则，倾向于放大 $p(I|S)$，削弱基率 $p(I)$。

表征性启示与基率忽略可以解释收益外推的情形。如果一种资产已在一段时期内连续产生高回报，表征性启示会导致投资者高估资产的实际平均收益，认为已实现的高收益可以代表资产的实际收益水平。但是这种推断方式恰恰忽略了基率：我们难以在现实市场中寻觅到实际平均收益较高的资产。此外，表征性启示与基率忽略也可以对投资者情绪与公司基本面信息之间的反馈进行诠释，最早是由 Barberis et al.(1998)所提出。

小数定律(Tversky 和 Kahneman, 1971)表明,人们误认为即便是少量样本数据也具有与大样本相一致的概率分布,与概率论的大数定律相违背。这一理论的背后机制是赌徒谬误:在观察到连续 5 次抛硬币都是正面之后,预期下一次投掷将出现反面的结果(Benjamin 等人, 2017)。我们可以这样理解人们的行为:即使是少量抛掷也足以体现该投掷的根本特征——头像与字母是均匀分布的,如果下次抛掷将使得样本产生 50∶50 的分布,其结果肯定是头像。

由于人们相信即使是小样本也可以反映大样本的特征,便会通过小样本推断出关于大样本的大量信息,这就形成了外推信念的基础。但是对于赌徒谬误来说,当人们连续观测到正面之后认为下次会出现反面,应用于股票市场中便可等价于预期未来出现反转,这与反馈交易不一致:外推投资者认为资产收益的趋势可以延续。但是,Rabin 和 Vayanos(2010)对此问题进行了解释:在赌徒谬误情形下,人们熟知产生数据的模型特征:投掷硬币具有公平性。所以,只有通过预测反转才能体现投掷硬币的公平特征;但是对股票市场来说,投资者对于产生资产收益数据的模型属性知之甚少,对于资产实际收益存在明显的不确定性。所以,小数定律导致他们以历史资产收益作为有效信息:投资者根据样本数据均值进行过度的推断,认为任何所观察到的趋势都可以延续。

过度自信包含了自我归因偏差(self attribution)与后视偏差(hindsight bias),同样能够作为反馈交易的形成因素。比如,投资者所采取的交易策略取得了成功,他会充分认可其策略的准确性,这便是自我归因偏差。如果资产价格趋势得以延续,投资者会认为他预测了这一趋势,并为他人所效仿,这便是后视偏差。由这两种行为偏差构成的过度自信会增加交易强度,强化现有的外推交易趋势(Odean, 1999)。

锚定效应指的是当人们对未来事件进行估计时,会以某一特定值作为参照点,对最初获取的信息赋予过高权重。反映至市场中,如果投资者预期未来市场会上涨,便会买入资产。未来再次作出决策时需要再次对市场趋势进行预期,投资者的预期机制是以历史上涨趋势为基础,既然市场已经经历上涨,未来继续上涨的概率依然很高,便会进一步作出买入决策。这种市场中的锚定效应形成了反馈交易。

Shiller(2000)将锚定效应划分为数量锚定及心理锚定。数量锚定是帮助投资者判断资产价格水平的工具,心理锚定是推动投资者作出决策的强制性因素。锚定效应不仅可以驱动投资决策的产生,还具有传导效应,衍生出大量具有同质信念的投资者,加剧反馈交易的程度。

至此,我们从心理学角度分析了外推信念的来源,但都是围绕正反馈交易进行讨论。负反馈交易是一种稳定的交易策略,有助于将资产价格推回基本面价值。但是这种交易策略也会受到心理学机制的驱动,最经典的便是 Shefrin 和 Statman(1985)提出的处置效应,该理论可以从如下角度进行分析:(1)展望理论(Kahneman 和 Tversky, 1979)——现实中存在 S 型价值函数,通过参照点来衡量资产盈亏:若资产价格高于参照点(盈利),函数为凸型,投资者表现出风险厌恶,不愿继续持有资产以实现盈利目的,而是尽早卖出盈利资产、锁定利润;反之,当投资遭受亏损之时,函数转变为凹型,投资者表现出风险偏好,通过继续持有资产而回避亏损现实。并且,资产价格距离参照点越远,处置效应越显著。(2)后悔理论(Shefrin and Statman, 1985):投资者作出错误决策时会有明显的后悔感,但是并未理性地面对这一现实,而是仅仅表现出一种自责。因此,投资者持有前期下跌的资产是为了杜绝亏损之现实，防止出现后悔心理。投资者卖出前期上涨的资产也是为了防范因为未来资产价格下跌所引起的亏损而感到后悔。

从有限理性视角来说，Hong 和 Stein(1999)认为外推信念的产生在于投资者无法观察到资产的基本面信息，只能将收益视为基本面信息的信号。在 HS 模型中，共有两类投资者：消息观察者、动量交易者。由于受到认知能力的约束，每类投资者只能处理一种信息。消息观察者只能处理风险资产基本面的私人信息，资产需求并不取决于历史价格变化。反之，动量交易者无法观察到这类信息，他们在 t 期的需求取决于资产价格在 $t-2$ 至 $t-1$ 期的变化，具有内生性。此外，由于私人信息是在消息观察者群体中缓慢传递，动量交易者的资产需求由历史资产价格驱动，会形成最优决策：如果历史价格出现正向变化，这是一个利好私人信息在消息观察者之间传递的信号，并且该信息还会在未来继续传递于消息观察者群体中，资产价格上涨趋势得以延续，动量交易者增持资产将是最优策略。所以，动量交易者会基于历史价格进行反馈交易。尤其是，由于他们无法观察到私人信息，即使在利好消息已完全在消息观察者群体中实现传递后仍然选择买入资产，导致资产价格的超调。最终，该模型通过这两类投资者的相互作用形成了资产价格的中期动量与长期反转，这一结论再次被 Hong 等人(2000)所证实。

Glaeser 和 Nathanson(2017)构建了另一个反馈交易的有限理性框架。在这一框架下，风险资产价格等于 $p_t=\frac{D_t}{r-g_t}$。其中：D_t 为股息；r 为折现率；g_t 为预期股息增长率。但是一些投资者错误地认为资产价格应满足 $p_t=\frac{D_t}{r-g}$，股息增长率保持恒定不变。所以，投资者会将资产价格上涨归结为股息的增加，高估股息增长率。加上他们对资产价格的错误预期，也会高估未来资产价格的增长率。最终，投资者采取反馈交易策略：基于历史资产收益增加买入资产，预期未来资产收益会继续上涨。

Greenwood 和 Hanson(2015)将“竞争忽略”(competition neglect)这一有限理性形式界定为外推信念的形成机制。一家在过去出现现金流高速增长的公司会引致业内竞争，致使该公司的未来现金流增长速率下降。在这种环境下，投资者将会高估公司未来现金流的增长率，形成以基本面因素为导向的第二种反馈形式。

外推信念也可以被视为羊群效应的特殊形式，由投资者的从众心理所引起。羊群效应指的是个体摒弃自我信念、追随群体信息，执行与群体相一致的决策。反映至股票市场中，投资者追逐相同的信号。继续拓展至反馈交易，这一共同信号便是历史资产价格(Nofsinger and Sias, 1999)，假如某一代表性投资者采取反馈交易策略，其他投资者也会进行效仿形成羊群效应，放大收益外推所形成的价格趋势。反之，如果羊群效应占据主导，会形成一种市场潮流，那些倾向于追逐潮流的投资者将采取反馈交易策略(Kallinterakis and Leita Ferreira, 2007)。

上述关于有限理性框架下的外推信念机制都在讨论投资者将资金配置于单个资产的情形。但是现实中，投资者会遭受信息处理能力的制约，将启发式思维模式作为处理信息的途径，通过对众多资产按照某一特征进行分类、形成风格组合，实现简化投资决策的目的，我们将这种投资主体称为“风格投资者”。Barberis and Shleifer(2003)构建了一个风格投资模型，基于投资者对资产进行风格分类的假设，证实了风格投资者通过历史资产价格变动的加权平均对每一风格组合的未来价格变动进行预期，形成正反馈交易。风格投资框架下的正反馈交易存在一些差异：常规的反馈交易者是依据资产的"历史绝对收益"进行交易，但是风格投资者会受到显著性效应(Salience effect)的驱动，更倾向于将资金配置于极端风格组合，从而导致风格投资者根据极端风格投资组合的"历史相对收益"进行交易，不仅形成了横截面层面的短、中期动量与长期反转效应，还形成了每一风格组合内的资产收益联动性。

2. 其他信念

保守性偏差(conservatism bias)

尽管代表性偏差导致人们低估基本概率，但是有些情形则会出现对于基本概率的高估。根据 Edwards(1968)的实验，共存在两个盒子，一个装有 3 个蓝色球和 7 个红色球，另一个包含 7 个蓝色球和 3 个红色球。受试者被要求可替代地随机抽取 12 个球，从其中一个盒子获取 8 个红色球与 4 个蓝色球。试问，从第一个盒子抽取的概率是多少？正确答案是 0.97，但是大部分人所估计的数值为 0.7 左右，高于基本概率 0.5。

从表面上来看，保守性偏差似乎与表征性启示相互矛盾。但是我们可以通过另一种方式使得这两种偏差共融。如果某一数据样本能够代表其模型，人们便会赋予该数据较高权重，形成表征性启示。然而，如果数据不具有关于模型的代表性，人们便不会对该数据做出过度反应，只能过于依赖他们的先验信念，从而产生保守性偏差。

可得性偏差(availability bias)

当判断某一事件的发生概率，比如：在芝加哥被抢劫的概率时，人们通常会在记忆中搜寻与之相关的信息。尽管这是一个绝对合理的过程，也会产生有偏差的估计，因为并非所有的记忆都是同等地可以被提取或"可用"(Kahneman 和 Tversky, 1974)。近期发生的事件或者更加令人印象深刻的事件，比如一个好朋友遭受抢劫，会在记忆中形成更高的权重，从而扭曲估计。

经济学家有时会对这一系列实验证据持有谨慎态度，因为他们相信：(1)人们会通过重复性工作摆脱偏差的影响；(2)某一领域的专业人士，如投资银行的交易者，所犯的错误更少；(3)如果赋予更有力的激励措施，这种影响将不存在。

尽管这些因素都可以在一定程度上削弱偏差，但是几乎没有证据表明这些因素可以通过协同性影响消除行为偏差的存在。学习效应通常都会由于应用错误而被弱化：当偏差被解释的时候，人们通常表示理解，但是随后在具体运用时仍然会继续违背。专业理论知识并没有形成帮助，反而产生了副作用：那些具备了复杂、精确模型的专业人士被发现比行外人士具有更显著的过度自信，尤其是在他们所作出的预测只获取到少量反馈的情况下。

信念固执(belief perserverance)

大量证据表明，一旦人们形成了一种观点，就会过久地坚持己见(Lord, Ross 和 Lepper, 1979)。首先，人们不愿意寻找与他们的信念相违背的证据。其次，即使他们找到了这样的证据，也会以过度质疑的眼光去看待。一些研究甚至发现了更为显著的效应：确认偏误。人们会按照一种自己喜好的方式来错误解释与自己的假设相违背的证据。在学术研究背景下，信念固执表明：如果人们一开始坚信有效市场假说的合理性，即使在出现与之违背的大量证据之后依然会继续坚信这一理论的正确性。

三、认知偏差

1. 有限关注(limited attention)

传统金融领域的标准理论模型假设，个体会利用所有可获得的信息做出决策。然而，心理学文献表明，当人们做出决策时，并未参考所有相关信息。1998 年 3 月 3 日，《纽约时报》的头条报道了一项关于癌症研究的重大突破,报道对象是一家拥有攻克癌症许可权的小型生物科技公司 EntreMed,这则新闻的影响十分巨大,使得该公司的单日股票收益率达到 330%。在 1998 年的随后时间里,股价保持在高于发行前的水平上。然而,这一新闻报道并未包含新信息,因为早在 1997 年 11 月,Nature 与包含《纽约时报》在内的大众媒体就报道过相同的内容。面对周围环境所包含的大量信息,人类的认知偏差导致了"有限关注"这一必然结果的产生。

人类大脑的处理能力是有限的,使得投资者无法及时关注所有重要信息。反之,他们需要投入时间来搜集与处理这些信息。比如,对某一公司进行估值所需要的信息量以及处理这些信息所需耗费的时间及认知水平是不容小觑的。何况,市场中存在数以千计的股票需要投资者进行评估,使得个体投资者会受到有限关注的影响。不仅如此,文献表明以分析师为代表的的职业投资者也会忽略相关信息。

有限关注框架下的资产价格会对信息反应不足,为盈余惯性(Earning Momentum)提供了解释:投资者所具备的认知能力不足以使其迅速理解盈余公告对公司未来前景所产生的影响,可能需费数日甚至数周方可厘清其含义。所以,在公布利好盈余信息的当日,股价只会表现出微弱的反应。只有当投资者在未来的一段时期切实知晓该消息之后,股价才会上升至能够切实反映该消息的水平。受到有限关注驱动的反应不足得到了大量实证研究的支撑(DellaVigna 和 Pollet, 2009; Hirshleifer 等人, 2009)。不仅如此,任何难以处理(Cohen 和 Lou, 2012)与逐渐公布(Da 等人, 2014a)的信息都会引致上述现象。

2. 分类

有限关注所导致的结果便是分类。投资者倾向于对相似但并不相同的资产进行分组、无条件地形成(更新)对于组别的信念。

作为人类思维模式的基本特征之一，分类具有十分显著的优势，通过对事物进行分类、形成类别层面上的信念，不仅降低了周围环境的复杂程度，更提高了人类处理信息的速度(Rosch 和 Lloyd，1978)。这种分类同样存在于金融市场中。面对数以千计的证券及投资基金，投资者无法对每一个都能够了如指掌。因此，投资者倾向于对金融资产进行分类、形成关于类别水平上的这些资产未来回报的信念，达到简化决策的目的。分类机制在金融市场中的典型应用便是产生了风格投资，通常习惯于将风格投资框架下的“类别”称之为“风格”，如：“价值股”、“成长股”等。

Barberis 和 Shleifer(2003)构建了一个经济体，存在一些对资产进行分类、形成类别层面的关于资产未来收益的信念的风格投资者。这种风格投资者也具有反馈交易特征：其对于风格组合内所含资产未来收益的信念是关于资产历史收益的正函数。并且，同一种风格(如：大盘 VS.小盘)会产生显著的联动性①，但是隶属于不同风格的资产联动性显得十分微弱。

第三节 金融异象：非理性的结果

一、总量异象

可预测性之谜、波动性之谜与股权溢价被称为三大总量市场异象。预测性之谜与资产价格的随机性波动相悖，波动性之谜与股权溢价都证实了资产价格无法保持理性水平、超出了传统的一般均衡模型的解释范围。因此，三大总量异象是对 EMH 提出的严峻挑战。

---

① 风格投资模型最为突出的贡献之处是形成了有关联动性的行为理论。

可预测性之谜：市场中的市盈率(P/E)或价格—股息比(P/D)能够反向预测未来的市场超额回报率(Campbell 和 Shiller, 1988; Fama 和 French, 1988)。时间序列层面所表现出的可预测性被普遍视为关于股票市场回报的一个基础性事实。针对该现象的理性框架是基于对未来风险变化的理性预测，尤其是"罕见灾难"框架、"长期风险"框架、"习惯养成"框架与"理性学习"框架。在罕见灾难框架下，如果投资者理性地认为未来不太可能爆发经济危机，他们便会降低用于贴现公司未来现金流的风险溢价。随后，当期的股票市场市盈率将会上升，未来的超额回报率将会降低，我们得到了市盈率与未来超额回报之间的反向关系。

波动性之谜：Shiller(1981)以及 LeRoy 和 Porter(1981)发现总量市场的价格表现出"超额"波动性，很难通过投资者对未来现金流或贴现率的理性预期的变化进行判断。具体来说，假设股票市场中的价格—股息比的变化是由对未来股息增长率的理性变化的预测所决定。在一些年份，投资者理性地认为未来股息将会实现高增长，从而推动股票市场价格上涨、高于当前股息，反之则反。鉴于这些对股息增长的预测属于理性行为，这一框架意味着，在长期样本数据区间中，价格—股息比能够正向预测未来股息变化。然而，在美国市场的历史数据中，这一结论并不成立(Campbell 和 Shiller, 1998)。所以，对于未来现金流变化的理性预测无法构成股票市场波动的主要因素。

可预测性之谜与波动性之谜被视为同一种现象。根据美国市场的历史数据，价格—股息比始终保持稳定。换言之，高价格—股息比所伴随的是适中的价格—股息比，价格—股息比的降低可以通过两种方式发生：股息增加或价格降低。根据上述对于波动性之谜的讨论，可以排除股息增加的可能：根据样本数据可知，高价格—股息比并未在未来产生更高的价格—股息比，表明高价格—股息比所产生的是未来回报率的下降，与可预测性之谜的发现相吻合。

股权溢价之谜：在过去的一个世纪中，美国股票市场的平均回报率超出了美国国库券的平均回报率5%，如此显著的股权溢价难以通过理性模型所解释，故被称为“股权溢价之谜”。在一个简易型的理性模型中，投资者基于终生消费形成偏好，假设股票市场风险是由股票市场回报率与消费增长率的协方差所衡量。实证结果表明，消费增长率的标准差很低，投资者并不认为股票市场具有高风险，所需要的股权溢价也很低。最终预测的年均股权溢价水平不足0.5%(Mehra 和 Prescott, 1985)。

近年以来，股权溢价之谜所受到的关注度较低。第一种原因在于，在经历了多年的努力之后，学术界已经穷尽了所有用于破解该话题的方法，最终不得不将注意力转移至其他话题。第二种原因在于，股权溢价程度已经没有那么显著，趋于正常水平。最重要的原因在于，无论是理性抑或行为视角所构建的框架都已对这一谜题实现了完美的解答。

二、横截面异象

总量市场会产生一些令人所不解的谜题，资产之间亦是如此。为什么一些金融资产会产生较高的平均回报率？用于解答这一问题的经典理性框架是CAPM，认为资产的平均回报率仅由资产的β(资产回报率与市场回报率的协方差)所解释，高β资产具有高风险，通过产生高回报率对投资者所承担的风险进行补偿。

然而，CAPM的预测被彻底地否决。高β资产并未产生高回报率(Fama 和 French, 1992)，并且一系列股票变量被证实对平均回报率的横截面差异具有显著的预测能力，这种根据股票价格的历史信息可以获取超额回报率的异象被称为横截面异象，种类最为繁多，亦最具稳健性，不仅体现出CAPM的偏误，亦对 EMH 构成最为直接的挑战。

长期反转效应: De Bondt 和 Thaler(1985)发现,一只股票在过去 3 至 5 年的回报能够在横截面上对未来回报进行反向预测:在检验期内,输家组合的平均收益较之赢家组合高出 8%。随后,Lo 和 MacKinlay(1990)利用反转效应所产生的资产收益序列负相关性,提出了反向投资策略这一概念:买入表现不佳的股票,同时做空表现良好的股票。De Bondt 和 Thaler 指出,反转利润是由那些过度关注近期信息、较少关注先前信息的低劣投资者所致,产生了反应过度,对有效市场假说构成了挑战。

短期动量效应: Jegadeesh 和 Titman(1993)发现,一只股票在过去 6 个月至 1 年的回报能够在横截面上对未来回报进行正向预测。投资者可以据此构建动量策略:同时买入收益增加的股票、卖出收益减少的股票,证实了动量交易的盈利性。行为金融理论主要通过反馈交易(De Long 等人,1990b)、保守性偏差(Barberis, Shleifer 和 Vishny, 1998)、自我归因偏差(Daniel, Hirshleifer 和 Subrahmanyam, 1998)、处置效应(Grinblatt and Han, 2005)进行解释。

短期反转效应:一只股票在过去 1 周至 1 个月的回报能够在横截面上对未来回报进行反向预测。

非预期盈余:一家公司在近期盈余公告所引致的意外程度能够正向预测公司股票的未来回报率(Bernard 和 Thomas, 1989)。如果一家公司所披露的盈余优于预期,其股票价格自然会在公告日上涨。更为有趣的是,价格在进行盈余公告之后的几周内继续保持上行态势,这便是“后盈余公告漂移”现象。

市值:一家公司的市值能够在横截面上反向预测公司的未来回报率(Banz, 1981)。

价格—基本面比率:股票的市盈率、价格—现金流比率、市净率能够反向预测股票的未来回报率(Basu, 1983; Rosenberg 等人,1985; Fama 和 French, 1992)。具有高账市值比的价值股的平均回报率高于低账市值比的成长股,被称为价值溢价。

股票发行:发行股票的公司,无论是首次公开募股抑或增发新股,其平均回报率都低于对照组的公司(Loughran 和 Ritter, 1995)。回购股权的公司股票的平均回报率高于对照组的公司(Ikenberry 等人,1995)。

系统波动性:高 β 股票的平均原始回报率与低 β 股票的平均原始回报率相似。这与 CAPM 的预测形成了鲜明对比,即:高 β 股票应该具有较高的平均回报率,这种现象被称为"β 异象"(Black, 1972; Frazzini 和 Pedersen, 2014)。

特质波动性:股票在过去一个月的日度特质回报率的波动性能够反向预测股票的未来回报率(Ang et al., 2006)。

盈利性:衡量公司盈利能力的指标,如:根据资产价值度量的毛利润,能够正向预测公司股票的未来回报率(Novy Marx, 2013; Ball et al., 2015)。

综上,我们将以表格形式对横截面异象的预测性进行整理:

表 2-2 横截面异象与预测性

长期反转效应	−
短期动量效应	+
短期反转效应	−
非预期盈余	+
市值	−
价格—基本面比率	−
股票发行	−
系统波动性	−
特质波动性	−
盈利性	+

三、泡沫:极端异象

从传统意义上,泡沫指的是资产价格相对于其基本面价格所产生的明显高估,“高估”意味着资产价格超过了资产未来现金流的理性贴现值。但是,基本面价值是十分暧昧的东西。在股息贴现模型中,需要通过对未来预期现金流进行贴现。而贴现率和现金流的估计也存在很大的困难。相对来说,确定资产价格从今天到明天的变化是否合理比确定资产价格相对于其所产生的未来现金流到今天的贴现值是否合理则要容易得多。因此,泡沫的存在引起了人们的质疑。

因此,我们需要将泡沫解释为具有一系列具体经验特征的情景:(1)价格在短期内快速上涨,随后急剧下跌;(2)在价格上涨过程中,有关价格被高估的新闻报道甚嚣尘上;(3)在价格上涨并达到峰值的过程中,成交量异常高涨;(4)大量投资者具有外推信念;(5)在价格上涨的过程中,成熟投资者会增持风险资产;(6)在价格上涨初期,通常会出现资产未来现金流的利好消息。根据泡沫所具有的特征可以发现,价格的持续上涨对应于短期动量效应,后期的急剧下跌对应于长期反转效应,价格所产生的高估对应于波动性之谜,价格上涨至峰值所伴随的下跌意味着价格在时间序列层面具有可预测性。如此,泡沫被称为总量与横截面异象的极端形式,包含了十分丰富的经济学含义。

基于投资者在信念、偏好与认知层面所表现出的一系列偏差,在套利机制存在先天性缺陷的前提下,对资产价格构成了系统性的影响,产生了总量和横截面异象,我们将通过如下表格对本节内容进行整理。

表 2-3　非理性偏差与金融异象

文献	总量异象			横截面异象		极端异象
	波动性之谜	可预测性之谜	交易量之谜	动量效应	反转效应	泡沫
		信念				
De long et al.(1990a)	●	●	×	×	●	×
De long et al.(1990b)	●	●	×	●	●	●
胡昌生 et al.(2017)	●	●	×	●	●	×
陈聪 & 胡昌生(2021)	●	●	×	●	●	●
Barberis(2018)	●	●	●	●	●	●
Barberis et al.(2018)	●	●	●	●	●	●
Barberis et al.(2015)	●	●	×	×	●	●
Barberis & Shleifer(2003)	●	●	×	●	●	×
Hong & Stein(1999)	●	●	×	●	●	×
Cutler et al.(1990)	●	●	×	●	●	×
Daniel et al.(1998)	●	●	×	×	●	×
Daniel et al.(2001)	●	●	×	●	●	×
Barberis et al.(1998)	●	●	×	●	●	×
Jin & Sui(2019)	●	●	×	×	×	×
Scheinkman & Xiong(2003)	●	×	●	×	×	×
Jin & Sui(2017)	●	●	×	×	×	×
Daniel & Titman(2006)	●	×	×	×	●	×
Hirshleifer et al.(2015)	●	●	×	×	×	×
Liao et al.(2020)	●	●	●	●	●	●
		偏好				
Barberi, Huang, Santos(2001)	●	●	×	×	×	×
Ju and Miao(2012)	●	●	×	×	×	×

第四节　核心概念:投资者情绪

无论是非理性投资者在信念还是偏好层面表现出的偏差,

都被视为投资者情绪(Baker 和 Wurgler, 2006)。自 De Long 等人(1990a)所构建的噪音交易模型以来,行为金融学者通过一系列理论模型解释了投资者情绪对市场价格构成的影响。当对理论模型进行检验时,通常的做法是采取市场数据构建投资者情绪指数进行证实,形成一个"自上而下"的过程。然而,从理论上明确投资者情绪的内涵,乃是在实证中获取一个富有代表性的情绪指数的核心基础。因此,本节首先讨论了投资者情绪的定义。随后对几种主要情绪指数的构建思想、方法与不足进行整理。最后,无论是哪种情绪指数,都要通过实证检验来考察指数所具有的效用,我们分别从总量与横截面视角梳理了相关的实证文献,考察投资者情绪与未来资产回报之间的关系。

纵观现有的投资者情绪指数,数量多达几十种,尽管这种多样性有利于我们深入把握投资者的非理性特征,但是也为我们筛选一个最具合理性的指数创造了困难。较之调查型情绪指数与单一型情绪指数,Baker 和 Wurgler(2006、2007)根据主成分分析法所构建的复合型情绪指数由于可以剔除无关乎情绪的"杂质"成分,使得这种更加"纯粹"的情绪指数一度得以广泛运用。然而,BW 指数也仍然存在诸多弊端,因为许多因素(公司特质信息、流动性)均会影响交易行为,使得该指数逐渐遭到许多学者的批判与修改。甚至,主成分分析法自身会存在缺陷,使得学者们又采取新的偏最小二乘法构建了 PLS 指数。除了现有的市场交易型情绪指数之外,基于文本分析所得到的文本情绪亦是捕捉投资者行为特征的有效工具,我们将回顾文本情绪方面的文献,并对这类指数与传统的情绪指数进行对比。在比较、改良甚至重新构建不同的情绪指数之后,相应的检验方式便是考察其对于未来资产回报率的预测能力。这将对我们的情绪理论研究具有深远的意义与价值。

一、投资者情绪的定义

欲要度量投资者情绪，必先厘清投资者情绪的内涵。传统经济学中的人乃是理性主体，始终可以根据稀缺资源实现效用最优化，而行为金融框架中的人会表现出认知偏差与情绪偏差，使之在信念与偏好方面出现与理性范式相违背的特性。投资者在信念与偏好方面所表现出的任何有违理性范式的偏离均可被纳入投资者情绪范畴(Baker 和 Wurgler, 2006)。

De Long 等人(1990a)将投资者对于资产基本面序列的错误预期称为投资者情绪。Lee 等人(1991)将投资者对未来资产收益的预期中无法通过基本面进行解释的部分定义为投资者情绪。Barberis et al.(1998)亦指出，所谓投资者情绪乃是投资者对于未来资产收益的有偏先验信念。Baker 和 Wurgler (2006, 2007)则提出了投资者情绪的两种定义：(1)投资者对于未来资产价格的乐观或悲观的预期；(2)投资者进行投机的倾向。我们通过这些经典文献的定义可以发现，行为金融学者均是从信念角度来界定投资者情绪，信念本身就是反映预期的一种行为金融术语。然而，同样作为噪音交易者，却可能对于同一只股票产生不同的预期，如果投资者之间会由于不同的有偏信念而不会同时买(卖)某一只股票，这种噪音冲击岂不是由于相互抵消而丧失对于资产价格的影响力？尤其针对 BW 的定义——投资者对于未来资产价格具有看涨或看跌的预期，但是作者并未排除一部分投资者看涨、一部分投资者看跌的情形，致使这种定义缺乏严密性。有鉴于此，Shleifer (2000)立足于信念视角提出了一个更加富有严密性的定义，认为投资者情绪反映了大量投资者所犯的常见性判断误差，并不是毫无关联的随机性错误。只有当大量投资者同时买入同样的资产时,这种巨大的买入压力才可推动资产价格偏离基本价值。

另一方面,Baker 和 Wurgler(2007)将投资者进行投机的倾向界定为投资者情绪。由此可知,投资者情绪亦可从偏好角度进行定义。在 Barberis 等人(2001, 2006)以及 Barberis 和 Huang(2001, 2009)的研究中,投资者情绪表现为投资者的非理性偏好。

还有一些学者认为,投资者情绪是个体投资者对风险资产的需求(Kumar 和 Lee, 2006; Kim 和 Kim, 2014)。虽然从表面上无法直观地将此定义归纳至信念或偏好类别,但是我们可以深入分析:Black(1986)率先提出“噪音交易者”这一概念,尽管并未明确指定哪类交易主体属于噪音交易者,但是个体投资者绝对是最佳人选(Barber 等人,2009),被认为是“低劣的投资”(Dumb money)之典型代表(胡昌生和池阳春,2014)。既然噪音交易者无法掌握内幕消息,其交易决策与基本面因素并无关联,必然会由于对资产价格的未来趋势存在一种错误预期而进行买卖,这亦是从信念视角所得出的投资者情绪定义。同样的理论研究还可从 De Long 等人(1990b)看出,那些依靠历史价格信息做出决策的反馈交易者,更是噪音交易者在现实中的主要体现(Shiller, 1984)。

综上所述,虽然现有研究都是从信念或偏好角度对投资者情绪进行界定,但是在与理论研究相匹配的实证性工作中,投资者情绪指数的构建都是基于信念视角,认为投资者情绪指数所彰显的是投资者所具有的一种极端信念抑或是所表达的一种观点。因此,我们通过数学公式来提炼投资者情绪的概念:

$$Sentiment_t = p_t - v_t \tag{2-13}$$

其中，p_t 是我们在 t 期所观察到的市场价格，v_t 是 t 期的基本面价值，如：现金流的贴现值。$Sentiment_t$ 越大，说明投资者对于资产价值具有更为乐观的预期，这为我们从信念视角界定投资者情绪提供了十分简洁的数学公式，使得这种定义显得很直观、得到了广泛的运用。

由于投资者所进行预期的对象绝不局限于资产价格，更包含了其他的资产特征（如，交易量），那么我们可以从普适性视角提出更为一般性的情绪公式：

$$Sentiment_t^A = cha_t - cha_t^* \tag{2-14}$$

其中，cha_t 是所观察到的资产实际特征，如：波动率、成交量、股息等。cha_t^* 则是由基准模型所产生的资产理性特征。那么，(2-14)式便可以对应于更广泛的情绪变量。

至此，我们已对投资者情绪的核心概念进行了整理并通过公式对概念进行了精简的概括。但是，对于(2-13)来说，我们总是难以在现实环境中度量资产的理性价值(Barberis, 2018)，对于什么是理性价值的问题一直存在争议。并且，对于任何模型来说，都会遗漏一些重要的因子或是所提出的假设缺乏准确性，导致所计算的资产理性特征水平缺乏合理性。我们不免怀疑，通过情绪代理变量所形成的情绪指数将会存在误差，这便引导我们充分检验不同的情绪指数在实际应用中所取得的表现如何。

接下来，我们将从调查型、市场型、复合型、文本型与媒体型这 5 个层面，对现有文献中的情绪指数进行梳理，并展开深入的比较与讨论。

表 2-4　相关的投资者情绪定义

投资者情绪 视角 信念 人们并不会理性地更新信念，偏离了贝叶斯法则 文献	核心观点	偏好 重新思索效用的来源、更改效用函数形式或替换期望效用框架 文献	核心观点
De long et al.(1990a)	噪音交易者对于未来资产价格的错误信念	Barberis et al.(2001)	将损失厌恶与狭隘框架相融合，实现损失厌恶动态化，投资者会由于前期收益导致风险厌恶程度发生变化，从而改变对资产的需求
Lee et al.(1991)	投资者对未来资产收益的预期中无法通过基本面进行解释的部分	Barberis and Huang(2001)	当投资者持有多只不同的股票时，狭隘框架会使其通过个股价值的涨跌获取效用，增加了效用的额外来源
Barberis et al.(1998)	投资者对于未来资产收益的有偏先验信念	Barberis and Huang(2009)	受到狭隘框架影响的投资者更倾向于凭借直觉而非理性分析做出决策
Barker and Wurgler(2006、2007)	投资者对于未来资产价格的乐观或悲观预期	Barker and Wurgler(2006、2007)	投资者进行投机的倾向
Shleifer(2000)	大量投资者所犯的系统性判断失误，并非随机性的偏差	Barberis et al.(2006、2007)	通过静态损失厌恶来解释投资者的股票市场参与和股权溢价之谜
Daniel et al.(1998)	投资者对于资产价值信号的判断误差	Wurgler(2012)	多数定义都涉及关于非传统偏好的应用

（续表）

投资者情绪 视角 信念 人们并不会理性地更新信念，偏离了贝叶斯法则 文献	核心观点	偏好 重新思索效用的来源、更改效用函数形式或替换期望效用框架 文献	核心观点
胡昌生和池阳春(2014)	投资者对于未来资产收益和风险信息的错误解读，他们的先验信念发生了错误，或者并不是按照贝叶斯法则对信息进行更新，而是像由于一系列的心理偏差对未来风险和收益形成错误的估计	胡昌生和池阳春(2014)	投资者的偏好结构相对于标准理论中的偏好（期望效用函数）的偏离

二、投资者情绪指数的度量

1. 消费者与投资者信心的调查（显性指标）

由于投资者情绪主要从信念角度进行定义，对信念进行量化的一种自然的方法是询问人们关于未来经济或股市变化的观点。具体地，研究者会选取随机数量的家庭、通过提出少量问题的形式来判断每一个家庭的乐观或悲观水平。随后，将各个家庭的回答进行整合、构建情绪指数。这种度量投资者情绪的调查方法取决于人们对于宏观经济或股市信心问题的回答。直观地来说，由于投资者信心与投资者情绪可以彼此替代，这类调查指数主要用信心来度量情绪。

密歇根大学消费者调查情绪指数

密歇根消费者研究中心针对1978年以来的消费者进行月度调查，构建了一个消费者信心指数。密歇根大学消费者信心指数(MCCI)对全美500名男女进行电话访问，通过提出5个主要问题来衡量受访者对当前经济的信心。问题如下：

Q1：我们十分关心人们现在的经济状况。你觉得你(以及你的家人)目前的经济状况较之一年前是否有所改善？

Q2：现在开始展望未来。你觉得你(以及你的家人)在一年后的经济状况较之当前会有何改变？

Q3：现在来讨论全国的商业情况。你觉得未来12个月里的国家经济是否会好转？

Q4：继续展望未来。在未来五年左右的时间里，你觉得国家经济究竟是蒸蒸日上，还是会面临大规模的失业与萧条？

Q5：关于人们为家庭购买的大物件，如：家具、电视等。一般来说，你认为现在是人们购买主要家用品的好时机吗？

通过电话访问所取得的结果按照1与5来表示，1代表好，5代表差。最终的信心指数是对这些回答采取等权平均的处理。根据这五个问题，调查很明显集中于三个层面：(1)消费者如何评估自己财务状况的前景；(2)人们如何看待近期宏观经济的前景；(3)人们对于长期经济前景的看法。

现有研究早已将密歇根信心指数作为投资者情绪的代理变量。Lemmon和Portniaguina(2006)基于一个时间序列框架，发现消费者信心指数能够反向预测未来小盘股与大盘股的收益差异(规模溢价)，但是无法预测价值股与动量股溢价的时变性。

尽管MCCI作为一个主流的经济指标具有明显的优势，但是也面临一些问题。首先，MCCI具有回顾式特征，因为在一些问题中，受访者被要求将其现状与一年前相比。这一点亟需解决，因为度量情绪往往需具有前瞻性。其次，也是最关键所在，目前我们尚且无法知晓消费者信心是否应该转换为投资者情绪。尽管消费者信心与投资者情绪是相关的，但是没有理由认为消费者对于宏观经济的预期应该与投资者信念相等。比如，对于股市的判断需要十分复杂的决策，不仅要能体现基本面，还要包括制度、人口、税收与心理等因素。然而，能够反映个体财务状况、是否应该购买大型消费品等因素的消费者信心指数，可能与人们对于投资与交易决策的看法不同。

综上所述，MCCI 不足以度量投资者情绪。幸运的是，之后的学术界通过努力，构建了一个针对市场的信心指数。

耶鲁大学管理学院股市信心指数

为了度量投资者信心，不仅是消费者信心，由罗伯特·席勒领导的耶鲁大学管理学院设计了一系列有关股市前景的调查问卷。由于做出投资与交易决策需要极其复杂的判断，不仅需要预测哪些股票的表现在何时更好，还要考虑公开的信息冲击，使得坚定股市信心要比坚定消费者信心复杂得多。因此，股市信心能够体现出多种因素（不限于基本面、法律、税收、制度与心理因素），度量股市信心的方法远不如度量消费者信心那样直接。

即使面对这些困难，耶鲁大学管理学院还是设计了一系列调查问卷，旨在捕捉人们对股市的信心。本次调查始于 1989 年，从 1989 至 2001 年间，每六个月开始一次调查。自 2001 年 6 月起，每一个月开始一次。调查对象被划分为两组：富裕的个体投资者与机构投资者。随后，通过调查所产生的结果被用于构建四个股市信心指数，这些指数均源自 1989 年以来对同样的受访者样本所提出的相同问题。具体的信心指数如下：

C1：一年信心指数：预期明年道琼斯指数上涨的人口比例；

C2：逢低买入信心指数：如果日内市场下跌 3%，预计明日反弹的人口比例；

C3：崩盘信心指数：预期未来六个月股市崩盘概率较小的人

口比例；

C4：估值信心指数：认为市场估值水平不算过高的人口比例。

这四类指数的重点在于 C1 与 C4，分别提出了如下的问题：

Q1：你预期道琼斯工业平均指数在未来的变化百分比是多少？请在括号中填写你的答案。

1. 一个月以内（　　）

2. 三个月以内（　　）

3. 六个月以内（　　）

4. 一年以内（　　）

5. 十年以内（　　）

Q2：美国的股票价格，与实际的基本面价值相比，处于什么水平？

1. 过低

2. 过高

3. 适中

4. 不知道

一年信心指数指的是在“一年以内”填写数字的受访者人数比例。估值信心指数指的是选择“1”或“3”的人数占据所有受访者的比例。在此之前，关于投资者态度以及这些态度如何表现出时变性的定量证据较少，耶鲁调查指数也因此成为率先度量并量化投资者（并非消费者）对股市的观点的尝试。这种调查指数具有一些优势。首先，与投资时事通讯的业余型调查不同，耶鲁大学的调查谨慎地选择不去询问人们对于未来股市的准确预期。因为大量证据表明，多数人并未对未来特定时期的股市变化形成准确预期，当被要求提供答案时，他们的行为仅是为了取悦采访者（Shiller, 2000）。反之，当所提出的问题被设计成容易回答时,则不必表露出具体的估计。其次,与 MCCI 不同,耶鲁调查指数只关注于前瞻性信念。而且,这种调查还会询问人们对于股市的预期,并非对于宏观经济的预期。最后,耶鲁调查指数选取了两个不同的投资者群体:富有的个体投资者与机构投资者。这就使得我们在进行实证分析时可以对投资者的熟练程度与规模进行控制。

由于耶鲁指数也是根据调查结果所构建,使其存在一些弊端。首先,也是最重要的,调查结果与实际行为之间可能存在差异。经济学家对于调查结果都会抱有一定程度的怀疑态度,个别受访者的回答可能会与整体产生差异。其次,投资者在回答问题时可能没有告知实情。尽管投资者并没有撒谎的明确动机,但可能是由于其害怕泄露过多信息,对于机构来说尤其如此。

其他调查指数

除了上述两种主要的调查指数之外,还有一些显性指标:投资者智能指数、美国个人投资者协会指数、好友指数、华尔街战略家情绪指标、来自 18 个工业国家的消费者信心指数、摩根富林明投资者信心指数以及由美国经济咨商局与密歇根大学调查研究中心通过调查所形成的两种消费者信心指数等。出于篇幅限制,本章不再赘述。

2. 基于市场变量的间接投资者情绪指数(隐性指标)

所谓隐性指标,是通过对市场的历史交易数据、量价指标等进行估计所得、能够直接反映投资者行为(间接反映投资者信念及偏好)的指标。这类情绪指数的数据来源广泛,不会受到样本量不足的约束,较之显性指标得到了更为广泛的运用。以下是一些较为常见的隐性指标。(1)封闭式基金折价率。Lee 等人(1991)试图通过封闭式基金来度量投资者情绪,因为封闭式基金

表 2-5　主要显性指标

显性指数	问卷内容	调查重点	劣势	优势	通病
密歇根大学消费者信心指数	当前的财务状况与过去一年相比如何？ 未来的财务状况是否会有所改善？ 未来 12 月的全国经济是否会复苏？ 未来五年的全国经济是否会复苏？ 现在是否应该购买大型家庭用品？	财务状况；经济运势	回眸式问题与前瞻性预期相悖； 消费者信心难以取代投资者信心； 样本量较小，致使调查结果缺乏准确性	所提出的标准化问题使得预测具有准确性，可以形成大规模、有序的时间序列； 提供了有关投资者心理状态的信息	显性指标的构建需要一个具有代表性的目标人群，使得该指标的构建具有一定成本； 大多数通过调查所获的观点均是在一周、一个月甚至一个季度内逐步提交，使得调查结果无法与既定时点的投资者情绪相对应，而是同时包含了近期与较为久远的观点，使得该指标缺乏时效性； 无论受访者所管理的资金规模多少，对之所赋予的权重都相等
耶鲁大学投资者信心指数	未来的股票指数多久会上涨？ 当期下跌的股票是否会在明日反转？ 未来六个月的股市崩盘概率是多少？ 市场是处于什么估值水平？	未来股市发展	调查结果与实际行为相斥； 受访者的撒谎引致信息偏误	不去询问对方关于股市的准确观点，防止得到错误答案； 没有提出回眸性问题； 个体与机构样本的引入，足以控制投资者规模与成熟度	

通常由大量个体投资者进行交易。类似地，Neal 和 Wheatley (1998)也发现封闭式基金折价率具有同样的情绪代理特征。具体言之，封闭式基金折价率与投资者情绪呈反比：高折价率对应于投资者的极度悲观预期，低折价率意味着投资者信心达到制高点。(2)换手率。Baker 和 Stein(2004)表明，市场中存在广泛的卖空限制，非理性投资者只有在乐观时才可以进行交易、为市场注入流动性。因此，可以将流动性(换手率)视为投资者情绪的代理变量。Jones(1991)的研究结论与 Baker 和 Stein(2004)相一致。(3)共同基金流。Brown 等人(2003)根据共同基金投资者在安全型政府债券基金与风险型成长股基金之间的资金配置构建了市场层面的投资者情绪指数。共同基金投资者倾向于将资金配置在具有高近期回报率的投资产品中(Warther 和 Vincent, 1995)，这一行为又会引致资产的错误定价(Frazzini 等人, 2006)①，证实了共同基金流作为情绪变量的合理性。(4)IPO 数量与首日收益。IPO 市场通常对于情绪变化具有较高的敏感性，IPO 首日收益率的上涨被认为是投资者处于乐观状态的表现，IPO 特质收益率的减少可以被认为是市场择时的表现(Stigler, 1964; Ritter, 1991)。因此，Baker 和 Wurgler(2006)将 IPO 数量及 IPO 首日收益率作为情绪的代理变量：IPO 发行量与首日收益率越高，表明投资者情绪越高涨。

至此，我们列举了一些常见的间接投资者情绪代理变量。然而，一个完美、不含争议的情绪代理变量是不存在的(De long 等人, 1990a)，多数情绪代理变量均与风险因子、股票市场状况及宏观商业环境有关。比如，换手率不仅可以作为情绪的代理

① 当共同基金所持有的股票经历了显著的资金流入之后，未来回报率会出现下降。证实了当共同基金投资者大量买入某只股票时，伴随着投资者情绪的高涨，导致未来股票收益出现反转。

指标，还可以被视为投资者异质信念的表现(Gebhardt et al.，1991；Danielsen and Sorescu，2001；Diether et al.，2002)；IPO数量及首日收益与宏观经济状况、股市发展水平密切相关(Pastor and Veronesi，2001)。所以，这类情绪指数会受到指数自身特质并无关于情绪的因素影响，使其可以作为投资者情绪代理变量的代表性不足。因此，学术界通过判别情绪指数中无关于情绪的特质因素并通过数据处理的方式剔除这些因素的影响，构建更"纯"的投资者情绪代理变量，也就是投资者情绪复合指数。

表 2-6　主要隐性指标

隐性指标	文献	简述	劣势
封闭式基金折价率	Lee, Shleifer and Thaler(1991) Chopra, Lee, Schleifer, and Thaler(1993) Neal and Wheatley(1998) Baker and Wurgler(2006)	基金实际持有证券的资产净值与基金市场价格之间的差额； 最为广泛流传的情绪代理指标，自身也是度量其他投资者情绪变量的一部分	折价率也可通过其他理论进行解释，如：代理成本； 封闭式基金折价只能反映对于基金的信心，而不是对于整个市场； 并不适用于马来西亚与斯里兰卡市场，因为该国的封闭式基金数量与交易受到了限制
换手率(成交量)	Baker and Stein(2004)	通过买卖价差与换手率度量市场流动性； 充裕的市场流动性或高成交量，被认为是估值过高的征兆； 投资者在牛市阶段会产生高涨情绪，在熊市阶段会产生低落情绪	不仅可以作为情绪的代理指标，还可以被视为投资者异质信念的表现； 尽管成交量与流动性相关，但是前者并不能通过后者进行定义

（续表）

隐性指标	文献	简述	劣势
IPO 数量	Brown and Cliff(2005)	市场择时理论指出，理性公司会利用高涨的市场情绪来筹集股本，使得 IPO 浪潮与过高或过低估值时期有关； 对于 IPO 的潜在需求通常具有极度的情绪敏感性； IPO 数量滞后于 IPO 首日收益	与 IPO 相关的情绪代理指标不适用于新兴市场：中国证监会对 IPO 施行了严格管制，使得 IPO 数量与 IPO 首日收益率无法体现中国市场中的投资者情绪；斯里兰卡的 IPO 市场并不活跃，导致这两种指标难以体现市场情绪
IPO 首日收益	Stigler(1964) Ritter(1991)	IPO 抑价理论认为，公司首次上市时，所出售的股票往往定价过低，导致了交易首日的价格过高，以至于我们难以从理性视角进行解释； IPO 的平均首日回报表现出与 IPO 数量高度相关的波峰与波谷	
共同基金流	Neal and Wheatley(1998) Frazzini and Lamont(2006)	如果大量资金流入持有某股的共同基金，表明共同基金投资者对未来持有乐观预期，导致该股票的未来回报出现反转	共同基金流可能存在由于基金业绩评价的偏差所引致的代理问题

3. 复合指数

BW 情绪指数

简述

鉴于市场型情绪指数的弊端，学者们开始通过构建复合指数，旨在使得情绪变量更加纯粹。在此，尤以 Baker and Wurgler (2006)的工作为例。BW 利用主成分分析法提取出了各个情绪代理变量的第一主成分，得到了著名的 BW 情绪指数。从理论角度，我们可以将复合型情绪指数设定为如下的线性表达式：

$$Sentiment_t^{BW}=w_1 prox_1+w_2 prox_2+\cdots+w_n prox_n \tag{2-15}$$

其中，$prox_1$，$prox_2$，…，$prox_n$ 为情绪代理变量，w_1，w_2，…，w_n 为代理变量所对应的权重，权重的最优水平取决于代理变量的预期使用。

Baker 和 Wurgler(2006)引入封闭式基金折价率、交易量、IPO 首日收益率、IPO 数量、新股发行量与股息溢价这 6 个情绪代理指标，为了剔除宏观经济的影响，首先将每一代理指标分别同工业生产指数增长率、耐用消费品、非耐用品与服务增长率以及经济衰退虚拟变量进行回归分析，将每一次回归所得的残差作为更加“纯净”的情绪代理指标。

$$cha^*=\beta_1 x_t+\beta_2 E[x_{t+1}]+v_t \tag{2-16}$$

其中，x_t 是状态变量，β_1 与 β_2 是常数，v_t 是其他的估值因子。因此，实际的情绪代理变量应该是 $cha_t-cha_t^*$。

在对这些“提纯”后的情绪代理变量进行主成分分析之前，我们需要确立各个变量的领先滞后关系。第一，对所有代理指标的 t 期及 $t-1$ 期值进行整合(共计 12 个数值)，形成综合指数 COMP①；第二，测算 12 个变量与综合指数 COMP 之间的相关性，协同性较强者所包含的情绪含量更高；最后，选取相关性较高的情绪代理变量进行主成分分析，以第一主成分作为投资者情绪指数。

---

① 根据前 6 个主成分合成综合指数 COMP，其构建方式是以前 6 个主成分与其特征根之乘积的总和作为分子，再以累计方差解释度作为分母。

$$Sentiment_t = -0.198CEFD_t + 0.225TURN_{t-1} + 0.234NIPO_t + 0.263RIPO_{t-1} + 0.211S_t - 0.243P_{t-1}^{D-ND} \quad (2\text{-}17)$$

BW 情绪指数在随后的学术研究中得到了广泛的运用，Baker 和 Wurgler(2006)对情绪指数与 1961—2005 年间股市大事件之间的关系进行了详细讨论，发现情绪指数的起伏跌落很好地反映了股市的狂热与崩溃。

不足

尽管 BW 情绪指数较之单一型情绪代理指标具有一定的优势，但是仍然表现出一些弊端。首先，BW 所构建的情绪指数是基于年度情绪代理指标，能够捕捉到成熟市场的非理性行为特征。但是对于中国这类新兴市场来说，由于存在大量缺乏专业技能训练的非理性个体投资者，更热衷于进行投机交易，致使年度指标难以反映我国市场的真实特征。因此，BW 使用月频情绪代理指标构建了频率较高的情绪指数(Baker 和 Wurgler, 2007)；其次，Baker 和 Wurgler 选取第一主成分作为情绪指数，然而其解释比例仅为 50%，并未充分包含关于情绪代理指标的信息。因此，易志高和茅宁(2009)对 BW 指数的构建方法进行修改，引入能够体现我国投资者情绪波动的 6 个指标(市场交易量、封闭式基金折价率、IPO 数量、IPO 首日收益率、新增开户数及消费者信心指数)，运用主成分分析法将前 5 个主成分的加权平均作为情绪指数，并且证实了 CICSI 指数的有效性；再次，尽管 BW 指数的情绪代理指标已经同宏观经济变量进行了回归，通过所产生的残差来消除基本面因素的影响。但是所构建的情绪指数仍然不足以体现噪音交易者的行为特征，因为许多因素(如：公司特质信息、投资组合再平衡、流动性等)均会对交易行为构成影响(Ramiah 和 Davidson, 2007)，Sibley 等人(2016)发现41%的BW指数变化能够被国库券利率与Lee流动性因子所解释，必须通过进一步正交化处理来提高准确性；最后，尽管CICSI指数更适用于中国市场的研究，但是所包含的一些情绪代理变量仍然存有弊端。如：中国证监会对IPO施行了严格管制，使得IPO数量与IPO首日收益率无法体现中国市场中的投资者情绪。因此，Yang和Hasuike(2017)以封闭式基金折价率、新增开户数、换手率与融资余额作为情绪代理指标，再次对BW情绪指数进行了改善。

拓展

尽管BW情绪指数能够对资产收益构成显著的影响，从而被证实为一个系统性资产定价因子。但是，投资者情绪对于资产收益的影响也仅是加剧了资产价格的波动性，这是否能够捕捉到金融市场中所存在的资产价格泡沫？毕竟，泡沫乃是资产价格异常波动的一种极端形式，属于“波动”范畴中的一个子集。如何可以通过情绪来解释泡沫？回顾Black(1986)的言论：只有当投资者情绪能够形成累积性高涨时，才可推动资产价格显著性偏离基本面价值。受此言论之启示，Berger and Turtle(2015)对BW情绪指数进行拓展，将Baker and Wurgler(2007)的情绪变化指数(能够反映情绪的一阶变化)拓展为情绪累积指数：将情绪变化指数连续为正的数值进行逐步累加，将负的数值设置为0。如此，我们可以形成情绪累积性高涨的时期，并通过一个简易的回归模型证实了情绪的累积性高涨能够在短期推动资产收益增加，在长期导致资产收益减少，这两者间的非线性关系体现出情绪累积能够作为引发泡沫的重要机制。

PLS情绪指数

BW情绪指数存在一些弊端，以至于后续研究都从某一维度对之展开修正与完善，但这仅是对代理变量的选取以及代理变量所包含的情绪量进行批判与改变。

我们不妨从方法论视角进行讨论。第一主成分乃是有关 6 个情绪代理指标的最优线性组合，能够最大程度地反映所有情绪代理指标的总体变化。但是，由于所有的情绪代理指标都可能对真实但不可观测的投资者情绪形成估计偏差，并且这些偏差本身便属于其变化的一部分，由此导致第一主成分可能潜在地包含大量与预测回报无关的共同估计偏差。基于主成分分析法的弊端，Huang 等人(2015)采取偏最小二乘法将代理变量中与预期股票回报有关的信息同偏差或噪音相分离，构建了一种新的 PLS 情绪指数。

基于这一范式，笔者根据如下因子结构模型来提取投资者情绪：

$$x_{i,t}=\eta_{i,0}+\eta_{i,1}S_t+\eta_{i,2}E_t+e_{i,t} \tag{2-18}$$

其中，$\eta_{i,1}$反映了情绪代理指标 $x_{i,t}$对投资者情绪 S_t 变化的敏感性；$E_{i,t}$则代表了所有代理指标中与资产回报无关的共同估计偏差部分；$e_{i,t}$指的是仅与代理指标 i 有关的特质噪音项。因此，PLS 情绪指数 $S^{PLS}=(S_1^{PLS},\ \cdots,\ S_T^{PLS})'$可以表达为有关情绪代理指标 $x_{i,t}$的一个一步线性组合：

$$S^{PLS}=XJ_nX'J_TR(R'J_TXJ_nX'J_TR)^{-1}R'J_TR \tag{2-19}$$

其中，$X=(x_1',\ \cdots,\ x_T')$是有关情绪代理指标的 $T*n$ 矩阵；$R=(R_2,\ \cdots,\ R_{T+1})'$是有关股票收益的 $T*1$ 向量；$J_T=I_T-(1/T)\iota_T\iota_T'$，$J_n=I_n-(1/n)\iota_n\iota_n'$，$I_T$ 为 T 维单位矩阵，ι_T 为 $T*1$ 的 1 向量。

最终，我们得出所需的 PLS 情绪指数：

$$\begin{aligned}Sentiment_t^{PLS}=&-0.22CEFD_t+0.16TURN_{t-12}-0.04NIPO_t\\&+0.63RIPO_{t-12}+0.07PDND_{t-12}+0.53EQTI_t\end{aligned} \tag{2-20}$$

实证结果表明，PLS 情绪指数较之 BW 情绪指数对股票回报具有更加显著的预测能力，出于篇幅限制，我们不再赘述。

至此，我们对复合型情绪指数的相关文献进行了梳理，并归纳了两种主要指数的构建思想、过程与所具有的利弊。

表 2-7　主要复合指标

复合指标	文献	简述	弊端
BW 情绪指数	Baker and Wurgler（2006、2007）	基于 6 个已同宏观经济变量进行正交化的情绪代理指标，对其进行主成分分析，将第一主成分作为情绪指数	年度频率，未必适用于新兴市场的研究；正交化的情绪代理指标仍然不够“纯净”；部分情绪代理指标不符合中国国情；未必能够解释资产价格异常波动的极端情形
		对于 BW 情绪指数的改良	
残差型情绪指数	Sibley et al.（2016）	将 BW 情绪指数同国库券利率与 Lee（2011）流动性风险因子进行回归，以回归所产生的残差作为情绪指数	
CICSI 情绪指数	易志高和茅宁（2009）	基于更加符合中国市场情形的情绪代理指标进行主成分分析，以前 5 个主成分的加权平均作为情绪指数	
YH 情绪指数	Yang and Hasuike（2017）	与 IPO 相关的情绪代理指标难以体现中国市场中的情绪变化，因此以更具有代表性的代理指标进行替换	
情绪累积指数	Berger and Turtle（2015）	对 BW（2007）的情绪变化指数进行修改、构建了能够反映情绪累积性变化的情绪累积指数	
		对于主成分分析法的批判	
PLS 情绪指数	Huang et al.（2015）	由于所有的情绪代理指标都可能对真实但不可观测的投资者情绪形成估计偏差，并且这些偏差本身便属于其变化的一部分，由此导致第一主成分可能潜在地包含大量与预测回报无关的共同估计偏差。基于主成分分析法的弊端，Huang et al.（2015）采取偏最小二乘法将 BW（2006）的代理变量中与预期股票回报有关的信息同偏差或噪音相分离，构建了一种新的 PLS 情绪指数	

4. 文本情绪指数

从广义层面来说，情绪可以划分为两类。第一类是上述的投资者情绪，另一类是所要讨论的文本情绪。我们按照情绪的信息来源，进一步将之分为新闻与社交媒体情绪指数以及网络留言板情绪指数(Kearney 和 Liu，2014)。

新闻与社交媒体情绪指数

这类情绪指数对于包含在新闻报道、深度评论或分析师报告中的悲观/乐观语言进行挖掘，所报道的文章与宏观金融市场状况、前景等基本面信息休戚相关。具体包括以下指数。(1)时事通讯作者情绪指数。该指数由 Chartcraft 公司编制，等价于投资者智能指数，通常对应于投资顾问的情绪，是时事通讯作者的预测顶峰。时事通讯作者通过其出版物与评论发表关于股票的独立看法，Chartcraft 公司通过对 100 位以上的时事通讯作者的股评进行文本分析、构建情绪指数。(2)Tetlock(2006)将华尔街日报的“紧随市场”专栏对于股市收益的报道作为情绪代理变量，根据专栏报道内容，运用主成分分析法构建了一个简易的媒体悲观指数。(3)Garcia(2014)以纽约时报的“金融市场”及“聚焦华尔街”两大财经专栏中的情绪词汇数量作为情绪代理变量。尽管上述情绪指数在相应的实证工作中获得了成功，但是其所搜集的个别报刊无法代表全市场的观点，使得这类情绪指数具有局限性。因此，Tetlock 等人(2008)基于 Tetlock(2007)的研究，以金融媒体报道中关于公司会计盈余及股价的负面词汇作为情绪指数。与 Tetlock(2007)和 Garcia(2014)所不同的是，Tetlock 等人(2008)将新闻来源推广至华尔街日报的所有专栏及道琼斯金融新闻服务社，这种更为宽广的新闻来源也在 Engelberg 等人(2012)中得以采用。Sinha(2010)搜集了由汤森路透社提供的 587719 篇新闻文章，通过为每一篇文章赋予一个能够量化其语气的分数，构建了一个周频情绪指数。使用更加广泛的新闻来源而不是少数特定的报纸，对于学术研究具有推动作用，因为这样可以降低从无法代表全市场的一些新闻源产生有偏情绪的可能性。

网络留言板情绪指数

网络发帖与留言也是文本情绪的一种重要来源，因为人们每天都会花费大量时间阅读并撰写关于股票的帖子，也会通过留言的方式发表评论。这类信息流包括潜在的真知灼见、市场情绪、操纵行为以及对其他新闻来源的反应（Das 和 Chen，2007），但是这类情绪吸收了大量来自个体投资者的观点，所以较之第一种类型包含更多的噪音。第一个通过网络发帖提取情绪的要追溯至 Tumarkin 和 Whitelaw（2001），作者下载了来自 RagingBull. com 的有关互联网服务行业 73 只股票的 181633 条文本信息，包含强烈买入某只股票的信息被赋予 2，包含买入、持有以及强烈卖出建议的信息分别被赋予 1、0、－1 与－2。随后，将每一天的所有意见进行加权汇总，构建能够反映投资者情绪的日频意见指数。类似地，又有一系列研究对网络信息进行文本情绪分析，进而构建情绪指数。Antweiler 和 Frank（2004）分析了发布于 Yahoo! Finance 与 Raging Bull.com 上的关于道琼斯工业平均指数与道琼斯网络指数 45 家上市公司的 150 万条网络信息。Das 和 Chen（2007）的样本由摩根士丹利高科技指数（MSH）中的所有 24 只科技股发布于 Yahoo! Finance 的 145110 条网络信息构成。Chen 等人（2013）将发表于有关投资者的大众社交媒体网站（Seeking Alpha）文章中的负面信息比重作为情绪代理变量。胡昌生和陶铸（2017）根据东方财富股吧中关于 954 只样本股的发帖量，构建个体投资者情绪指数。

讨论

与投资者情绪相比，文本情绪不仅包含了投资者的主观判断与行为特征，还包含了对于公司、机构与市场状态的客观反映。因此，这两类情绪指数均可用于股票层面的研究。但是，文本情绪存在如下弊端：第一，新闻报道主要反映的是一种后知后觉，而非先见之明。所报道之内容通常是已经发生或计划发生的事件，并不是未来可能会发生的事件。因此，通过新闻报道构建的情绪指数对于未来股票收益的潜在可预测性较低。如果将新闻报道替换为分析师报告，所得到的情绪指数的可预测性将大幅提高（Tetlock，2007）。第二，由于网络平台具有开放性与不受监管性。较之新闻媒体情绪指数，网络信息情绪指数传递了更多的噪音而非基本面信息。具体言之，大部分网络留言都是由噪音交易者或非知情交易者完成，这类主体具有较高的情绪敏感性，所掌握信息的准确或可靠程度令人担忧。因此，他们发表的评论与建议所包含的信息量较低。第三，根据网络信息构建情绪指数的成本较高。因为人们在网络平台所发表的言论往往缺乏准确性、明晰性与正式性，文本含义也显得模棱两可，致使学者要对其进行十分繁杂的预处理工作。

表 2-8　主要文本情绪指数

文本情绪指数	文献	构建方法	弊端
		词典法①	
新闻与社交媒体情绪指数	Tetlock(2007) Tetlock et al.(2008) Sinha(2010) Engelberg(2008) Engelberg et al.(2012) Garcia(2014)	Tetlock(2007) Tetlock et al.(2008) Engelberg(2008) Chen et al.(2013) Garcia(2014)	新闻报道所传递的是后知后觉（已发生或计划要发生的事件），而非先见之明（未来可能发生的事件），致使可预测性较弱

① 基于词典的方法所采用的是一种映射算法，通过计算机程序读取文本，并基于预先定义的词典类别对单词、短语或句子进行分组。

（续表）

文本情绪指数	文献	构建方法	弊端
		机器学习法①	
网络留言板情绪指数	Tumarkin and Whitelaw(2001) Antweiler and Frank(2004) Das and Chen(2007) Sinha(2010) Chen et al.(2013)	Antweiler and Frank(2004) Das and Chen(2007) Sinha(2010)	网络平台的开放性，使得这类指数具有较多的噪音； 并不是用于检验市场效率的信息来源； 因为人们在网络平台所发表的言论往往缺乏准确性、明晰性与正式性，文本含义也显得模棱两可，致使学者要对其进行十分繁杂的预处理工作

三、情绪指数的预测能力

对资产收益进行预测是情绪指数最为直接的应用之一，亦是实务界重点关注的话题。本节将从总量与横截面层面对情绪指数的预测能力进行梳理。

1. 总量层面

传统金融理论的基石——EMH假说表示，所有可用的信息都应充分反映在资产价格中，我们无法对未来价格进行预测(Fama, 1970)。即使非理性投资者导致资产价格偏离基本面价值，也会通过套利使得资产错误定价得以迅速修正。然而，随着看涨预期的投资者比例增加，会强化对资产的需求，由于套利行

① 由数学家和计算机科学家开创的机器学习依赖于统计技术来推断文档的内容，并基于统计推断对文档进行分类。

为受到限制(Shleifer 和 Vishny, 1997),资产价格会在短期偏离于基本面价值,使得投资者情绪能够正向影响资产价格。在长期,资产会由于最终清算回归基本面价值,使得投资者情绪在长期能够反向影响资产价格(Brown 和 Cliff, 2005; Frazzini 和 Lamont, 2008)。因此,投资者情绪是资产收益具有可预测性的重要原因(Barberis 和 Huang, 2001),投资者情绪对于资产价格的影响存在一个由正逐渐变负的过程(胡昌生和池阳春,2014),最具稳健性的观点是"高的投资者情绪预测低的未来资产收益"(Frazzini 和 Lamont, 2008)。然而,由于情绪代理指标的选取及构建方法的不同,实证结果也具有多样性。立足于显性情绪指标的研究主要通过时间序列检验来考察总量层面的投资者情绪指数与股票收益之间的关系,试图捕捉到随着期间的拉长(从1个月至数年)所表现出的投资者情绪与未来股票收益之间的反向关系。然而,Otoo(1999)与 Solt 和 Statman(1988)的研究发现情绪指数与未来股票收益之间并无关联。Brown 和 Cliff (2005) 指出,当越来越多的人在短期内变得更加乐观之时,投资者对风险资产的需求上升。由于市场中套利者的存在,套利活动可能抵消了短期情绪变化对于资产价格的冲击,使得投资者情绪在短期内无法预测股票收益,但能够反向预测未来1—3年的股票收益。并且,情绪与股票收益之间存在双向的影响关系。对于隐性情绪指标的研究来说,Jones(1991)与 Baker and Stein (2004)均以换手率作为情绪指标,证实了高换手率可以有效预测较低的未来市场收益。Lee et al.(1991)以封闭式基金折价率作为投资者情绪指标,证实了投资者情绪变化与三种市场指数(道琼斯、标普500与纳斯达克)的超额收益之间存在正向关系。Wang 等人(2006)以看涨期权交易量、看涨期权开放利率及ARMS 指数作为情绪代理指标,研究了情绪与标普100指数之间的关系，结果发现情绪与指数回报率之间存在单向关系：情绪会受到股票收益的牵引。这一结论进一步被 Spyrou(2012)所证实。Edelen 等人(2010)从投资者视角出发，将个体投资者相对于机构投资者的风险资产持仓变化作为相对情绪指数，结果证实了个体投资者情绪能够显著地正向预测当期市场收益、反向预测未来市场收益，属于愚蠢的个体。相对而言，机构投资者情绪显得十分稳定，并未表现出显著的影响力。对于复合型指数来说，Baker 和 Wurgler(2007)通过 6 个情绪代理指标所构建的市场情绪指数也表现出对未来市场收益的反向预测。Huang 等人(2015)根据 PLS 方法构建的情绪指数，被证实具有更加强劲的收益预测能力。除了美国市场之外，还有一些学者对中国市场进行了分析。胡昌生和池阳春(2014)将主成分分析所得的第一主成分和第二主成分定义为非理性与理性情绪，结果发现非理性情绪能够正向预测短期股票收益，这种预测性在长期会反转。理性情绪在不同区间均可正向预测股票收益。通过实证分析证实了该情绪指数对于股票收益具有更显著的预测力。Chu 等人(2016)以净增加账户数作为情绪代理指标，发现中国市场中的股票收益能够影响投资者情绪，但是情绪无法预测股票收益。Yang 和 Hasuike(2017)根据更符合中国实情的情绪代理指标所构建的情绪指数捕捉到了情绪与股票收益之间的双向预测性。

对于文本情绪指数的研究来说，学术界也捕捉到了各式各样的实证研究结果。Tetlock(2007)，Tetlock 等人(2008)与 Garcia(2014)发现文本情绪能够对股票收益构成显著的即期影响，消极情绪会对当期市场价格构成下行压力(downward pressure)，证实了 De Long 等人(1990a)的结论。Chen 等人(2013)发现网络文章中的消极情绪均与当日及次日股票异常收益负相关，但是 Antweiler 和 Frank(2004)却发现网络留言板情绪的正向冲击可以反向预测次日股票收益。并且，股票收益也可以影响文本情绪，Tetlock(2007)发现股票的负收益率预示着次日华尔街日报的专栏文章将出现消极情绪。类似地，Garcia(2014)也证实了股票收益在本质上是媒体情绪的系统性预测因素。此外，也有一些研究否认了文本情绪对于股票收益的预测能力(Lee 等人，2002)。

显然，基于各种情绪指数的总量层面研究得出了具有多样性的结论，说明了情绪与股票收益之间的关系尚未形成一种定论。

2. 横截面层面

投资者情绪不仅能够对股票收益构成系统性的影响，不同类型股票对于投资者情绪的敏感性也存有差异，此乃核心思想所在。对于显性情绪指标来说，Lemmon 和 Portniaguina(2006)以美国经济咨商局与密歇根大学调查研究中心通过调查所形成的两种消费者信心指数作为情绪指标，发现投资者情绪能够反向预测未来小盘股与大盘股的收益差异(规模溢价)，但是无法预测价值股与动量股溢价的时变性。Schmeling(2009)将立足点拓展至国别层面，以 18 个工业化国家的消费者信心指数作为情绪指标，发现投资者情绪对于不同国家的股票收益的影响具有差异性，那些市场诚信度较低、文化上更倾向于从众行为与反应过度的国家更容易受到情绪的冲击。对于隐性情绪指标来说，Lee 等人(1991)发现封闭式基金折价率作为个体投资者情绪的代表，能够对小盘股形成十分显著的影响，但是这种影响并未体现在大盘股中。随着封闭式基金折价率的减少，小盘股的收益开始超过大盘股。对于复合指数来说，Baker 和 Wurgler(2006，2007)认为，资产错误定价是在套利限制的条件下由非知情投资者的需求冲击所引致的结果。因此，当不同股票所遭受的需求冲击与套利约束程度存有差异时，投资者情绪将会对不同股票的收益产生不同的影响，形成横截面效应。实证结果表明，投资者情绪会对那些估值更加主观、难以套利的股票构成更加显著的影响。对于小盘股、新股、高波动率股、未派息股、极端增长股、陷入财务困境股来说，情绪低迷会使其产生较高的未来回报率，反之亦然。同样地，Baker 等人(2011)以 6 个发达国家为样本，构建了 1 个全球情绪指数和 6 个国别情绪指数，研究结果表明"情绪跷跷板效应"亦存在于这 6 个国家市场中。对于文本情绪指标来说，Chen 等人(2013)发现投资者情绪不仅能够反向预测未来股票收益，这种关系在那些受到广泛关注的文章及主要由个体投资者持有的股票中显得尤为明显。胡昌生和陶铸(2017)以东方财富股吧发帖量作为文本情绪指数，也发现了小盘股、机构持股比较低的股票对文本情绪具有较高的敏感性。

第五节　本章小结

套利机制远没有理性理论所描述的那样完美，而是会受到一系列成本与偏差的约束，使之表现出先天性不足，保证了非理性投资者能够长期生存于金融市场中，成为行为金融理论的一块重要基石。所谓非理性，指的是投资者在信念、偏好和认知层面所表现出的一些偏差，不仅具有大量现实证据，也对理性理论构成了挑战。正是这些不同层面的偏差所构成的投资者情绪，为我们所观察到的大量金融异象创造了解释空间，基于这种理论基础，我们可以从实证层面构建投资者情绪指数进行相应的实证分析。

第三章　投资者情绪对资产价格的影响:理论与实证分析

由于套利机制的不完善,为噪音交易者影响资产价格创造了条件,尽管“噪音交易者”的经典概念由 Black(1986)提出,他却未能通过理论建模刻画出这一非理性主体所产生的影响。本章,我们首先借鉴 De Long 等人(1990a)的框架,通过理论建模的形式完成一个从投资者情绪至资产价格的“自上而下”的过程,随后将 De Long 等人(1990a)的框架从单风险资产情形拓展至两只具有相关性风险资产的情形,即:根据非理性投资者在某一方面所表现出的情绪特征完成对其投资决策与资产价格波动的刻画。基于理论建模,我们将针对所产生的核心结论进行实证检验。

第一节　文献回顾

行为金融学者从某一侧面对投资者的情绪系统进行设定,通过理论建模的形式完成对其投资决策与资产价格行为的刻画(胡昌生和池阳春,2014)。

最先立足于理论层面研究情绪对资产价格的影响要追溯至 De Long 等人(1990a):根据非基本面信号进行交易的噪音交易者会产生系统性风险:由投资者情绪变化所产生的资产价格波动程度是不可预测的,旨在消除资产错误定价的套利行为至少会在短期遭遇“投资者情绪更加极端、价格进一步偏离”的风险，这种潜在的亏损几率与套利者的风险厌恶会减少他们愿意建立的头寸。所以，套利者无法完全消除错误定价，投资者情绪可以影响均衡资产价格。随后，学术界涌现出一系列借助投资者非理性特征对金融异象进行解释的理论模型。Barberis 等人(1998)根据投资者所具有的保守性与表征性偏差构建了 BSV 模型。在投资者看来，资产盈余是由如下任意一种机制所驱动：(1)盈余变化序列具有负自相关性的“均值反转机制”，与保守性偏差相对应；(2)盈余变化序列具有正自相关性的“趋势机制”，与表征性偏差相对应。当资产盈余出现持续增长时，投资者会对盈余冲击反应过度，错误地认为资产盈余由趋势机制驱动，通过积极买入资产、推高其价格，表现出表征性偏差的特征。最终，资产盈余出现长期反转。反之，如果投资者认为资产盈余由均值反转机制驱动，当期的正向盈余冲击会导致未来出现负面冲击，使得投资者面对盈余冲击表现出反应不足，具有保守性偏差的特征。随后，资产盈余产生了动量效应。Daniel 等人(1998，2001)根据投资者所具有的过度自信特征构建了 DHS 模型。在该模型的基准版本中，投资者在 $t=1$ 时会获得一个关于未来资产现金流价值的私人信号。由于投资者是过度自信的，将会高估该信号的准确程度，引致资产错误定价：利好(利空)消息对应于资产高(低)估。当 $t=2$ 进行资产清算时，对于资产错误定价的纠正会产生价格反转效应(reversal effect)。随后，Daniel 等人(1998)对基准模型进行修改：增加了一个交易时期。投资者仍然在 $t=1$ 时获得私人信号，价值信息会在 $t=2$ 时公开，$t=3$ 时进行资产清算。此外，投资者不只具有过度自信特征，其自信水平还具有时变性：如果 $t=2$ 时公开的信息与 $t=1$ 时的私人信号相一致，将会使得投资者在 $t=2$ 时对其私人信号的准确程度变得更加自信。如果公共信息推翻了其信号的合理性，自信水平保持不变。这种自信的非对称更新特征被称为自我归因偏差。最终，过度自信与自我归因偏差的结合产生了价格的中期动量效应（momentum effect）与长期反转效应。Dumas 等人（2009）以投资者的异质信念为前提条件，构建了一个动态一般均衡的 DKU 模型。模型中包含贝叶斯交易者和过度自信交易者两类主体。贝叶斯交易者能够对公共信号及红利序列进行准确解读，还可以观察过度自信交易者的行为。这类投资者满足了我们对于理性主体的定义。研究结论表明，市场中过度自信交易者所占权重越大，导致的资产价格异常波动程度也就越大。尽管上述经典理论模型在学术界取得了重大成就，为我们理解那些无法被经典理论所解释的金融异象开辟了一条新的道路。然而，股票市场的内在机制较为复杂，包罗了大量引致过度波动性的潜在因素，上述行为金融模型只是从某一维度对资产价格波动的某一层面进行了解释。换言之，我们至今仍未建立起一个"统一"的理论框架来全面了解资产价格异常波动的形成机制，尚需不断对理论模型进行创新，以此捕捉更多的未解之谜。

基于理论研究，随着情绪的高涨，噪音交易者会增加对风险资产的资金配置，情绪驱动型需求会推动资产价格偏离基本面价值。在经历了长期的情绪高涨滞后，随着基本面信息的公开与资产清算，资产价格最终将收敛于基本面价值。换言之，投资者情绪高涨之后所伴随的是负回报，投资者情绪能够正向影响当期回报、反向影响未来回报。根据这一思想，大量文献立足于投资者情绪指数展开了实证研究，包括：横截面研究（Baker 和 Wurgler, 2006; Berger 和 Turtle, 2012; Neal 和 Wheatley, 1998)，总量研究（Brown 和 Cliff, 2005）与国别研究（Baker 等人，2011; Schmeling, 2009）。

第二节　经典模型：DSSW

一、基本设定与需求函数

根据De Long等人(1990a)，我们构建一个简易的世代交叠模型。共有两类交易者：理性投资者(i)与噪音交易者(n)，各自的市场比重为$(1-\mu)$与μ；共有两类支付相同股息的资产：(1)无风险资产(s)，每期支付恒定股息r(亦可视为无风险利率)，具有完全弹性供给，价格恒为1；(2)风险资产(u)，也在每期支付相同股息r，具有非弹性供给，其数量被单位化为1，每期的价格为p_t。

每类交易主体均在年轻时选取各自的投资组合以实现期望效用最大化。理性投资者会凭借对于风险资产收益分布的准确认知在t期持有风险资产，以此实现期望效用最优化。然而，t期的噪音交易者却会对风险资产的预期价格形成错误认知，我们通过一个满足独立同分布的随机变量进行刻画：

$$\rho_t \sim N(\rho^*,\ \sigma_\rho^2) \tag{3-1}$$

其中，ρ^*是噪音交易者群体的平均乐观水平，σ_ρ^2是噪音交易者对于一单位风险资产预期收益的错误认知波动。所以，噪音交易者错误地认为下一阶段的平均风险资产价格高于其实际水平ρ_t。

对于每类交易主体来说，均假设具有CARA效用函数：

$$U=-\mathrm{e}^{-2\gamma w} \tag{3-2}$$

我们基于均值—方差准则求解期望效用函数：

对于理性投资者来说

$$
\begin{aligned}
E(U) &= \bar{w} - \gamma\sigma_w^2 \\
&= c_0 + \lambda_t^i[r + {}_tp_{t+1} - p_t(1+r)] \\
&\quad - \gamma D\{c_0 + \lambda_t^i[r + {}_tp_{t+1} - p_t(1+r)]\} \\
&= c_0 + \lambda_t^i[r + {}_tp_{t+1} - p_t(1+r)] - \gamma(\lambda_t^i)^2({}_t\sigma_{p_{t+1}}^2)
\end{aligned}
\tag{3-3}
$$

对于噪音交易者来说

$$
\begin{aligned}
E(U) &= \bar{w} - \gamma\sigma_w^2 \\
&= c_0 + \lambda_t^n[r + {}_tp_{t+1} - p_t(1+r)] \\
&\quad - \gamma D\{c_0 + \lambda_t^n[r + {}_tp_{t+1} - p_t(1+r)]\} + \lambda_t^n(\rho_t) \\
&= c_0 + \lambda_t^n[r + {}_tp_{t+1} - p_t(1+r)] \\
&\quad - \gamma(\lambda_t^n)^2({}_t\sigma_{p_{t+1}}^2) + \lambda_t^n(\rho_t)
\end{aligned}
\tag{3-4}
$$

(3-3)与(3-4)的区别在于，后者的最后一项反映出噪音交易者持有 λ_t^n 单位风险资产时所形成的错误认知。

基于这两类主体的期望效用函数，我们分别求取关于 λ_t^i 和 λ_t^n 的一阶导数：

$$
\lambda_t^i = \frac{r + {}_tp_{t+1} - (1+r)p_t}{2\gamma({}_t\sigma_{p_{t+1}}^2)} \tag{3-5}
$$

$$
\lambda_t^n = \frac{r + {}_tp_{t+1} - (1+r)p_t}{2\gamma({}_t\sigma_{p_{t+1}}^2)} + \frac{\rho_t}{2\gamma({}_t\sigma_{p_{t+1}}^2)} \tag{3-6}
$$

对于(3-6)来说，如果噪音交易者高估资产的预期收益($\rho_t > 0$)，便会增持资产；反之，则会减少对于资产的持有。对于(3-5)来说，理性投资者在模型中具有稳定效应，因为其对于噪音交易者的风险头寸进行充分的吸纳。

二、市场均衡

基于主体各自的资产需求及市场比例，我们通过市场出清

求取资产均衡价格:

$$\lambda_t^i(1-\mu)+\lambda_t^n(\mu)=1$$

$$\Rightarrow p_t=\frac{1}{1+r}[r+{}_tp_{t+1}-2\gamma({}_t\sigma_{p_{t+1}}^2)+\mu\rho_t] \tag{3-7}$$

根据(3-7),我们并未得出一个关于 p_t 的合理表达式,p_t 与 p_{t+1}之间的关系需要我们通过递归法进一步整理。

命题 1: $p_t=1+\frac{\mu(\rho_t-\rho^*)}{1+r}+\frac{\mu\rho^*}{r}-\frac{2\gamma}{r}({}_t\sigma_{p_{t+1}}^2)$

命题 1 中,唯有第二项是随机变量,其余均是常数。因此,借助价格序列服从独立同分布的假设,我们可得:

$${}_t\sigma_{p_{t+1}}^2=\sigma_{p_{t+1}}^2=\sigma_{p_t}^2=\left(\frac{\mu}{1+r}\right)^2\sigma_\rho^2 \tag{3-8}$$

将(3-8)代入命题 1 可得资产均衡价格的最终表达式:

$$p_t=1+\underbrace{\frac{\mu(\rho_t-\rho^*)}{1+r}}_{\text{信念波动效应}}+\underbrace{\frac{\mu\rho^*}{r}}_{\text{价格压力效应}}-\underbrace{\frac{2\gamma}{r}\left(\frac{\mu}{1+r}\right)^2\sigma_\rho^2}_{\text{创造空间效应}} \tag{3-9}$$

(3-9)的最后三项表明了噪音交易者对风险资产价格所产生的影响。请注意:为了便于理解这三项的经济含义,请将(3-9)的参数与两类投资者的资产持有量进行对比。切记:(3-6)式的分子中包含了对于资产价格的认知偏差;对于理性投资者,其资产持有量表达式的分母为噪音交易者信念波动所产生的风险。

具体分析,(3-9)的第二项体现出由于噪音交易者的信念变化所致的风险资产价格波动。我们称之为“信念波动”效应。如果噪音交易者群体表现出超过基准水平的乐观预期($\rho_t>\rho^*$),将会推高资产价格,反之,则会降低资产价格;如果噪音交易者的预期保持在基准水平($\rho_t=\rho^*$),这种效应将会消失。此外,随着噪音交易者的市场比例增加($\mu\uparrow$),资产价格亦会表现出更加强烈的波动性,这一点同样会体现于第三项。

对于第三项来说,资产价格之所以偏离基本面价值,是由于噪音交易者的平均错误信念无法消除($\rho^*\neq0$),我们将之定义为"价格压力"效应。如果噪音交易者群体整体表现出乐观预期,这种买入压力会使得资产价格高于应有水平。随着资产价格的上涨,噪音交易者也由此承担了更高的价格风险。

对于最后一项来说,乃是核心所在。如果没有对理性投资者持有风险资产所面临的噪音交易者风险进行补偿,理性投资者将不会持有风险资产。尽管噪音交易者与理性投资者在 t 期均相信资产存在错误定价,但是由于 $t+1$ 期的价格具有不定性,无人愿意针对该错误定价建立大量头寸。在边际上,增加一项两者公认存在错误定价的资产头寸(但是这两者对于该资产的错误定价判断具有反向性)所能获取的回报被必须承担的额外价格风险所抵消。因此,噪音交易者创造了他们的生存空间:由于未来的噪音交易者信念具有不定性,使得不存在基本面风险的风险资产具有风险,降低了理性投资者的资产需求(σ_ρ^2 的增加会强化理性投资者的风险厌恶程度 γ)。

三、理性投资者与噪音交易者的生存博弈

Friedman(1953)认为,相对于理性投资者,能够影响价格的噪音交易者将赚取较低收益,经济选择将令其出局。然而,如果噪音交易者的信念会发生协同性转变,将增加资产收益的风险性。如果噪音交易者的投资组合集中于那些受到噪音交易者风险影响的资产,噪音交易者较之理性投资者便能获取较高的投资组合平均回报率。

在初始财富相等的情形下,噪音交易者与理性投资者的总

收益之差等于两者的资产持有量之差乘以一单位风险资产的超额收益。记噪音交易者与理性投资者的收益差为:

$$\Delta R_{n-i}=(\lambda_t^n-\lambda_t^i)[r+p_{t+1}-p_t(1+r)] \tag{3-10}$$

基于(3-5)、(3-6)与(3-8)可以求出噪音交易者与理性投资者的资产需求之差:

$$\lambda_t^n-\lambda_t^i=\frac{\rho_t}{(2\gamma)_t\sigma_{p_{t+1}}^2}=\frac{(1+r)^2\rho_t}{(2\gamma)\mu^2\sigma_\rho^2} \tag{3-11}$$

如果噪音交易者的数量(μ)较少,(3-11)将变得很大:此时的噪音交易者与理性投资者均会建立相反的大量头寸,因为噪音交易者的稀缺意味着噪音交易者风险的降低,为两类交易主体提供了一个完美的套利机会。

命题 2:在 t 期,持有风险资产所能产生的预期收益为:

$$ {}_t[r+p_{t+1}-p_t(1+r)]=(2\gamma)_t\sigma_{p_{t+1}}^2-\mu\rho_t=\frac{(2\gamma)\mu^2\sigma_\rho^2}{(1+r)^2}-\mu\rho_t \tag{3-12}$$

将(3-11)与(3-12)相乘,可得:

$$ {}_t(\Delta R_{n-i})=\rho_t-\frac{(1+r)^2(\rho_t)^2}{(2\gamma)\mu\sigma_\rho^2} \tag{3-13}$$

进一步对上式求取无条件期望:

命题 3:$$E(\Delta R_{n-i})=\underbrace{\rho^*}_{\text{持有更多效应}}-\frac{\overbrace{(1+r)^2(\rho^*)^2}^{\text{价格压力效应}}+\overbrace{(1+r)^2\sigma_\rho^2}^{\text{弗里德曼效应}}}{\underbrace{(2\gamma)\mu\sigma_\rho^2}_{\text{创造空间效应}}}$$

(3-14)①

① (3-14)第二项的分子,可以根据方差与期望的关系得出。

(3-14)右侧的第一项 ρ^* 为“持有更多”效应：如果噪音交易者产生了乐观预期($\rho^* > 0$)，将会持有更多资产并由于承担较高风险而获取高回报，相对于理性投资者的预期回报亦会增加。反之，在噪音交易者具有悲观预期的条件下，噪音交易者的错误认知仍然会导致基本面平稳的资产具有风险性，推高资产的预期回报，但是通过承担风险所获取的回报却会由理性投资者所接收，因为其较之看跌的噪音交易者会持有更多的风险资产。

(3-14)第二项分子的第一部分 $(1+r)^2(\rho^*)^2$ 被称为“价格压力”效应。随着噪音交易者对于未来的资产具有更加强烈的看涨预期，他们便会持有更多的风险资产、推高风险资产价格。因此，这种行为也会减少由于承担风险所产生的回报，最终使得噪音交易者与理性投资者之间的收益差距缩小。

(3-14)第二项分子的第二部分 $(1+r)^2\sigma_\rho^2$ 被称为“弗里德曼”效应①。由于噪音交易者的错误认知具有随机性，因此他们拥有最为糟糕的市场择时能力。当其他噪音交易者正在买入资产时，噪音交易者亦会买入大量资产，此时他们极有可能会遭受资本亏损。噪音交易者的信念越不稳定，他们所拥有的糟糕市场择时能力对其回报所构成的危害性越强。

(3-14)的分母乃是我们的分析重点，被称为“创造空间”效应。随着噪音交易者的信念波动性增加，价格风险随之变大。为了利用噪音交易者的错误认知，理性投资者必须要承担较高的风险。但是由于理性投资者的风险厌恶特征，他们会基于高风险减少所要建立的套利头寸。如果创造空间效应足够强大，那么价格压力与买高卖低效应便不会对噪音交易者的平均回报构成显著的影响，噪音交易者依然会获取较之理性投资者的高

① 也可以被称为“高买低卖”效应。

回报。

“持有更多”与“创造空间”效应能够增加噪音交易者的相对预期回报。“弗里德曼”效应与“价格压力”效应则会降低噪音交易者的相对收益。究竟哪种效应会占据主导,这一点尚无法明确。

如果噪音交易者普遍存在看跌预期($\rho^* < 0$),便无法赚取较高的平均收益,此时的“持有更多”效应将会消失,致使(3-14)小于0。

但是,如果噪音交易者形成强烈的看涨预期(ρ^*很大),也无法获取较高回报,因为随着ρ^*的增加,会同时导致价格压力效应变强并占据主导(该效应中的$(\rho^*)^2$将会表现出更为显著的强化)。因此,唯有当噪音交易者的预期ρ^*处于一个合理的水平时,才有可能赚取高回报。

综上,噪音交易者模型的核心结论在于,通过非理性投资者对于未来股息的错误信念进行度量的投资者情绪能够对资产价格构成系统性的影响,使得价格偏离基本价值。

第三节　DSSW的拓展:双资产情形

DSSW模型所考虑的仅是单只风险资产,如果噪音交易者所面对的是两只具有相关性的风险资产又将产生何种结果?

一、基本设定

本节所构建的经济环境与第二节相同,假设共存在如下资产:(1)无风险资产(s),具有完全弹性供给,价格被单位化为1;(2)两种风险资产(u_1与u_2),供给具有非弹性,价格分别为p_t^1与p_t^2。每类资产均派发相同股息r,不存在基本面风险。

关于投资者，理性交易者和噪音交易者的市场比例和信念特征不再赘述。区别在于，噪音交易者对于两种风险资产的预期价格表现出不同的错误认知：对于风险资产 u_1 和 u_2，错误认知分别为 $\beta_1\rho_t$ 与 $\beta_2\rho_t$，β_1 和 β_2 表示系数。

我们将通过求解 CARA 效用函数产生两类投资者对于风险资产的需求函数。对于理性交易者来说，将分别持有 $\lambda_t^{i,1}$ 单位的风险资产 u_1 和 $\lambda_t^{i,2}$ 单位的风险资产 u_2 实现预期效用最大化：

$$\begin{aligned}E(U_i)=&c_0+\lambda_t^{i,1}[r+E_t(p_{t+1}^1)-p_t^1(1+r)]+c_0\\&+\lambda_t^{i,2}[r+E_t(p_{t+1}^2)-p_t^2(1+r)]\\&-\gamma[(\lambda_t^{i,1})^2\sigma_{t_1,p_{t+1}^1}^2+(\lambda_t^{i,2})^2\sigma_{t_2,p_{t+1}^2}^2\\&+2\rho_{12}\lambda_t^{i,1}\sigma_{t_1,p_{t+1}^1}\lambda_t^{i,2}\sigma_{t_2,p_{t+1}^2}]\end{aligned}\tag{3-15}$$

其中，$\sigma_{t_1,p_{t+1}^1}^2=E_t\{[p_{t+1}^1-E_t(p_{t+1}^1)]^2\}$，$\sigma_{t_2,p_{t+1}^2}^2=E_t\{[p_{t+1}^2-E_t(p_{t+1}^2)]^2\}$是 p_t^1 与 p_t^2 的预期方差，ρ_{12} 为 p_t^1 与 p_t^2 的相关系数。

对于噪音交易者来说，将分别持有 $\lambda_t^{n,1}$ 单位的风险资产 u_1 和 $\lambda_t^{n,2}$ 单位的风险资产 u_2 实现预期效用最大化：

$$\begin{aligned}E(U_n)=&c_0+\lambda_t^{n,1}[r+E_t(p_{t+1}^1)-(p_t^1-\beta_1\rho_t)(1+r)]+c_0\\&+\lambda_t^{n,2}[r+E_t(p_{t+1}^2)-(p_t^2-\beta_2\rho_t)(1+r)]\\&-\gamma[(\lambda_t^{n,1})^2\sigma_{t_1,p_{t+1}^1}^2+(\lambda_t^{n,2})^2\sigma_{t_2,p_{t+1}^2}^2\\&+2\rho_{12}\lambda_t^{n,1}\sigma_{t_1,p_{t+1}^1}\lambda_t^{n,2}\sigma_{t_2,p_{t+1}^2}]\end{aligned}\tag{3-16}$$

对(3-15)与(3-16)求取一阶导可得投资者对风险资产 u_1 与 u_2 的需求函数：

$$\lambda_t^{i,1}=\frac{-(\rho_{12}\sigma_1-\sigma_2)r-\rho_{12}\sigma_1\,\bar{p}_2+\sigma_2\,\bar{p}_1+p_t^2\rho_{12}\sigma_1(1+r)-p_t^1\sigma_2(1+r)}{2\gamma\sigma_1^2\sigma_2(1-\rho_{12}^2)}\tag{3-17}$$

$$\lambda_t^{n,1}=\frac{-(\rho_{12}\sigma_1-\sigma_2)r-\rho_{12}\sigma_1\bar{p}_2+\sigma_2\bar{p}_1+p_t^2\rho_{12}\sigma_1(1+r)-p_t^1\sigma_2(1+r)}{2\gamma\sigma_1^2\sigma_2(1-\rho_{12}^2)}+\frac{[\sigma_2\beta_1-\rho_{12}\sigma_1\beta_2](1+r)}{2\gamma\sigma_1^2\sigma_2(1-\rho_{12}^2)}\rho_t \tag{3-18}$$

$$\lambda_t^{i,2}=\frac{-(\rho_{12}\sigma_2-\sigma_2)r-\rho_{12}\sigma_2\bar{p}_1+\sigma_1\bar{p}_2+p_t^1\rho_{12}\sigma_2(1+r)-p_t^2\sigma_1(1+r)}{2\gamma\sigma_2^2\sigma_1(1-\rho_{12}^2)} \tag{3-19}$$

$$\lambda_t^{n,2}=\frac{-(\rho_{12}\sigma_2-\sigma_1)r-\rho_{12}\sigma_2\bar{p}_1+\sigma_1\bar{p}_2+p_t^1\rho_{12}\sigma_2(1+r)-p_t^2\sigma_1(1+r)}{2\gamma\sigma_2^2\sigma_1(1-\rho_{12}^2)}+\frac{[\sigma_1\beta_2-\rho_{12}\sigma_2\beta_1](1+r)}{2\gamma\sigma_1\sigma_2^2(1-\rho_{12}^2)}\rho_t \tag{3-20}$$

其中,$\sigma_1=\sigma_{t_1,\,p_{t+1}^1}$,$\sigma_2=\sigma_{t_2,\,p_{t+1}^2}$,$\bar{p}_1=E_t(p_{t+1}^1)$,$\bar{p}_2=E_t(p_{t+1}^2)$。

对于(3-17)与(3-18),我们发现当噪音交易者表现出乐观预期($\beta_1\rho_t>0$)且$\frac{\beta_1}{\beta_2}<\frac{\rho_{12}\sigma_1}{\sigma_2}$时,相对于理性交易者会买入更多的风险资产$u_1$;同样,对于(3-19)与(3-20),当噪音交易者表现出乐观预期($\beta_2\rho_t>0$)且$\frac{\beta_2}{\beta_1}<\frac{\rho_{12}\sigma_2}{\sigma_1}$时,相对于理性交易者会买入更多的风险资产$u_2$。另外,如果噪音交易者对风险资产$u_1$与$u_2$分别表现出乐观与悲观预期($\beta_1>0$, $\beta_2<0$),将会较之理性交易者需求更多(少)的风险资产$u_1(u_2)$,反之则反。

反观上述四种需求函数,对需求构成影响的波动性源于由噪音交易者错误认知所致的噪音风险。在$t=1$,这两类投资主体都会减少对于风险资产的需求,因为他们知道卖出价格会受到$t=2$噪音交易者错误认知的影响,使得未来价格的不确定性能够对所有投资者构成影响。

二、市场均衡

在年老时期，主体会将无风险资产以消费商品出售给年轻世代主体，并且也会分别以 p_{t+1}^1 和 p_{t+1}^2 出售风险资产 u_1 与 u_2。

根据市场出清条件：$\mu\lambda_t^{n,1}+(1-\mu)\lambda_t^{i,1}=1$

$$\mu\lambda_t^{n,2}+(1-\mu)\lambda_t^{i,2}=1$$

将两类主体的需求函数代入可得：

$$p_t^1=\frac{\rho_{12}\sigma_1}{\sigma_2}p_t^2+\mu\left(\beta_1-\frac{\rho_{12}\sigma_1}{\sigma_2}\beta_2\right)\rho_t+\frac{2\gamma\sigma_1^2\sigma_2(\rho_{12}^2-1)-(\rho_{12}\sigma_1-\sigma_2)r+\sigma_2\bar{p}_1-\rho_{12}\sigma_1\bar{p}_2}{\sigma_2(1+r)} \tag{3-21}$$

$$p_t^2=\frac{\rho_{12}\sigma_2}{\sigma_1}p_t^1+\mu\left(\beta_2-\frac{\rho_{12}\sigma_2}{\sigma_1}\beta_1\right)\rho_t+\frac{2\gamma\sigma_1\sigma_2^2(\rho_{12}^2-1)-(\rho_{12}\sigma_2-\sigma_1)r+\sigma_1\bar{p}_2-\rho_{12}\sigma_2\bar{p}_1}{\sigma_1(1+r)} \tag{3-22}$$

我们同样利用 p_t^1 和 p_t^2 的无条件分布等于 p_{t+1}^1 和 p_{t+1}^2 分布的稳态均衡：

$$E_t(p_{t+1}^1)=p_t^1+\mu(\rho^*-\beta_1\rho_t) \tag{3-23}$$

$$E_t(p_{t+1}^2)=p_t^2+\mu(\rho^*-\beta_2\rho_t) \tag{3-24}$$

进一步对均衡资产价格表达式进行化简：

$$p_t^1=1+\mu\beta_1\rho_t+\frac{\mu\rho^*}{r}-\frac{2\gamma\sigma_1}{r}(\sigma_1+\rho_{12}\sigma_2) \tag{3-25}$$

$$p_t^2=1+\mu\beta_2\rho_t+\frac{\mu\rho^*}{r}-\frac{2\gamma\sigma_2}{r}(\sigma_2+\rho_{12}\sigma_1) \tag{3-26}$$

在(3-25)与(3-26)中,只有第二项是随机变量,所以 p_t^1 和 p_t^2 的领先一步方差等于有关噪音交易者错误认知恒定方差的函数:

$$\sigma_1^2=\sigma_{t,\ p_{t+1}^1}^2=\sigma_{p_{t+1}^1}^2=\frac{\beta_1^2\mu^2\sigma_\rho^2}{(1+r)^2} \tag{3-27}$$

$$\sigma_2^2=\sigma_{t,\ p_{t+1}^2}^2=\sigma_{p_{t+1}^2}^2=\frac{\beta_2^2\mu^2\sigma_\rho^2}{(1+r)^2} \tag{3-28}$$

最终的均衡资产价格表达式为:

$$p_t^1=1+\mu\beta_1\rho_t+\frac{\mu\rho^*}{r}-\frac{2\gamma\mu^2\sigma_\rho^2}{r(1+r)^2}(\beta_1^2+\rho_{12}\beta_1\beta_2) \tag{3-29}$$

$$p_t^2=1+\mu\beta_2\rho_t+\frac{\mu\rho^*}{r}-\frac{2\gamma\mu^2\sigma_\rho^2}{r(1+r)^2}(\beta_2^2+\rho_{12}\beta_1\beta_2) \tag{3-30}$$

与第二节的 DSSW 均衡资产价格表达式相比,(3-29)与(3-30)的第一项亦为资产基本价值,剩余三项表示噪音交易者错误认知对两种风险资产价格的影响,当 ρ_t 趋向于 0 时,资产价格等价于基本价值。

第二项揭示了两种风险资产价格的波动,噪音交易者的乐观预期推高价格,噪音交易者在市场中越占据主导,将会形成越高的均衡价格。悲观预期的情形与之相反。

对于第三项,由于 $\rho^*\neq0$,噪音交易者普遍会表现出乐观或悲观信念,使得均衡价格高于或低于基本价值。我们同样将之称为“价格压力”效应,因为错误信念会对均衡价格构成上行或下行压力。

最后一项显得十分关键,因为其证实了由于噪音交易者在未来的信念变化具有不可预测性,使得套利者无法消除价格波动。因此，套利者只有在获得风险补偿时才愿意持有风险资产，我们将这一部分称为“创造空间效应”：噪音交易者的未来信念不明朗，使得风险资产的风险性增强，增加了回报。

三、理性交易者与噪音交易者的生存博弈

噪音交易者的行为能够长期影响均衡价格，但是噪音交易者是否能够获取高于理性投资者的预期回报还未能落实。因此，我们将探讨噪音交易者能够获取较高预期收益的情景。

噪音交易者和理性投资者对风险资产 1 和 2 的需求差为：

$$\lambda_t^n-\lambda_t^i=(\lambda_t^{n,1}+\lambda_t^{n,2})-(\lambda_t^{i,1}+\lambda_t^{i,2})=\frac{(\beta_1+\beta_2)(1+r)^2}{2\gamma\beta_1\beta_2\mu^2\sigma_\rho^2(\rho_{12}+1)}\rho_t \tag{3-31}$$

随着 μ 增加，这两类主体的需求差会减弱，因为此时每一群体都认为套利所面临的风险最低，从而持续针对对方建立反向头寸。

这两类主体的收益差如下：

$$\begin{aligned}E_t(\Delta R_{n-i})=&(\lambda_t^n-\lambda_t^i)[2r+E_t(p_{t+1}^1)+E_t(p_{t+1}^2)\\&-(p_t^1+p_t^2)(1+r)]\end{aligned} \tag{3-32}$$

最终化简可得：

$$\begin{aligned}E_t(\Delta R_{n-i})=&\frac{\beta_1+\beta_2}{\beta_1\beta_2(\rho_{12}+1)}[2\rho_{12}\beta_1\beta_2+(\beta_1^2+\beta_2^2)]\rho_t\\&-\frac{(\beta_1+\beta_2)^2(1+r)^4}{2\gamma\beta_1\beta_2\mu\sigma_\rho^2(\rho_{12}+1)}\rho_t^2\end{aligned} \tag{3-33}$$

当且仅当噪音交易者表现出乐观预期（β_1，$\beta_2>0$ 或 β_1 与 β_2 具有不同符号的特定组合）以及资本收益为正的时候，噪音交易者可以获取超额回报。换言之，风险资产的定价必须低于基

本价值。

进一步对(3-33)求取无条件期望:

$$E_t(\Delta R_{n-i})=\frac{(\beta_1+\beta_2)(1+r)}{\beta_1\beta_2(\rho_{12}+1)}[2\rho_{12}\beta_1\beta_2+(\beta_1^2+\beta_2^2)]\rho^*-\frac{(\beta_1+\beta_2)^2(1+r)^4(\rho^*)^2+(\beta_1+\beta_2)^2(1+r)^4\sigma_\rho^2}{2\gamma\beta_1\beta_2\mu\sigma_\rho^2(\rho_{12}+1)} \tag{3-34}$$

(3-34)的第一项表明,如果噪音交易者的平均错误认知$\rho^*>0$,将会获取高于理性投资者的预期回报,我们将之称为“持有更多效应”;第二部分中的$(\beta_1+\beta_2)^2(1+r)^4(\rho^*)^2$被称为“价格压力效应”,与噪音交易者的预期回报负相关。当噪声交易者过于乐观、持有大量风险资产时,资产价格就会上涨,噪声交易者的超额回报就会下降;$(\beta_1+\beta_2)^2(1+r)^4\sigma_\rho^2$被称为“凯恩斯效应”,同样与噪音交易者的预期回报负相关,噪音交易者低劣的择时能力增加了未来回报对于噪音交易者信念的敏感性,使之遭受资本损失;第二部分的分母项被称为“创造空间效应”,与噪音交易者的预期回报正相关,由于理性的投资者厌恶风险,害怕持续做空噪音交易者的交易行为,噪音投资者可以获得更高的超额回报。

为了寻找噪音交易者的最优占比(μ^*),我们令$E_t(\Delta R_{n-i})=0$:

$$\mu^*=\frac{[(\rho^*)^2+\sigma_\rho^2](1+r)^3}{2\gamma\rho^*\sigma_\rho^2}\frac{\beta_1+\beta_2}{2\rho_{12}\beta_1\beta_2+(\beta_1^2+\beta_2)} \tag{3-35}$$

如果$\mu>\mu^*$,噪音交易者风险的剧增导致理性投资者畏惧与之进行反向套利,使得噪音交易者的数理持续增加;反之,理性投资者将针对微弱的噪音交易者风险积极建立套利头寸,并试图在长期消除噪音交易者。

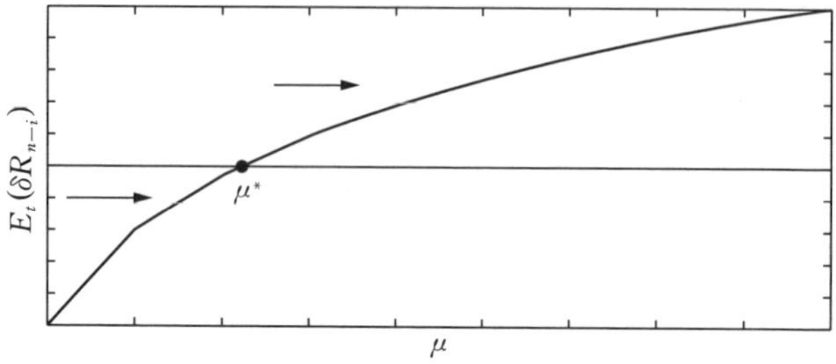

图 3-1 噪音交易者的比例变化与相对收益

因此,两种关联性风险资产会在噪音交易者未来数量变化中起到一些作用:

首先,如果噪音交易者对于这两种风险资产的未来价格变化都表现出乐观预期($\beta_1>0$, $\beta_2>0$), μ 将会实现更加快速增长,从而在市场中占据主导;

其次,如果噪音交易者对于这两种风险资产的未来价格变化都表现出悲观预期($\beta_1<0$, $\beta_2<0$), μ 将会实现更加快速减少,从而从市场中消失;

第三,如果噪音交易者对于这两种风险资产的未来价格变化表现出不同的预期,最终对 μ 的影响将取决于错误认知参数的大小、符号以及相关系数。

综上,尽管第三节所构建的双资产模型的核心结论与 De Long 等人(1990a)类似,却也存在一些差异。如果噪音交易者对于这两种风险资产的未来价格变化都表现出乐观预期($\beta_1>0$, $\beta_2>0$),资产价格相对于基本价值的正向偏离程度小于 De Long 等人(1990a);如果噪音交易者对于这两种风险资产的未来价格变化都表现出悲观预期($\beta_1<0$, $\beta_2<0$),资产价格相对于基本价值的低估程度强于 De Long 等人(1990a)。

第四节　实证检验

现有文献主要以投资者情绪指数刻画理论模型中的非理性偏差,但是相应的被解释变量集中于资产价格或成交量,以检验投资者情绪能否称为一个额外的定价因子。本章的出发点与之不同,既然投资者情绪能够切实影响资产价格,意味着理性套利者无法对非理性投资者所引起的错误定价进行修正,更倾向于躲避由非理性投资者所产生的噪音交易者风险(De Long 等人,1990a),此时的市场由非理性投资者占据主导、资产亦由非理性投资者所持有。面对这类无法掌握内幕消息的噪音交易者,资产价格中无法包含充裕的基本面信息,此时的价格信息含量将显著性减少。因此,我们将借鉴 Llorente 等人(2002)的思想,检验投资者情绪指数与知情交易比例变量之间的关系。

一、数据与变量介绍

基于数据可得性,本章的样本覆盖区间为 2003 年 1 月至 2019 年 4 月。为了确保样本数据的准确性与合理性,我们基于沪深两市的所有 A 股,剔除了 ST、金融及交易数据缺失达 10% 以上的股票,共得到 867 只样本股票。核心解释变量为投资者情绪指数,构建方法源于 Baker 和 Wurgler(2006)与 Sibley 等人(2016);核心被解释变量为知情交易比例变量,构建方法源于 Llorente 等人(2002);控制变量包括实际 GDP 增长率、ROE 同步性变量与线性时间趋势变量。样本数据源于 CSMAR 与 Wind 数据库。接下来将对变量进行具体描述。

1. HC 投资者情绪指数

为了更加符合中国股票市场的实际情形,本章选择了如下 4

个情绪代理变量：自由流通股本换手率（turn）、行情基金平均折价率（disfund）、消费者信心指数（confid）和新增开户数（newopen）。自由流动股本换手率的数据来自 Wind 数据库，其余变量均来自 CSMAR 数据库。下面对各个代理变量的定义进行简述。

自由流通股本换手率：月度总成交量/月度平均自由流动股本，计算范围为全部 A 股。行情基金平均折价率：行情基金根据基金份额进行加权所得的综合折价率。消费者信心指数：由中国国家统计局中国经济监测中心编制所得。投资者新增开户数：根据开户数的对数化所得。

我们首先对上述 4 个代理变量进行标准化处理。随后，我们依然要滤除代理变量中所夹杂的宏观经济信息，通过回归所产生的残差项作为更加“纯净”的正交化代理变量，分别命名为：$turn^*$，$disfund^*$，$confid^*$，$newopen^*$。

接着，我们对上述 4 个正交化代理变量的当期与滞后一期值进行主成分分析，研究结果如表 3-1 所示。

表 3-1 领先滞后关系的筛选

主成分	Comp1	Comp2	Comp3	Comp4	Comp5	Comp6	Comp7	Comp8
特征根	4.285	2.018	0.771	0.375	0.255	0.199	0.063	0.028
方差解释度	0.536	0.252	0.096	0.047	0.032	0.025	0.008	0.004
累计解释率	0.536	0.788	0.885	0.932	0.964	0.989	0.997	1.000
$turn^*$	0.323	−0.441	−0.146	0.204	0.666	0.204	−0.240	0.309
$disfund^*$	0.359	0.270	0.511	0.421	−0.122	0.293	0.380	0.339
$confid^*$	0.286	0.436	−0.472	0.375	−0.246	0.221	−0.486	−0.138
$newopen^*$	0.429	−0.205	−0.030	0.371	0.036	−0.549	0.262	−0.514
$L.turn^*$	0.332	−0.432	−0.109	−0.309	−0.339	0.585	0.201	−0.312
$L.disfund^*$	0.348	0.296	0.519	−0.411	0.284	0.014	−0.389	−0.348
$L.confid^*$	0.283	0.442	−0.461	−0.391	0.308	−0.048	0.495	0.129
$L.newopen^*$	0.436	−0.172	−0.005	−0.292	−0.435	−0.422	−0.238	0.522

为了提取较多的信息,我们选取累计解释率达到 90%以上的主成分。由表 3-1 可知,前 4 个主成分的累计解释率已达 93.2%,所以我们通过分别加总前 4 个主成分与其特征根的乘积、再除以累计解释率的方式构建综合指数 COMP:

$$COMP=\frac{4.2858comp1+2.0190comp2+0.7715comp3+0.3764comp4}{0.9316} \tag{3-36}$$

基于所构建的 COMP 指数,我们分别计算 4 个正交化代理指标的当期与滞后一期值和 COMP 指数的相关性,以确定通过主成分分析法构建投资者情绪指数的领先滞后关系选取。研究结果如表 3-2 所示。

表 3-2　领先滞后关系选取

	Freeturn*	Disfund*	Confid*	Newopen*
Comp	0.441	0.861	0.727	0.755
	L. Freeturn*	L. Disfund*	L. Confid*	L. Newopen*
Comp	0.452	0.841	0.715	0.771

由表 3-2 可知,自由流动股本换手率的滞后值、行情基金平均折价率的当期值、消费者信心指数的当期值、投资者新增开户数的滞后值与 COMP 指数具有更高的相关性。

随后,我们选取上述 4 个具有更高相关性的正交化代理变量进行主成分分析,结果如表 3-3 所示。

表 3-3　主成分分析结果

主成分	特征根	方差解释度	累计解释比例	L. Freeturn*	Disfund*	Confid*	L. Newopen*
Comp1	2.292	0.573	0.573	0.474	0.500	0.406	0.600
Comp2	1.145	0.286	0.859	−0.605	0.413	0.619	−0.284

(续表)

主成分	特征根	方差解释度	累计解释比例	L. Freeturn*	Disfund*	Confid*	L. Newopen*
Comp3	0.419	0.105	0.964	−0.144	0.737	−0.658	−0.0550
Comp4	0.145	0.036	1.000	−0.623	−0.191	−0.140	0.746

按照 Baker 和 Wurgler(2006)的方法，我们选取第一主成分作为投资者情绪指数：

$$Senti_t = 0.474.Freeturn^*_{t-1} + 0.500.Disfund^*_t + 0.406.Confid^*_t + 0.600.Newopen^*_{t-1} \tag{3-37}$$

由于这种情绪指数在胡昌生等(2020)中得以运用，本章将之称为 HC 情绪指数。

2. 残差型情绪指数

根据主成分分析法所得的 HC 情绪指数仍然包含一些经济基本面信息，需要我们进一步进行提纯，方能彰显非理性投资者的行为偏差。与投资者情绪类似，经济基本面变量也难以进行观察与度量，如果说哪些指标可以体现投资者情绪是具有难度的一项工作，这种难度同样存在于基本面变量的筛选中。因此，我们借鉴 Sibley 等人(2016)的方法，在参阅大量资产定价文献并基于数据可得性的基础上，选取了 10 个经济周期变量与风险因子度量“经济基本面”。这些基本面变量分别为：通货膨胀率(Inflation)，根据 CPI 指数计算所得；股息率(Dividend)；股票市场波动率(Vol)，根据每月内市场日度收益率的标准差计算所得；失业率(Unemp)；非流动性(Liq)，源于 Amihud(2002)；期限利差(Term spread)，根据 3 个月国库券收益率与 10 年国库券收益率之差所得；市场回报率(Vwret)，在每个月对所有 A 股样本回报率进行价值加权所得；工业增速比率(Iavr)；宏观经济景气指数(Mci);1 个月国库券收益率(T-bill)。这些样本数据的描述性统计如表 3-4 所示。我们不难看出,HC 情绪指数与一些基本面指标存在显著的相关性,比如与股息率、股市波动率、失业率、非流动性指标、期限利差、工业增速比率以及宏观经济景气指数之间的相关系数均具有 5%水平上的显著性,仅仅从情绪指数与这些基本面变量之间的相关性来判断,很难断定情绪指数与系统性风险无关。

表 3-4　基本面指标与情绪指数概览

Variable	Obs	Mean	Std. Dev.	Min	Max	Corr with SENTIMENT	p-value
Inflation	214	−0.004	0.597	−2.608	1.944	0.091	0.183
Dividend	214	1.781	0.535	0.635	3.142	−0.469	0.000
Vol	214	0.015	0.008	0.003	0.044	0.172	0.012
Umemployrate	214	4.226	0.417	3.8	5.867	0.274	0.000
Iliq	214	0.167	0.232	0.013	1.081	−0.683	0.000
Term	214	1.132	0.608	−0.557	2.601	−0.226	0.001
VWMret	214	1.068	8.168	−26.514	29.834	0.063	0.360
Iavr	214	11.108	4.888	−1.1	23.2	−0.473	0.000
T-bill	214	2.288	0.764	0.73	4.771	−0.034	0.618
Mci	214	99.378	3.611	86.3	105.79	−0.143	0.036
Sentiment	214	0	1	−1.992	3.187	1	

接下来,我们将开始对 HC 情绪指数进行分解,基本思路如下:

$$Sentiment_t = a + b'X_t + e_t \tag{3-38}$$

其中,X_t 是由一系列基本面变量构成的向量,e_t 是残差项。我们的目的是将 HC 情绪指数同上述基本面变量进行回归,以回归所得残差作为更加"纯净"的情绪指数,回归结果如表 3-5 所示。

表 3-5 情绪分解

Sentiment	Coef.	St.Err.	t-value	p-value	Var. Explained
Inflation	0.158	0.061	2.59	0.01	−1.56%
Dividend	−0.722	0.083	−8.70	0	23.57%
Vol	20.907	5.429	3.85	0	2.22%
Umemployrate	0.666	0.098	6.83	0	14.66%
Iliq	−1.714	0.211	−8.13	0	20.84%
Term	0.006	0.097	0.06	0.952	−4.92%
VWMret	−0.003	0.005	−0.73	0.466	−4.65%
Iavr	−0.091	0.012	−7.81	0	19.31%
T-bill	−0.005	0.07	−0.06	0.949	−4.92%
Mci	0.06	0.013	4.66	0	5.2%
Constant	−6.531	1.44	−4.53	0	
R-square					69.75%

根据上述回归结果的 R^2，这 10 个基本面变量能够解释 HC 情绪指数变化的较高成分，其中 6 个变量的解释力都具有高度显著性，更以股息率、流动性、工业产值增速比率与失业率的方差解释度为代表。但是根据表 3-4，工业产值增速比率与失业率对于情绪的反向影响与直觉严重不符。因此，我们进一步将 HC 情绪指数与股息率及流动性指标进行回归，旨在防止数据过度拟合与数据挖掘现象的出现。

表 3-6 情绪与核心变量的分解

Sentiment	Coef.	St.Err.	t-value	p-value
Dividend	−0.58	0.089	−6.52	0
Iliq	−2.588	0.205	−12.63	0
Constant	1.464	0.16	9.17	0
R-square				55.6%

结果显示，股息率和非流动性指标不仅能够对 HC 情绪指

数进行有效解释，且 R^2 高达 55.6%。所以，我们最终将 HC 情绪指数中剔除股息率和非流动性指标之后的残差作为第二种更加精准的情绪指数，即：Re 情绪指数。

3. 知情交易比例变量

借鉴 Llorente 等人(2002)的做法，引入“知情信息交易比例变量”(pit)。该变量的主要含义在于：有信息作为支撑的成交量变化通常伴随着动量；没有信息作为支撑的成交量变化通常伴随着反转。具体来说，pit 源于如下模型：

$$rt_{i,d}=a_0+a_1rt_{i,d-1}+a_2rt_{i,d-1}vol_{i,d-1}+\varepsilon_{i,d} \quad (3\text{-}39)$$

其中，$rt_{i,d}$ 为股票 i 在 d 日的收益率，$vol_{i,d-1}$ 为股票 i 在 $d-1$ 日的对数交易量(为了剔除趋势化所产生的影响，本章将每一日的交易量减去前 200 个交易日的平均交易量)，$\varepsilon_{i,d}$ 为随机扰动项。a_2 为核心所在，对应于 pit。

我们基于(3-39)式对月频的 a_2 进行估计，如果 a_2 为正，该月的股票日度异常交易量与收益动量有关，预示着知情交易的盛行，反之则反。为了叙述的便利性，将 a_2 乘以 100。随后，对每一月度的个股 pit 变量求取算术平均值，将之拓展至总量层面的 Pit。

4. 控制变量

实际 GDP 增长率与 ROE 同步性变量是为了控制宏观经济因素的影响。与美国市场不同，我国的 ROE 数据仅停留于年度频率，为了降低至季度，我们将其表示为净利润/所有者权益。随后，在每一季度，将个股 ROE 同市场及行业 ROE 进行前 12 个季度的滚动回归。其中：对于行业来说，参考 CSMAR 数据库的做法，将上市公司划分为公共事业、房地产、综合、工业及商业这五类。由此，我们通过价值加权的方式计算每一季度的市场及行业 ROE。*periodcount* 与 *periodcountSq* 为线性时间趋势变量，前者的构建是在样本区间的第一个月取 1，并按照 1 单位的边际变动进行类推；后者则是前者的平方项。这两个控制变量是为了控制特质收益波动率的长期趋势及其反转（Campbell 等人，2001；Brandt 等人，2010）。

表 3-7 描述性统计

Variable	Mean	Median	Standard Deviation	Minimum	Maximum
个股信息含量指标	−14.060	−13.060	70.312	−3490.523	11291.77
市场信息含量指标	−15.601	−15.962	17.203	−86.378	44.398
Re 情绪指数	0.278	0.127	1.292	−3.221	3.983
HC 情绪指数	0.457	0.280	1.361	−2.407	4.254
失业率	4.089	4.1	0.132	3.61	4.3
非流动性指数	0.284	0.121	0.327	0.025	1.864
市场波动率	0.015	0.013	0.008	0.003	0.044
实际 GDP 增长率	9.280	9.4	2.353	6.2	14.3
个股 ROE 同步性	0.462	0.823	0.499	−5.070	3.620
市场 ROE 同步性	2.102	2.355	0.933	−0.038	4.111

二、投资者情绪与知情交易比例的实证检验

本章将通过构建如下的实证模型对理论建模的核心结论进行验证：

$$Pit_t=\alpha_0+b_1 sentiHigh_{t-1}+b_2 sentiLow_{t-1}+b_3 GDPgrowth_{t-1}+b_4 periodcount_t+b_5 periodcountSq_t+ROEsynchronicity_{t-1}+\varepsilon_t \tag{3-40}$$

其中，由于投资者情绪所产生的影响具有非对称性，我们关注的核心变量为 *sentiHigh* 与 *sentiLow*，这两个变量所产生的

结果或许存在显著差异。当投资者情绪>0 时,*sentiHigh* 等价于情绪指数自身,反之为 0;当投资者情绪<0 时,*sentiLow* 取其情绪指数的绝对值,反之为 0。此外,为了检验不同的情绪指数所具有的效应是否存在差异,我们分别以上述两种情绪指数作为关键解释变量。

实证结果如表 3-8 所示。对于 *SentiHigh* 来说,符号为负(−3.861<0)、且具有 5%水平下的显著性($t=-2.15$),说明了常规情形下的投资者情绪能够对知情交易比例构成显著为负的影响,投资者情绪高涨会显著性降低市场中的知情交易比例,导致资产价格偏离基本价值,证实了理论模型中的关键命题。然而,对于 *SentiLow* 来说,其影响却不具有显著性,表现出投资者情绪所产生的影响具有非对称性,市场更容易出现资产高估而不是低估,可以通过卖空限制进行解释。更为重要的是,对于 *SentiResHigh* 来说,符号不仅为负、且绝对值大于 *SentiHigh*($|-5.319|>|-2.15|$),具有 5%水平下的显著性,证实了当 HC 情绪指数进一步剔除基本面信息之后,更为"非理性"的情绪能够更加明显地降低资产价格的信息含量;对于 *SentiResLow* 来说,符号绝对值也小于 *SentiLow*,证明了投资者非理性程度的加剧将进一步受到卖空限制的约束,因为非理性程度越强的背后在于个体投资者的主导性,天生具有单一投资渠道的特征注定成为卖空约束的首要针对群体。

表 3-8　投资者情绪与知情交易比例

	Pit
SentiResHigh	−5.319**
	(−2.42)
SentiResLow	−2.299
	(−0.60)

(续表)

	Pit	
SentiHigh		−3.861**
		(−2.15)
SentiLow		−3.444
		(−1.04)
GDPgrowth	−1.603	0.755
	(−1.02)	(0.59)
periodcount	−0.255	0.060
	(−1.12)	(0.33)
periodcountSq	0.001	−0.000
	(1.23)	(−0.10)
ROEsynchronicity	3.355	0.078
	(1.28)	(0.04)
常数项	3.224	−22.187
	(0.15)	(−1.30)
R-sq	0.065	0.041

注：*、**、*** 分别表示10%、5%、1%的显著性水平。括号中给出的是经过 Newey-West 调整的 t 统计量。

三、稳健性检验

本章所采用的情绪指数源于胡昌生等人(2020)的情绪代理指标。为了证实结论的稳健性，我们参照易志高和茅宁(2009)的方法，对封闭式基金折价率、交易量、IPO 数量、IPO 首日收益、新增投资者开户数与消费者信心指数进行主成分分析，构建中国投资者综合情绪指数(CICSI)，对(3-40)式所产生的结论进行检验，其结果与表 3-8 高度吻合。

表 3-9　稳健性检验结果

	Pit
sentiHigh	−5.467**
	(−2.06)
sentiLow	−0.317
	(−0.008)
GDPgrowth	0.734
	(−1.02)
periodcount	0.046
	(0.31)
periodcountSq	0.000
	(0.26)
ROEsynchronicity	0.611
	(0.35)
常数项	3.224
	(0.15)
R-sq	0.036

第五节　本章小结

本章以非理性投资者的信念偏差为切入点,首先借鉴 De Long 等人(1990a)的思想,构建了噪音交易者模型,证实了在理性交易者面临套利限制的前提下,噪音交易者风险能够产生资产价格的过度波动,率先从非理性视角对总量市场异象做出了解释。随后对 De Long 等人(1990a)进行拓展,将场景延伸至双关联性风险资产的环境中,产生了与 DSSW 模型相似的结论。基于理论模型的关键命题,本章采取主流方法构建投资者情绪指数,讨论了情绪指数对于资产价格信息含量的预测性问题,也证实了信息含量不同的情绪指数之间所具有的预测能力各异。总体来说,实证结果表明投资者情绪的高涨能够显著降低资产价格中的有效信息含量，与理论模型的结论相吻合。

附录

命题1的证明

证明：由于在稳态均衡时，本文设定资产价格为一个满足独立同分布的变量：$t+1$ 期的价格的无条件分布等同于 t 期价格的分布。因此：$E[p_t]=E[p_{t+1}]$

我们根据命题1：

$$E[p_t]=\frac{1}{1+r}[r+E[p_{t+1}]-2\gamma({}_t\sigma^2_{p_{t+1}})+\mu E[\rho_t]]$$

$$\Rightarrow E[p_{t+1}]=\frac{1}{1+r}[r+E[p_{t+1}]-2\gamma({}_t\sigma^2_{p_{t+1}})+\mu E[\rho_t]]$$

$$\Rightarrow E[p_{t+1}]=1+\frac{\mu\rho^*-2\gamma_t\sigma^2_{p_{t+1}}}{r}$$

将上式代入命题1：

$$p_t=\frac{1}{1+r}\left[1+r+\frac{\mu\rho^*-2\gamma_t\sigma^2_{p_{t+1}}}{r}-2\gamma({}_t\sigma^2_{p_{t+1}})+\mu\rho_t\right]$$

$$=\frac{1}{1+r}\left\{1+r+\frac{\mu\rho^*}{r}+\mu\rho_t-2\gamma({}_t\sigma^2_{p_{t+1}})\left(\frac{1}{r}+1\right)\right\}$$

$$=1+\frac{\mu\left(\frac{\rho^*}{r}+\rho_t\right)}{1+r}-\frac{2\gamma\cdot{}_t\sigma^2_{p_{t+1}}}{r}$$

$$=1+\frac{\mu(\rho_t-\rho^*)}{1+r}+\frac{1}{1+r}\left(\frac{\mu\rho^*}{r}+\mu\rho^*\right)-\frac{2\gamma.({}_t\sigma^2_{p_{t+1}})}{r}$$

$$=1+\frac{\mu(\rho_t-\rho^*)}{1+r}+\frac{\mu\rho^*}{r}-\frac{2\gamma.({}_t\sigma^2_{p_{t+1}})}{r}$$

证毕。

命题 2 的证明

证明:由于我们要基于 t 期所掌握的信息对资产超额收益求取期望,所有关于 t 期的参数与变量均可不做改变,只需要处理${}_t p_{t+1}$:

根据(3-7):$p_t=\frac{1}{1+r}[r+{}_t p_{t+1}-2\gamma({}_t\sigma^2_{p_{t+1}})+\mu\rho_t]$

通过整理可得:

$${}_t p_{t+1}=(1+r)p_t-r+2\gamma({}_t\sigma^2_{p_{t+1}})-\mu\rho_t$$

我们将之代入:

$$\begin{aligned}{}_t[r+p_{t+1}-p_t(1+r)]&=r+(1+r)p_t-r+2\gamma({}_t\sigma^2_{p_{t+1}})\\&\quad-\mu\rho_t-(1+r)p_t\\&=2\gamma({}_t\sigma^2_{p_{t+1}})-\mu\rho_t=\frac{(2\gamma)\mu^2\sigma^2_\rho}{(1+r)^2}-\mu\rho_t\end{aligned}$$

证毕。

第四章　投资者情绪与股票收益同步性:进一步讨论

上一章说到,在套利机制受到约束的情形下,大量具有行为偏差的非理性投资者能够长期生存于金融市场中,彼此之间的需求冲击具有同向性,使得投资者情绪对资产价格构成系统性的影响(De Long 等人,1990a)。投资者情绪所扮演的角色,导致资产价格偏离于基本面价值,意味着投资者情绪高涨时期的知情套利受到严重的限制,股票价格的信息含量亦因此大幅减少。一系列文献表明,随着股价表露出较少的公司特质信息,股票收益同步性随之增加(Wurgler, 2000; Durnev, Morck 和 Yeung, 2004; Boubaker, Mansali 和 Rjiba, 2014),间接暗含着投资者情绪与股票收益同步性之间的关系。大量文献探讨了股票收益同步性的影响因素。Morck, Yeung 和 Yu(2000)发现,完善的产权保护制度能够推动知情套利的产生,通过向股价注入详尽的公司基本面信息,实现降低股票收益同步性的目的。随后,学者们从卖空限制(Bris 等人,2007)和机会主义(Jin 和 Myers, 2006)视角对股票收益同步性展开了讨论。上述文献均发现了股票收益同步性与促进或抑制知情交易的因素之间存在关联。根据行为金融理论,投资者情绪是知情交易的重要决定因素,情绪高涨时期的卖空限制会显著地减少知情交易,情绪低落时期会推动知情交易的产生(胡昌生和池阳春,2014)。据此,我们可以进一步推断股票收益同步性与投资者情绪之间的关联。

股票收益同步性不仅可以度量资产定价效率，从另一维度描述市场效率，还可以决定投资组合多样化所具有的意义，对于投资实践亦具有重要价值。本章立足于 Chue 等人(2019)的框架，首先对 Daniel 等人(1998)的过度自信模型进行修改，从理论视角研究了投资者情绪与股票收益同步性之间的关系。随后，分别从总量及横截面层面讨论资者情绪与股票收益同步性之间的关系，为我们从非理性视角讨论金融市场有效性提供另一条路径，有助于更加全面地理解投资者情绪在价格波动中的作用机制。

较之现有文献，本章的贡献之处在于：第一，过度自信作为仅次于外推信念的另一重要信念偏差，亦可度量投资者情绪，成为金融理论以投资者对价格信号的错误估计刻画这种非理性信念，最终从理论层面对过度波动性、短期动量、中期反转和可预测性之谜做出了合理解释(Barberis, 2018)，本章亦通过理论建模的形式证实了过度自信能够破解股票收益同步性这种由过度波动性所延伸出的金融异象，丰富了行为金融理论研究；第二，实证层面的股票收益同步性能够通过投资者情绪指数进行解释，不仅拓宽了投资者情绪指数的运用范围，也对行为金融研究起到很好的推进作用。

第一节　文献回顾

即使在没有基本面风险及卖空限制的金融市场中，知情交易者仍然会面临噪音交易者风险的影响，使其无法充分发挥应有的套利职能。具体言之，投资者情绪高涨所引致的资产高估值无法通过理性交易者的套利行为进行修正。理性交易者纷纷退出，市场由非理性投资者占据主导地位（胡昌生和池阳春，2014），股票更多地由非理性投资者持有，致使股价的信息含量锐减[①]。由于股价中所包含的基本面信息减少，股票收益同步性随之增加（Morck 等人，2000；Durnev 等人，2003；Durnev 等人，2004；Chen 等人，2007）。此外，如果投资者情绪所构成的影响具有对称性，则不论过度乐观抑或低落的情绪，均可正向推动股票收益同步性的增加。然而，在卖空限制下，这种影响会存在区别。这种非对称影响在其他异象的研究中已得到了证明，Yu 和 Yuan（2011）的研究表明均值—方差之间的正向替代关系在投资者非理性情绪高涨时会遭到破坏，而当非理性情绪低落时能得到保持。Stambaugh 等人（2012）在对横截面上 11 种异象的研究中，区分了横截面上股票受非理性情绪影响的程度和非理性情绪的高低状态。结果表明，超额收益主要集中在容易受非理性情绪影响的组合上，并且在非理性情绪高涨时更为显著。作为资产错误定价的另一种表现形式，我们有理由认为投资者情绪对于股票收益同步性的影响也具有非对称性。

据此，我们提出本章的第一个研究假设：

假设 1：投资者情绪的高涨会引起股票收益同步性的增加[②]，投资者情绪的低落不会对股票收益同步性构成显著的影响。

---

① 根据行为金融理论，非理性投资者的典型特征是具有非知情性，难以掌握有关资产、上市公司的内幕信息，只会凭借无关乎基本面的“噪音”进行愚蠢的交易，必然会导致资产价格中的公司基本面信息量锐减。另一方面，在投资者情绪高涨时期，由于缺乏理性交易者，市场中所盛行的情绪驱动型需求会导致投资者丧失区分不同品质公司股票的意愿（Cooper 等人，2001，2005；Greenwood 和 Hanson，2013），致使股价中包含的公司基本面信息减少。

② 本章分别从市场总量层面和个股层面研究了投资者情绪与股票收益同步性之间的关系。

然而,由于所选变量、构建方法的不同,不同的情绪指数所产生的结论也不尽相同。上一章表明,Re 情绪指数由于更加能够体现非理性投资者的行为偏差,从而可以引起资产价格信息含量更加显著的减少,并且由于非理性程度的增加与投资者结构相关,不同的情绪指数所受到卖空约束的影响也有所差异。

因此,我们提出本章的第二个研究假设:

假设 2:不同类型情绪指数对于股票收益同步性的影响有所差异。如果情绪指数所包含的基本面信息较多,意味着其中的理性成分更加丰富,情绪低落时的资产卖出行为或许能够摆脱卖空约束的束缚,"相对理性"的非理性投资者将资产卖给理性交易者、增加资产价格信息含量,实现降低股票收益同步性的目的。

投资者情绪不仅能够系统性影响资产价格,这种影响还具有非一致性:相对于成熟、稳定、高派息和中等市盈率股票来说,投资者情绪对于年轻、高波动、非派息和极端市盈率股票具有更加显著的影响(Baker 和 Wurgler, 2006、2007)。因此,随着套利及定价难度的增加,股票更容易受到情绪波动的冲击,公司基本面信息出现大幅缩减、产生更高的股票收益同步性。

据此,我们提出本章的第三个研究假设:

假设 3:投资者情绪对于股票收益同步性的影响存在横截面差异,难以套利、估值的股票对于情绪波动更加敏感,进而产生更高的股票收益同步性。

第二节　理论模型

为了厘清投资者情绪与股票收益同步性之间的关系。我们基于 Daniel 等人(1998)的模型进行拓展:

构建一个 $t=0$、1、2 的经济体，市场中存在一种风险资产。$t=0$、1 属于交易时期，$t=2$ 时对资产进行清算，投资者进行消费，资产价格回归基本面价值 V，关于 V 的信息只在 $t=2$ 公开。

进一步，我们对资产基本面价值进行分解：

$$V=\alpha m+\eta \tag{4-1}$$

其中，m 表示与市场信息有关的总量因子，η 表示与公司基本面信息有关的特质因子，α 表示总量因子的系数。为了便于处理，我们假设总量因子及特质因子相互独立。

随后，假设投资者具有风险中性特征，能够以 0 利率自由借贷，其关于总量及特质因子的先验信念服从如下形式：

$$m\sim N(0,\ \sigma_m^2),\ \eta\sim N(0,\ \sigma_\eta^2)$$

$t=1$ 时，投资者获取了关于两个因子的信号：

$$s_{1,\,m}=m+\varepsilon_m,\ s_{1,\,\eta}=\eta+\varepsilon_\eta$$

其中，ε_m 与 ε_η 为信号中的噪音项①，满足如下分布：

$$\varepsilon_m\sim N(0,\ \sigma_{1,\,m}^2),\ \varepsilon_\eta\sim N(0,\ \sigma_{1,\,\eta}^2)$$

由于非理性投资者的情绪可以表现为过度自信的形式（胡昌生和池阳春，2014），使得投资者情绪能够正向影响投资者对于总量信号 $s_{1,\,m}$ 精度的估计程度。

一、理性投资者

对于传统金融框架下的理性投资者来说，能够准确地对信号精度进行感知，通过贝叶斯法则对 $t=1$ 的因子进行推断：

---

①　同样地，我们假设两个信号中所包含的四个部分彼此独立。

$$E(m|s_{1,m})=\frac{\frac{1}{\sigma_{1,m}^{2}}}{\frac{1}{\sigma_{m}^{2}}+\frac{1}{\sigma_{1,m}^{2}}}s_{1,m},\ E(\eta|s_{1,\eta})=\frac{\frac{1}{\sigma_{1,\eta}^{2}}}{\frac{1}{\sigma_{\eta}^{2}}+\frac{1}{\sigma_{1,\eta}^{2}}}s_{1,\eta}$$

基于投资者的风险中性特征，资产价格由投资者在每一时期的期望支付所决定。假设资产价格的对数形式为 p_t，由于 $t=0$ 并无信号出现，使得 $p_0=0$。$t=1$ 时，资产价格由理性投资者进行交易：$p_1=\alpha\frac{\frac{1}{\sigma_{1,m}^{2}}}{\frac{1}{\sigma_{m}^{2}}+\frac{1}{\sigma_{1,m}^{2}}}s_{1,m}+\frac{\frac{1}{\sigma_{1,\eta}^{2}}}{\frac{1}{\sigma_{\eta}^{2}}+\frac{1}{\sigma_{1,\eta}^{2}}}s_{1,\eta}$。$t=2$ 时，资产进行清算、回归基本面价值：$p_2=V=\alpha m+\eta$。

进一步说，在模型所考察的全部区间内，股票收益同步性可以表示为：

$$R^2=\frac{\alpha^2\sigma_m^2}{\alpha^2\sigma_m^2+\sigma_\eta^2} \tag{4-2}$$

二、过度自信的投资者

对于过度自信的投资者来说，会由于确认偏误(confirmation bias)过度依赖所获取的私人信号、对信号的准确性反应过度，我们通过一个大于1的乘数因子 s 对其进行刻画。$t=1$ 时，投资者依然会通过贝叶斯法则来更新信念，但是此时的后验信念有所变化：

$$E(m|s_{1,m})=\frac{s\frac{1}{\sigma_{1,m}^{2}}}{\frac{1}{\sigma_{m}^{2}}+s\frac{1}{\sigma_{1,m}^{2}}}s_{1,m},\ E(\eta|s_{1,\eta})=\frac{\frac{1}{\sigma_{1,\eta}^{2}}}{\frac{1}{\sigma_{\eta}^{2}}+\frac{1}{\sigma_{1,\eta}^{2}}}s_{1,\eta}$$

结果表明，过度自信会导致投资者对市场信号反应过度。

尤其，随着认知偏差程度 s 的加剧，投资者对市场信号的反应 $\dfrac{s\dfrac{1}{\sigma_{1,m}^2}}{\dfrac{1}{\sigma_m^2}+s\dfrac{1}{\sigma_{1,m}^2}}$ 更加剧烈。基于情绪驱动型的反应过度，产生了如下的均衡资产价格：

$$p_0=0,\ p_1=\alpha\frac{s\dfrac{1}{\sigma_{1,m}^2}}{\dfrac{1}{\sigma_m^2}+s\dfrac{1}{\sigma_{1,m}^2}}s_{1,m}+\frac{\dfrac{1}{\sigma_{1,\eta}^2}}{\dfrac{1}{\sigma_\eta^2}+\dfrac{1}{\sigma_{1,\eta}^2}}s_{1,\eta},\ p_2=\alpha m+\eta$$

从资产价格时间序列可以进一步推出：从 $t=0$ 至 2，由市场信息驱动的整体资产收益方差为：$\sigma_{2,m}^2=\alpha^2\sigma_m^2+\dfrac{2\alpha^2 s(s-1)\dfrac{1}{\sigma_{1,m}^2}}{\left(\dfrac{1}{\sigma_m^2}+s\dfrac{1}{\sigma_{1,m}^2}\right)^2}$，由公司信息驱动的整体资产收益方差为 σ_η^2。所以，我们可以得出此时的股票收益同步性：$R^2=\dfrac{\sigma_{2,m}^2}{\sigma_{2,m}^2+\sigma_\eta^2}$。不难看出，随着过度自信水平的强化（$s$ 变大），股票收益同步性亦随之增加。

此外，投资者情绪对于股票收益同步性的影响也因股票特征而异。对于那些难以套利、定价的股票来说，我们可以通过设定更大的 s 进行刻画，投资者情绪的高涨会引致更加显著的股票收益同步性增加。

第三节　数据描述与变量构建

一、股票收益同步性

Morck 等人（2000）根据简易的市场模型构建股票收益同步

性。相对而言，通过 Fama and French 多因素模型所产生的残差能够更好地度量特质波动率，并且因素模型也能使得个股在各个因子上产生不同的载荷，这也是股票收益同步性的重要变化来源（Ang 等人，2006）。所以，本章采用 Fama 和 French (2015)五因子模型的 R^2 来构建股票收益同步性变量。

$$rt_{i,t}=\alpha+\beta_1 rmrf_t+\beta_2 smb_t+\beta_3 hml_t+\beta_4 rmw_t+\beta_5 cma_t+\varepsilon_t \tag{4-3}$$

其中，$rt_{i,t}$为股票 i 在 t 月的收益率，解释变量分别为市场、规模、价值、盈利与投资因子，ε_t 为随机扰动项。在每一月份，我们通过进行前 24 个月的滚动回归得出 R^2。

然而，所得到的 R^2 的取值范围为(0, 1)，同时受到高偏度和峰度问题的影响。为了克服这些问题，我们对其进行对数化转换，作为更具合理性的股票收益同步性变量：

$$Synchronicity_{i,t}=\ln\left(\frac{R_{i,t}^2}{1-R_{i,t}^2}\right) \tag{4-4}$$

随后，为了将个股的同步性变量拓展至市场或某一组股票的层面，本章借鉴 Morck 等人(2000)的方法，对个股的 R^2 进行加权平均：

$$R_t^2=\frac{\sum_1^i SST_i.R_{i,t}^2}{\sum_1^i SST_i} \tag{4-5}$$

其中，SST 为个股的总离差平方和，可由(4-3)得出①。随

① 我们可根据 $R^2=1-\frac{SSE}{SST}$得出 SST，其中：SSE 为残差平方和。

后，依然通过对数化转换生成总量层面的股票收益同步性：

$$Synchronicity_t = \ln\left(\frac{1-R_t^2}{R_t^2}\right) \tag{4-6}$$

二、其他变量

核心解释变量为 Hc 情绪指数与 Re 情绪指数，控制变量为实际 GDP 增长率、ROE 同步性与时间趋势变量，均源于第三章。

三、横截面排序变量

为了考察投资者情绪对于不同股票收益同步性的影响是否存有差异，本章将按照规模与股价水平对每一月度的样本股进行排序分组。其中，规模为个股的流通市值，即流通股数量与收盘价的乘积；股价水平为个股的收盘价。简而言之，每月将按照上一月末的排序变量将样本股划分为 10 组，1 表示最低的情绪敏感性，10 表示最高的情绪敏感性。

第四节　实证检验

一、总量层面的投资者情绪与股票收益同步性

为了检验市场层面的股票收益同步性与投资者情绪之间的关系，本章构建如下回归模型：

$$\begin{aligned} Synchronicity_t = &\alpha_0 + b_1 sentiHigh_{t-1} + b_2 sentiLow_{t-1} \\ &+ b_3 GDPgrowth_{t-1} + b_4 periodcount_t + \\ &b_5 periodcountSq_t + ROEsynchronicity_{t-1} + \varepsilon_t \end{aligned} \tag{4-7}$$

为了讨论不同情绪指数的高涨与低落是否对股票收益同步性产生不同的影响，我们分别立足于 Hc 情绪指数与 Re 情绪指数进行实证分析。有关变量的解释，请参照上一章。

表 4-1　投资者情绪与总量收益同步性

	Synchronicity	
	(1)	(2)
SentiResHigh	0.105***	
	(3.92)	
SentiResLow	−0.011	
	(−0.19)	
SentiHigh		0.040*
		(1.67)
SentiLow		−0.176***
		(−2.63)
GDPgrowth	−0.081***	−0.097***
	(−5.68)	(−6.83)
periodcount	0.000***	−0.016***
	(−6.39)	(−5.67)
periodcountSq	0.000***	0.000***
	(5.83)	(4.82)
ROEsynchronicity	0.097***	0.109***
	(2.93)	(3.40)
常数项	1.169***	1.413***
	(6.60)	(7.99)
R-sq	0.247	0.267

注：*、**、*** 分别表示 10%、5%、1%的显著性水平。括号中给出的是经过 Newey-West 调整后的 t 统计量。

实证结果如表 4-1 所示。在第(1)栏，对于更加纯粹的 Re 情绪指数来说，SentiResHigh 系数符号为正、具有 1%水平下的显著性，表明投资者情绪的高涨能够降低资产价格信息含量、增加股票收益同步性，SentiResLow 系数符号为负，但是不具有显著性，说明投资者情绪的低落无法对股票收益同步性构成系统性影响。所以，股票收益同步性的提高主要发生于情绪高涨时期而不是低落时期，与卖空约束有关。与 Brockman 等人(2010)的研究结果相同，GDPgrowth 的系数显著为负，说明股票收益同步性存在逆周期性；ROEsynchronicity 的系数符号亦为正，具有高度显著性，证实了股票收益同步性与公司基本面的同步性有关(Wei 和 Zhang，2006；Irvine 和 Pontiff，2009；Bekaert 等人，2012)。

在第(2)栏，对于包含了较多基本面信息的 Hc 情绪指数来说，SentiHigh 系数符号为正，仅在10%水平下具有显著性，系数值也远小于 SentiResHigh(0.040<0.105)；值得注意的是，SentiLow 系数符号为负，具有高度显著性，系数绝对值远大于 SentiResLow(|−0.176|>|−0.011|)。我们可以看出，由于 Hc 情绪指数包含了较多的理性成分，无法在情绪高涨时对股票收益同步性构成高度显著的影响，也就意味着无法形成严重的错误定价，但是由于相对理性的情绪指数类似于机构投资者行为，理性交易主体主要在衍生品市场进行交易、不会遭受卖空约束的限制，使得低落时期的卖出可以显著降低股票收益同步性，增加价格中的信息含量，这是本章相对于 Chue 等人(2019)所作出的边际贡献。

二、横截面视角下的投资者情绪与股票收益同步性

由于投资者情绪与股票收益同步性之间的关系与股价的信息含量有关，我们可以因此推断两者之间的关系存在横截面差异。那些定价更为主观、难以套利的股票更容易受到情绪的牵引，使其在情绪高涨时期的公司基本面信息大幅缩减，致使股票收益同步性出现更为明显的增加。为了检验情绪—股票收益同

步性关系的时变性,本章将从如下两个层面进行分析。

1. 情绪-股票收益同步性关系的横截面变化:二次分组

在每一月度,我们将分别按照规模与收盘价将样本股进行排序、划分为三组,对应于“高、中、低”敏感性的股票组合。在每一组内,依然按照(4-3)与(4-4)的方法对个股的收益同步性指标进行加权平均。随后,我们按照上一月末的Re投资者情绪指数对样本区间进行排序,生成五分位数。拥有最小滞后情绪指数值的月份被归纳为分位数1,表示最低落的情绪时期。反之,分位数5则对应于最高涨的情绪时期。随后,以算术加权的方式计算每一分位数的平均股票收益同步性。由于情绪高涨时期的情绪驱动型需求遭遇更加显著的套利限制,股价将包含较少的公司基本面信息,导致股票收益同步性出现明显增加。然而,对于情绪平稳时期来说(分位数2、3),套利限制的影响较弱,同步性程度也较低。因此,我们猜想:分位数2、3的同步性最低,分位数5的同步性最高。

统计结果如表4-2所示。首先,对于所有的股票组合来说,情绪分位数5的同步性最高,分位数3的同步性最低,满足上述猜想。其次,对于所有情绪分位数来说,从小盘股(低价股)至大盘股(高价股),同步性随之降低,差异显著不为0,证实了Baker和Wurgler(2007)的情绪跷跷板效应同样存在于股票收益同步性中。第三,当情绪状态由平稳过渡至低落与高涨之时,均会引致股票收益同步性的增加,但是情绪低落与高涨时期的影响程度并不对称。如:以小盘股为例,当情绪分位数由3转向1时,同步性增加幅度为0.160,小于情绪分位数3转向5所产生的变化程度(0.231),尽管相应的t检验均具显著性,但是情绪高涨所导致的变化水平更加显著,其他组合的情形与之类似,不再赘述。所以,表4-2再次证实了情绪对股票收益同步性所构成的非对称性影响。

表 4-2 情绪-股票收益同步性关系的横截面变化

平均同步性				
按照规模进行分类				
情绪分位数	小盘股	中等规模	大盘股	小-大
1(低)	0.528	0.471	0.369	0.159**
2	0.443	0.406	0.338	(1.97)
3(中)	0.369	0.254	0.233	0.136***
4	0.503	0.438	0.392	(2.47)
5(高)	0.600	0.561	0.474	0.126***
低-中	0.160***	0.221***	0.123***	(3.13)
	(2.72)	(3.28)	(1.99)	
高-中	0.231***	0.299***	0.267***	
	(3.22)	(4.15)	(3.70)	
按照收盘价进行分类				
情绪分位数	低价股	中价股	高价股	低-高
1(低)	0.685	0.500	0.220	0.465**
2	0.636	0.441	0.164	(2.03)
3(中)	0.497	0.316	0.096	0.401***
4	0.689	0.464	0.246	(2.88)
5(高)	0.842	0.583	0.306	0.536***
低-中	0.193***	0.196***	0.124**	(4.13)
	(2.97)	(3.00)	(2.39)	
高-中	0.358***	0.293***	0.206***	
	(5.80)	(3.81)	(2.66)	

注：*、**、*** 分别表示 10%、5%、1%的显著性水平。括号中给出的是经过 Newey-West 调整后的 t 统计量。

2. 情绪-股票收益同步性关系的横截面变化：基于面板回归的分析

为了进一步证实表 4-2 的统计结果，我们构建如下面板回归

模型:

$$
\begin{aligned}
Synchronicity_{i,t} = & c_0 + c_1 sentiHigh_{t-1} + c_2 sentiLow_{t-1} \\
& + c_3 sentiHigh_{t-1} * level_{i,t-1} \\
& + c_4 GDPgrowth_{t-1} + c_5 GDPgrowth_{t-1} * level_{i,t-1} \\
& + c_6 periodcount_t + c_7 periodcountSq_t \\
& + c_8 ROEsynchronicity_{t-1} + \varepsilon_{i,t} \qquad (4\text{-}8)
\end{aligned}
$$

其中,level 变量是根据规模与收盘价进行划分的样本股十分位数(1—10),该变量越小,预示着个股的情绪敏感性越强。本章将 level 分别与高情绪指数及 GDP 增速形成交互项,以此考察情绪、宏观基本面因素与股票收益同步性之间关系的横截面差异。随后,我们采用合并数据(pooled data)对(4-8)进行估计,实证结果如表 4-3 所示。首先,Panel A 与 B 中的 sentiReHigh 与 sentiReLow 系数均为正,且具有 1%水平上的显著性,但是前者的系数值均大于后者,再次证实了投资者情绪对于同步性所构成的非对称影响。其次,对于 sentiReHigh * level 来说,符号均为负,且具有高度的统计显著性,证实了随着个股 level 的增加(情绪敏感性的降低),情绪对同步性的影响程度随之减弱,由此捕捉到了情绪高涨对股票收益同步性所构成影响的横截面变化。所以,表 4-3 的实证结果与表 4-2 的统计结果相吻合,论证了我们的横截面理论猜想。

再次,GDPgrowth 的系数为正,具有 1%水平上的显著性,但是 GDPgrowth * level 的系数为负、具有更高的显著性,体现出 GDP 增长与股票收益同步性之间关系的横截面变化,这一结论尤为重要,因为我们之前发现情绪与股票收益同步性之间的关系也表现出横截面特征,但对于低情绪敏感性股票来说,这一关系会变弱(而不是增强),所以此处的实证结果表明:情绪会通过一种非理性(Veldkamp, 2005、2006; Brockman 等人,2010)的行为渠道影响对股票收益同步性构成影响。

我们也发现,level 的系数显著为正,与 Cao 等人(2008)和 Brandt 等人(2010)的结论相吻合:小盘股与低价股较之大盘股与高价股,具有更高的收益同步性。最后,在 Panel B 中,ROE-synchronicity 的系数符号为正、具有高度显著性,与 Wei 和 Zhang(2006), Irvine 和 Pontiff(2009)以及 Bekaert 等人(2012)的研究结论相一致,表明了基本面同步性也是股票收益同步性的一个重要驱动因素。

综上所述,本章的面板回归结果与二次分组结果相一致,情绪与收益同步性之间的关系具有非对称性,并在那些具有高度情绪敏感性的股票中表现得更加显著。

表 4-3 情绪-同步性关系的横截面变化:多元回归结果

	按照规模进行分类 A	按照收盘价进行分类 B
	Synchronicity	
sentiReHigh	0.155***	0.153***
	(35.64)	(37.05)
sentiReLow	0.120	0.114***
	(36.72)	(36.30)
sentiReHigh * level	−0.036***	−0.004***
	(−6.30)	(−6.17)
GDPgrowth	0.028***	0.042***
	(17.13)	(26.60)
GDPgrowth * level	−0.006***	−0.009***
	(−24.33)	(−38.45)
periodcount	0.002***	0.001***
	(16.99)	(7.66)
periodcountSq	−0.003***	−0.0006***
	(−23.68)	(−17.91)

(续表)

	按照规模进行分类 A	按照收盘价进行分类 B
	Synchronicity	
level	0.043***	0.009***
	(19.01)	(4.03)
ROEsynchronicity	−0.001	0.018***
	(−0.44)	(14.88)
常数项	0.141***	0.369***
	(9.13)	(23.67)
R-sq	0.025	0.093

注:*、**、*** 分别表示 10%、5%、1%的显著性水平。括号中给出的是经过 Newey-West 调整后的 t 统计量。

第五节　稳健性检验

为了证实本章所得结论的合理性,我们将进行稳健性检验。但是为了突出重点,我们仅对总量层面的投资者情绪与股票收益同步性之间的关系进行再度证实,不同之处在于所使用的是当期的投资者情绪指数。实证结果如表 4-4 所示,对于 Re 情绪指数来说,仍然能够保证所得结论的稳健性,但是 Hc 情绪指数的实证结果却不尽人意,因此本章不予报告。

表 4-4　总量层面的稳健性检验

	Synchronicity
	(1)
$SentiResHigh_t$	0.104***
	(3.13)
$SentiResLow_t$	0.006
	(0.11)

(续表)

	Synchronicity
	(1)
GDPgrowth	−0.077***
	(−3.40)
periodcount	−0.016***
	(−4.76)
periodcountSq	0.000***
	(5.02)
ROEsynchronicity	0.099***
	(3.01)
常数项	1.083***
	(3.38)
R-sq	0.239

注：*、**、*** 分别表示 10%、5%、1%的显著性水平。括号中给出的是经过 Newey-West 调整后的 t 统计量。

第六节　本章小结

投资者情绪与资产价格之间的关系是行为金融领域的一个重要课题。现有研究充分讨论了投资者情绪在资产定价中所扮演的核心角色，情绪驱动型需求所产生的资产价格异常波动与 EMH 背道而驰。然而，金融市场的有效性并不局限于这一形式，本章对现有研究进行拓展，考察了投资者情绪与股票收益同步性之间的关系，从二阶矩视角提供了“情绪可以影响资产价格”的间接证据。首先，投资者情绪能够显著地正向影响股票收益同步性；其次，情绪-同步性之间的关系具有横截面差异。所以，本章的研究发现了一条独特的情绪作用机制，关系到金融市场的资本配置职能，对于加深投资者情绪影响金融市场的理解提供了有益的参考。

第五章　情绪反馈、交易诱导与资产价格行为

投资者情绪能够成为资产价格的系统性影响因子，导致价格偏离基本价值，降低价格中的有效信息含量，并能够提高股票收益同步性。诚然，投资者情绪所扮演的重要角色已不言而喻，但是所能解释的仅是波动性之谜。资产价格不单会由于情绪冲击偏离于理性价值，也会构成具有信息劣势的投资者进行交易决策的参照指标，使得投资者情绪与资产价格之间形成一种相互作用的关系，这便是重要的情绪反馈机制(胡昌生和池阳春,2014)。

外推信念(extrapolative belief)是情绪反馈机制的主要心理学基础(De Long 等人,1990b),广泛存在于金融市场中(Shleifer, 2000),并得到大量心理学实验证据的支撑(如:基率忽略、代表性启示与小数定律)。行为金融理论通过构建基于信念的理论模型(De Long et al., 1990b; Barberis 等人,2015、2018;胡昌生等,2012、2017)与实证研究(如:Sentana 和 Wadhwani, 1992; Koutmos, 1997; Toshiaki, 2002)证实了反馈交易能够引起资产价格的异常波动。作为反馈交易模型的代表之作,De Long 等人(1990b)认为:基于正反馈交易者在场的情形,理性交易者没有对其进行反向套利不单纯是由噪音交易者风险所致,而是希望借助这种趋势、从中囊获利润。最终,资产价格的异常波动性进一步扩大,产生了短期动量、长期反转、泡沫与过度波动性。金融异象是金融市场不完美的表现,对于投资者的财富乃至于

宏观经济的可持续发展具有重要意义。在噪音交易者的需求变化具有可预测性之时，理性投机者的交易诱导成为了导致资产价格不稳定的助推器。然而，上述反馈交易模型并未讨论交易诱导的存在条件，如果我们可以识别出交易诱导的存在前提，是否可以获取实现价格稳定的作用机制，不仅拓展了情绪反馈理论，更为现实市场的良性发展提供有效的指导。

另外，现有研究存在一些不足之处。第一，从正反馈交易者的需求函数来看，t 期的资产需求仅与 $t-1$ 期的价格变化有关。然而，仅仅一期的价格变化并未形成价格趋势，无法构成“追逐趋势”的引致条件（De Long 等人，1990b）；第二，尽管 Barberis 等人（2015，2018）的正反馈交易者需求函数是关于历史价格变化的加权平均并对近期价格变化赋予更高权重，更加符合现实，但是并未包含理性投机者与交易诱导行为，价格异常波动仅与现金流信息驱动型的外推交易有关；第三，De Long 等人（1990b）将噪音信号设定为具有概率分布的离散变量。但是仅考虑了 1/2 概率的特殊情形，并未从一般性视角考察价格行为与信号准确性之间的关系；第四，De Long 等人（1990b）只考虑了两项信息冲击的情形。如果市场中出现更多的信息冲击，不同时期的信号对价格的影响有何差别？

针对现有研究的不足，本章对 De Long 等人（1990b）和胡昌生等（2017）的研究进行了拓展，构建了一个包含与 Barberis 等人（2018）相似的正反馈交易者、理性投机者与基本面交易者的模型，考察异质交易主体相互博弈影响资产价格的微观机理。本章的贡献之处在于：第一，考察行为特征更加符合实际的正反馈交易者、基本面交易者与理性投机者之间的关系，试图寻找理性投机在信号准确与包含噪音情形下具有稳定及不稳定效应的条件，从而丰富了情绪反馈理论；第二，将通过价格对信号的反应变化捕捉动量或反转效应，为我们解释金融异象提供新的视角。

第一节 文献回顾

非理性投资者的情绪系统大多存在一个与资产价格的反馈过程(胡昌生等,2017):资产收益变动也会反过来刺激投资者情绪的变动,使得投资者情绪与资产价格之间形成反馈环(feedback loop)、呈现出相互强化的趋势。这种反馈机制拥有大量的心理学依据。De Long 等人(1990b)的研究表明,面对这类以前期资产价格变动作为信息的噪音交易者,知情的理性交易者不仅会由于噪音交易者风险减少套利头寸,而且会为了把握泡沫存在所产生的获利良机选择骑乘泡沫(ride the bubbles),利用私人信息优势、在信息未公开之前率先买入资产,营造价格上涨趋势,对具有反馈交易特征的噪音交易者进行交易诱导,吸引更多的反馈交易者进行交易,使得资产价格持续性偏离基本面价值,形成资产价格泡沫。最终,随着投资者情绪的不断强化,资产价格上涨达到了顶峰状态,理性交易者凭借卓越的择时能力判断出市场处于崩溃的临界点,选择在资产清算前夕、信息公开之前以最高价卖出资产,不仅囊获高额利润,更致使泡沫破灭。因此,当噪音交易者具有追逐价格趋势的特征、采取正反馈交易策略时,会引起理性交易者的延迟套利行为(delayed arbitrage),两者共同形成中期动量与长期反转。以 De Long 等人(1990b)为代表的理论研究均捕捉到了价格与信念之间的反馈机制(还有:BSV、DHS 等)。除了上述信念视角,也可从偏好层面对投资者情绪进行刻画。Barberis 和 Huang(2001)及 Barberis 等人(2001)使得展望理论中的损失厌恶动态化,面对投资者的盈亏，私房钱效应及蛇咬效应分别产生影响，使得投资者的风险厌恶水平产生变化，直接影响其需求并最终作用于价格中，构成价格与信念之间的反馈机制。在心理学资产定价模型中，信念及偏好机制均属于情绪反馈的范畴。换言之，随着利好消息进入市场，外推信念使得情绪与价格之间的反馈机制形成完整的闭环。

第二节 基本模型

本章构建了一个 $t=0, 1, \cdots, T+1$ 的经济体，存在两类资产：无风险资产与风险资产。无风险资产的供给具有完全弹性，净回报率为 0。风险资产的固定供给量为 Q，于 $T+1$ 期进行清算、支付风险红利 $\mu+s+\theta$。其中，μ 为所有交易者可见的恒定信息项，s 与 θ 表示服从均值为 0、方差为 σ_s^2 与 σ_θ^2 的正态分布的信息冲击。任何有关 θ 的有效信息均不会在 $T+1$ 期之前公开。与 De Long 等人(1990b)不同，我们将 s 拆分为两项相互独立、拥有对称密度特征的信息冲击：$s=s_a+s_b$，其中，$s_a \sim N(0, \sigma_{s_a}^2)$、$s_b \sim N(0, \sigma_{s_b}^2)$。

市场中存在三类投资者：正反馈交易者(N)、理性投机者(S)、基本面交易者(F)①。每类主体的比重分别为 1、ψ、$1-\psi$。理性投机者与基本面交易者分别在 $t=t_{sa}$、$t=t_{sb}$ 和 $t=t_{fa}$、$t=$

① 正反馈交易者(可以简称为“反馈交易者”)乃是噪音交易者的最典型代表，对应于现实市场中的大量散户投资者，易受认知偏差的影响、作出“追涨杀跌”的非理性决策；基本面交易者属于纯粹的价值投资者，对应于现实中的巴菲特，这类主体具有信息优势，通过“高抛低吸”的交易行为维护市场价格的稳定；理性投机者对应于现实中的机构投资者，如索罗斯，这类主体必然也具有信息优势，会通过对噪音交易者进行诱导性交易的方式实现自身利益的最优化。

t_{fb}观察到有关s_a和s_b的信号，$1 \leqslant t_{sa} < t_{fa} < t_{sb} < t_{fb} \leqslant T$。

对于正反馈交易者，本章借鉴 Barberis 等人(2018)的思路，对其需求函数进行修改：

$$N_t = \begin{cases} Q & t = 0、1 \\ Q + \sum_{s=1}^{t-1} \beta_s \Delta p_{t-s} & t = 2, \cdots, T \end{cases} \tag{5-1}$$

由(5-1)可知，正反馈交易者在t期的资产需求与过去若干期的资产价格变化均有关联。我们将β_s设定为递减性的系数，使得这类投资者更加关注近期价格变化①。

对于基本面交易者，本章的设定与现有文献保持一致(De Long 等人，1990b；胡昌生等，2017)。假设他们在每一时期根据已获取的信号对资产进行"高抛低吸"的交易，具体需求函数如下：

$$F_t = \alpha(\mu + E_t(s_t) - p_t) \tag{5-2}$$

其中，$E_t(s_t)$为基本面交易者根据在t期已观察到的信号对资产价值进行的理性预期。

为了使得模型产生稳定解，我们遵循 De Long 等人(1990b)的思路，假设$\alpha > \beta_s$。

对于理性投机者，我们假设其具有 CARA 效用函数：$E(U) = \overline{W} - \gamma\sigma_W^2$。$\overline{W}$与$\sigma_W^2$分别为最终的预期财富与财富方差，$\gamma > 0$

---

① 不仅存在正反馈交易者，还存在负反馈交易者。尽管这类主体的行为特征也源于认知偏差(处置效应)，但是其"卖出赢家、买入输家"的交易策略有利于维护市场稳定，与"噪音交易者"的意义相违背，故本文不会讨论这类情景。更为重要的是，为何我们没有将反馈系数设定为与 Barberis 等人(2018)相同的θ^k？因为这种系数的设定无法形成负反馈(如果$\theta < 0$，反馈系数将呈现出正负交替的情形，与负反馈行为特征相矛盾)，我们因此采取更加便于处理的设定形式。

表示风险厌恶系数。

对于资产价格，我们首先遵循 Hirshleifer 等人（2006）的方法，将之设定为关于信息冲击的线性函数：

$$p_t=\begin{cases}\mu & t=0,\cdots,t_{sa}-1\\ \mu+\rho\cdot s_a & t=t_{sa},\cdots,t_{sb}-1\\ \mu+\pi\cdot s_a+\upsilon\cdot s_b & t=t_{sb},\cdots,T\end{cases} \tag{5-3}$$

其中，我们假设 ρ 、π、υ 均大于 0，表示资产价格对信息的反应系数。

我们根据（5-3）推导理性投机者的需求函数。先从 $T+1$ 期开始，该时期的最终预期财富如下：

$$W_{T+1}=W_t+\sum_{u=t}^{T-1}(p_{u+1}-p_u)S_u+(\mu+s+\theta-p_T)S_T \tag{5-4}$$

通过求解 CARA 效用最大化可得：

$$S_T=\frac{\mu+s_a+s_b-p_t}{2\gamma(\sigma_\theta^2)}=\alpha(\mu+s_a+s_b-p_T) \tag{5-5}$$

由于资产价格可以在没有新信息注入的情形下保持恒定，使得（5-5）具有较强的普适性。但是由于在 $t=t_{sa}-1$ 和 $t=t_{sb}-1$ 面临未来价格变化，存在投资风险。理性投机者将通过最优资产持有量实现最优效用。因此，我们分别求解这两个时期的需求函数。

命题 1： 在 $t=t_{sb}-1$ 时，$S_{t_{sb}-1}=\dfrac{\mu+\pi s_a-p_{t_{sb}-1}}{2\gamma(\upsilon^2\sigma_{s_b}^2)}-$

$$\frac{2\alpha\upsilon(\pi-1)(\upsilon-1)s_a}{\upsilon} \tag{5-6}$$

在 $t=t_{sa}-1$ 时，$S_{t_{sa}-1}=0$

(5-6)式右侧的第一项类似于理性投机者在 T 期的需求函数：分子为 $t_{sb}-1$ 期持有资产的预期资本收益，分母为风险厌恶系数与第二次信息冲击条件方差的乘积。对于第二项来说，假设 π、υ 均大于 1。根据(5-3)式中的 T 期资产价格可知：资产价格超出预期风险红利的部分为 $(\pi-1)s_a+(\upsilon-1)s_b>0$。据此，理性投机者必然建立相反的空头头寸 $-S_T=\alpha((\pi-1)s_a+(\upsilon-1)s_b)$，$s_b$ 的增加不仅会导致 T 期的资产价格上涨，还能够增加理性投机者在 T 期的卖空规模与利润。另外，根据(5-3)式，$\Delta p_{t_{sb}}=(\pi-\rho)s_a+\upsilon\cdot s_b$，$s_b$ 的增加对于 $t_{sb}-1$ 期持有资产的单期利润也具有正向推动作用。因此，s_b 使得理性投机者在 $t_{sb}-1$ 与 T 期建立的头寸所产生的收益形成正的协方差。

根据以上讨论，我们将(5-6)式的第二项定义为“协同效应”，对 $t_{sb}-1$ 期的资产需求具有反向作用：在观察到第一项信息冲击 s_a 的信号之后，即便 t_{sb} 期的资产价格会上涨(从(5-6)式右侧第一项的分子可知)，理性投机者依然进行卖空。因为卖空可以在第二项信息冲击 s_b 较为微弱的情形下获利，从而有效对冲第二项信息冲击的微弱性对 T 期交易头寸的负面影响。

第三节　无噪音信号情形下的市场均衡

一、不稳定的理性投机

假设 $T=2$，$t_{sa}=1$，$t_{fa}=2$，$s=s_a$，理性投机者与基本面交易者所获取的信号均不含噪音。

命题 2： $p_1=p_2=\mu+\left(1+\dfrac{\beta_1}{\alpha-\beta_1}\right)s\quad \psi>0$　　(5-7)

$$p_0=p_1=\mu,\ p_2=\mu+s \quad \psi=0$$

我们不难看出，如果市场中存在理性投机者（$\psi>0$），资产价格会偏离基本面价值；如果 $\psi=0$，资产价格会保持平稳。与 De Long 等人（1990b）的结论相一致。

二、稳定的理性投机

如果我们在信息冲击 $s=s_a$ 进入市场之后增加无新信息注入的交易时期，使得信息公开与资产清算之间的时间间隔拉长、未来资产价格持续保持恒定。由此，初期利好信号所引致的价格上涨只会在未来诱发少量噪音交易。并且，价格恒定降低了投资风险，使得资产不需要包含折溢价也可令理性投机者产生套利意愿。结合少量噪音交易与低投资风险，此时的理性投机具有稳定性。

假设 $T=4,\ s=s_a,\ t_{sa}=1,\ t_{fa}=2,\ \beta_3=0$。

命题 3：

$$\begin{cases} p_1=p_2=p_3=p_4=\mu+s & \psi>0 \\ p_1=\mu,\ p_2=\mu+s,\ p_3=\mu+\left(1+\dfrac{\beta_1}{\alpha}\right)s,\ p_4=\mu+\left(1+\dfrac{\beta_1^2}{\alpha}+\dfrac{\beta_2}{\alpha}\right)s & \psi=0 \end{cases} \tag{5-8}$$

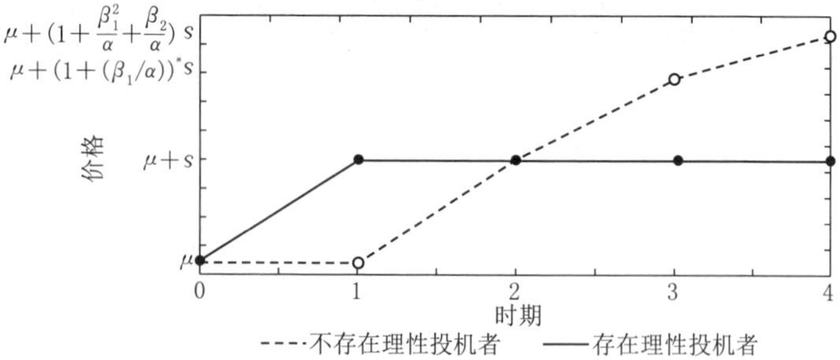

图 5-1　稳定的理性投机

三、理性投机的一般情形

我们现在将上述的不稳定理性投机拓展至一般情形，试图更细致地捕捉资产价格行为。

命题 4:$\psi>0$ 时：$p_t=\mu \quad t=0, 1, \cdots, t_{sa}-1$

$$p_t=\mu+\left(1+\frac{\beta_{T-t_{sa}}}{\alpha-\beta_{T-t_{sa}}}\right)s \quad t=t_{sa}, \cdots, T \tag{5-9}$$

根据(5-9)，$\beta_{T-t_{sa}}$ 是唯一能够决定资产价格对信息冲击的反应强度的反馈系数，该系数决定了正反馈交易者在最终交易时期对于信息冲击到达之时的资产价格变化所作出的反应。所以，随着信息冲击到达与资产清算之间的时间间隔 $T-t_{sa}$ 延长，反馈系数逐渐变小，正反馈交易者对于资产价格变化的反应便会逐步削弱，导致理性投机者逐渐具有稳定性，与第三章第二节的结论相一致。如果 $\beta_{T-t_{sa}}=0$，表示 T 期不存在正反馈交易，资产仅由理性交易主体持有，使得价格等价于基本面价值：$p_t=\mu+s$。

命题 5:$\psi=0$ 时：$p_t=\mu \quad t=0, \cdots, t_{fa}-1$

$$p_t=\mu+\left[\sum_{\delta=0}^{t-t_{fa}}\left(\frac{\beta}{\alpha}\right)^{\delta}\right]s \quad \beta_s=\beta \quad t=t_{fa}, \cdots, T \tag{5-10}$$

在缺少理性投机者的情形下，随着信息冲击到达之后的时间间隔$(T-t_{fa})$拉长：

$$\lim_{T-t_{fa}\to\infty} p_t=\lim_{T-t_{fa}\to\infty}\left\{\mu+\left[\sum_{\delta=0}^{t-t_{fa}}\left(\frac{\beta}{\alpha}\right)^{\delta}\right]s\right\}$$
$$=\mu+\left[1+\frac{\frac{\beta}{\alpha}-\left(\frac{\beta}{\alpha}\right)^{\infty}}{1-\frac{\beta}{\alpha}}\right]=\mu+\left(1+\frac{\beta}{\alpha-\beta}\right)s \tag{5-11}$$

由(5-11)可知，随着我们加入更多的交易时期，资产价格最终将收敛至与(5-9)相似的形式。如果正反馈交易者离场($\beta=0$)，市场中只存在基本面交易者，资产价格等于基本面价值；随着正反馈交易者对于价格变化的反应程度加强($\beta\uparrow$)，资产价格越不稳定；随着基本面交易者的反应程度越强($\alpha\uparrow$)，市场价格越趋于稳定。

第四节　噪音信号情形下的市场均衡

上述场景并未考虑噪音冲击的影响，不免与现实出现了一些脱轨。基于这一不足之处，我们对故事情节略加修改：假设理性投机者在$t=t_{sb}$时观察到关于s_b的噪音信号，有关s_b的信息于$t=t_{fb}$公开化。这种场景下的资产价格又会具有何种特征？

一、不稳定的理性投机

假设$T=2$，其中：$t_{sb}=1$、$t_{fb}=2$。

我们遵循De Long等人(1990b)的做法，设定理性投机者所获取的噪音信号为ε，并满足如下分布形式：

$$Prob(s=s_b|\varepsilon=s_b)=0.5\ Prob(s=0|\varepsilon=s_b)=0.5 \tag{5-12}$$

命题6：

$$S_1=\frac{p_{2a}+p_{2b}-2p_1}{\gamma(p_{2a}-p_{2b})^2} \tag{5-13}$$

根据$t=1$的市场出清：

$$p_1=\frac{\psi\left(\frac{2\mu(\alpha-\beta_1)}{\alpha}+s_b\right)+(1-\psi)\gamma\alpha\mu s_b^2}{\left(\frac{2\psi(\alpha-\beta_1)}{\alpha}+(1-\psi)\gamma\alpha s_b^2\right)} \tag{5-14}$$

如果基本面交易者离场($\psi=1$)，$p_1=\mu+\frac{1}{2}\frac{\alpha}{\alpha-\beta_1}s_b$ (5-15a)

如果理性投机者离场($\psi=0$)，$p_1=\mu$ (5-15b)

根据(5-15a)，由于缺少基本面交易者，理性投机者失去了交易对象，$t=1$ 的资产持有量为 0，致使其在 $t=1$ 买入、$t=2$ 卖出资产的行为不会产生任何预期获利机会。因此，此时的资产价格仅等于 $t=2$ 的预期价格。在(5-15b)的情形下，由于无人知晓未来资产基本面价值的信息，$p_1=\mu$。

根据 $t=2$ 的市场出清：

如果基本面交易者离场($\psi=1$)，$p_{2a}=\mu+s_b+\frac{\beta_1(p_1-\mu)}{\alpha}$ (5-16a)

如果理性投机者离场($\psi=0$)，$p_{2b}=\mu+\frac{\beta_1(p_1-\mu)}{\alpha}$ (5-16b)

由此可知，只要 $\beta_1>0$，资产价格 p_2 与基本面价值之间的偏离程度会随着 p_1 的增加而扩大，形成了 $t=1$、2 期间的动量效应。

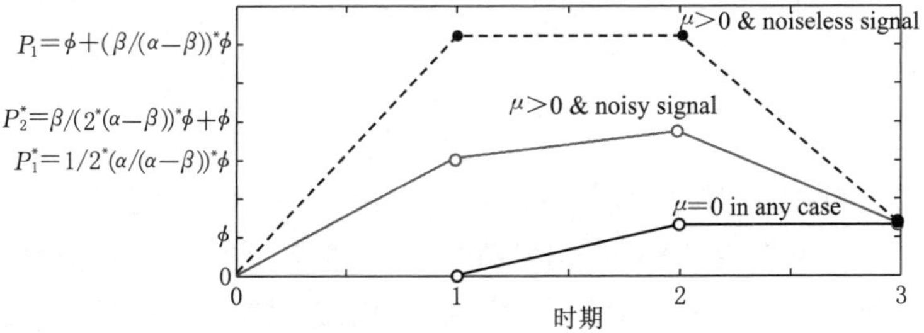

图 5-2　不同信号情形下的不稳定理性投机

二、理性投机的稳定性与信号精度

尽管噪音信号的出现并未实现资产价格的稳定化，但是价格波动出现了一定程度的降低。这是由于未来资产基本面价值具有不定性，增加了理性投机者的风险厌恶程度，减少了对于正反馈交易者的交易诱导行为。我们由此猜测：如果增加信息偏误的概率，是否可以进一步加剧未来资产基本面价值的不确定性、弱化理性投机者的交易诱导行为呢？理性投机的稳定性是否与信号精度有关？

我们对噪音信号 ε 的概率分布进行一般化设定：$\text{Prob}(s=s_b|\varepsilon=s)=q$，$\text{Prob}(s=0|\varepsilon=s)=1-q$。$q$ 表示信号的精准度，随着 q 的增加，价值信号便会趋于准确，反之亦然。

我们将 q、$(1-q)$ 与 $1/2$ 进行替换，通过市场出清可得：

$$p_1=\frac{\psi\left(qs+\dfrac{\alpha-\beta_1}{\alpha}\mu\right)+(1-\psi)\gamma\alpha(2q^2-2q+1)\mu s^2}{\left(\dfrac{\alpha-\beta_1}{\alpha}\psi+(1-\psi)\gamma\alpha(2q^2-2q+1)s^2\right)} \tag{5-17}$$

当 $\psi=1$ 时，$p_1=\mu+q\cdot\dfrac{\alpha}{\alpha-\beta_1}s$ (5-18)

结合(5-18)与 $t=2$ 的市场出清可得：

$$p_2=\mu+s+q\cdot\frac{\beta_1}{\alpha-\beta_1}s \tag{5-19}$$

当 $\psi=0$ 时，$p_1=\mu$，$p_2=\mu+s$。背后机制不再赘述。

命题 7：价格波动与信号精度有关，随着 q 的下降，理性投机者面对未来股息的高度不稳定性进而引起风险厌恶强化，持续降低交易诱导强度（理性投机者需求函数的反应系数 α 等于“风险厌恶系数乘以股息方差”的倒数)，间接地导致正反馈交易者的数量减少，使得价格保持稳定。

对于理性投机者的需求函数来说，其系数 $\alpha=\dfrac{1}{2\gamma\sigma_\theta^2}$，其中 γ 为风险厌恶系数，σ_θ^2 为股息的方差(资产基本面价值的波动)，De Long 等人(1990b)仅表示：噪音信号代表了未来资产价值的不定性，由于理性投机者的风险厌恶特征，导致 $t=1$ 的资产价格较低。那么，我们进一步推断：既然噪音信号意味着未来的资产基本面价值包含不确定成分，基于利好信号的买入行为必然会受到未来公开信息的影响，鉴于价值信号的不准确性与由此引发的潜在亏损风险，股息波动与理性投机者的风险厌恶程度均会增加，致使反映交易强度的 α 系数大幅减弱。可能正反馈交易者的数量与交易行为未变，但是理性投机者的诱导性交易会减弱(所愿意买入的资产数量减少)，在资产价格无法被显著性推高的前提下，未来进场的正反馈交易者数量也将受到影响，资产价格自然无法形成过度波动，进一步对命题 6 做出了合理解释。

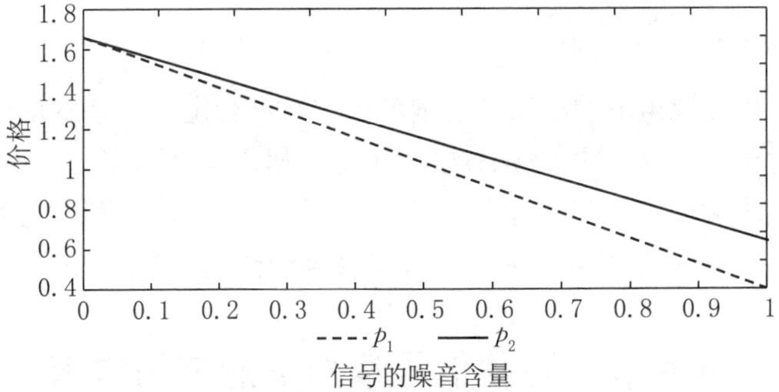

图 5-3　信号精度与资产价格

第五节　资产价格泡沫的讨论

一、投机性泡沫

De Long 等人(1990b)认为，由于正反馈交易者的非理性行为所引致的资产价格偏离基本价值被称为“投机性泡沫”。De Long 等人(1990b)将 $\psi>0$ 与 $\psi=0$ 情形下的资产均衡价格之差定义为资产价格泡沫。通过计算可得，$t=1$、2 期的泡沫分别为 $\frac{\alpha\phi}{\alpha-\beta_1}$ 与 $\frac{\beta_1\phi}{\alpha-\beta_1}$。

这种泡沫的定义所存在的主要问题在于，对两种不同经济环境下($\psi>0$ 与 $\psi=0$)的资产均衡价格进行对比。Loewenstein 和 Willard(2006)指出，由噪音交易者所产生的消费风险属于基本面风险范畴，有关基本价值的准确定义应该包含折溢价，作为对理性交易者与噪音交易者进行交易所进行的补偿。我们所观察到的价格波动可以通过风险承担进行解释，既然两种价格都未偏离基本价值，投机性泡沫便不会存在。

二、理性泡沫

理性视角下的泡沫是通过多重均衡进行定义。基本面价值作为未来现金流的理性贴现值，本身便属于均衡价格。然而，理性泡沫被定义为另一个均衡资产价格与基本面价值之间的差额，我们可以通过均衡唯一性排除理性泡沫的存在。

第六节　两种信号情形下的市场均衡

至此，我们讨论了单个信号情形下的市场均衡及资产价格行为。现在假设 s 中的 s_a 与 s_b 均存在，理性投机者与基本面交易者分别于 t_{sa}、t_{fa} 和 t_{sb}、t_{fb} 观察到关于 s_a 和 s_b 的信号。但是关于 s_b 的信号包含了噪音。

在信号包含噪音的情形下，资产价格应该表达为关于投资者私人信号的函数(Rahi 和 Zigrand, 2018)。对于 s_b，我们假设理性投机者与基本面交易者所收到的信号为：$\varepsilon = s_b + \eta_b$，$\eta_b \sim N(0, \sigma_{\eta_b}^2)$，$\eta_b$ 为噪音项。因此，在 $T+1$ 期前，这两者对 s_b 进行的预期为：$E(s_b|\varepsilon)=\lambda \cdot (s_b+\eta_b)$，$\lambda=\dfrac{\sigma_{s_b}^2}{\sigma_{s_b}^2+\sigma_{\eta_b}^2}$。

随后，我们对(5-3)进行修改：

$$p_t=\begin{cases} \mu & t=0, \cdots, t_{sa}-1 \\ \mu+\rho \cdot s_a & t=t_{sa}, \cdots, t_{sb}-1 \\ \mu+\pi \cdot s_a+\upsilon \cdot s_b+\kappa \cdot \eta_b & t=t_{sb}, \cdots, T \end{cases} \tag{5-20}$$

一、初步分析

我们分别利用 $t=T$ 与 $t=t_{sb}-1$ 的资产价格假设形式与市场出清条件，进一步考察资产均衡价格与信息冲击之间的关系。

在 T 期，通过市场出清可得：

$$\begin{aligned} p_T=\mu+&\left[1+\frac{\beta_{T-t_{sa}}}{\alpha}\rho+\frac{\beta_{T-t_{sb}}}{\alpha}(\pi-\rho)\right]s_a \\ &+\left[\lambda+\frac{\beta_{T-t_{sb}}}{\alpha}\upsilon\right]s_b+\left[\lambda+\frac{\beta_{T-t_{sb}}}{\alpha}\kappa\right]\eta_b \end{aligned} \tag{5-21}$$

将(5-21)与(5-20)相匹配：

$$\rho=\frac{\alpha-\beta_{T-t_{sb}}}{\beta_{T-t_{sa}}-\beta_{T-t_{sb}}}\pi+\frac{\alpha}{\beta_{T-t_{sb}}-\beta_{T-t_{sa}}} \tag{5-22}$$

$$\upsilon=\left(1+\frac{\beta_{T-t_{sb}}}{\alpha-\beta_{T-t_{sb}}}\right)\lambda \tag{5-23}$$

$$\kappa=\left(1+\frac{\beta_{T-t_{sb}}}{\alpha-\beta_{T-t_{sb}}}\right)\lambda \tag{5-24}$$

首先,通过对比(5-23)与(5-10)可知,资产价格对于第二个信号和第一个信号表现出相似的反应;其次,对于(5-23)和(5-24)来说,如果 $\beta_{T-t_{sa}}=\beta_{T-t_{sb}}=0$, $\pi=1$, $\upsilon=\lambda$。因为关于 s_a 的信号绝对准确,可以使得该信息准确融入资产价格中($\pi=1$)。但是 s_b 的信号中包含噪音,第二项信息无法准确体现于价格之中,致使 $\upsilon\neq1$。第三,对于(5-24)来说,由于$\left(1+\frac{\beta_{T-t_{sb}}}{\alpha-\beta_{T-t_{sb}}}\right)>1$,将产生两种不同情形:(a)如果信号中缺乏信息($\lambda$ 充分小),将使得 $0<\kappa<1$。此时的资产价格由于充斥着大量噪音而极具不定性,使得风险厌恶的理性投资者降低交易强度,缩小噪音冲击对资产价格的影响;(b)如果信号中富含信息(λ 趋近于 1),κ 也将逐步趋近甚至大于 1。这就说明了当市场中的噪音不足时,理性投机者会主动地制造噪音,导致资产价格对噪音冲击反应过度,与胡昌生等(2017)的结论相一致。由于噪音包含于第二个信号中,(a)与(b)情形同样适用于(5-23),本章不再赘述。

最后,回顾(5-22),由于反馈系数的递减性($\beta_{T-t_{sb}}>\beta_{T-t_{sa}}$),使得 ρ 与 π 呈现负相关,可能存在两种情形:(a)资产价格最终面对利好消息将出现显著性上涨(π 较大),但是最初对于该消息的反应程度却很微弱(ρ 较小),形成动量效应;(b)资产价格最初面对利好消息开始上涨($\rho>0$),但是最终却会下跌($\pi<0$),产生反转效应。因此,我们证实了 De Long 等人(1990b)的理论:当市场中存在正反馈交易者时,无论在第二个信号出现之前抑或两个信号相互交织之时,资产价格对于最终与最初的信号均

表现出多重反应。

在 $t_{sb}-1$ 时，根据市场出清：

$$P_{t_{sb}-1}=\mu+\left\{\psi\cdot\frac{\dfrac{\alpha[\upsilon(\pi-1)(2\upsilon-\lambda-1)\sigma_{s_b}^2+\kappa(2\kappa-\lambda)(\pi-1)\sigma_{\eta_b}^2]}{\upsilon^2\sigma_{s_b}^2+\kappa^2\sigma_{\eta_b}^2}-\dfrac{\pi}{2\gamma(\upsilon^2\sigma_{s_b}^2+\kappa^2\sigma_{\eta_b}^2)}}{\beta_{t_{sb}-t_{sa}-1}-\dfrac{\psi}{2\gamma(\upsilon^2\sigma_{s_b}^2+\kappa^2\sigma_{\eta_b}^2)}-(1-\psi)\alpha}-\frac{(1-\psi)\alpha}{\beta_{t_{sb}-t_{sa}-1}-\dfrac{\psi}{2\gamma(\upsilon^2\sigma_{s_b}^2+\kappa^2\sigma_{\eta_b}^2)}-(1-\psi)\alpha}\right\}s_a \tag{5-25}$$

将(5-25)与(5-20)相匹配：

$$\rho=\frac{\psi\alpha(\pi-1)[\upsilon(2\upsilon-\lambda-1)\sigma_{s_b}^2+\kappa(2\kappa-\lambda)\sigma_{\eta_b}^2]-\dfrac{(\pi-1)\psi}{2\gamma}-\dfrac{\psi}{2\gamma}-(1-\psi)\alpha(\upsilon^2\sigma_{s_b}^2+\kappa^2\sigma_{\eta_b}^2)}{\beta_{t_{sb}-t_{sa}-1}(\upsilon^2\sigma_{s_b}^2+\kappa^2\sigma_{\eta_b}^2)-\dfrac{\psi}{2\gamma}-(1-\psi)\alpha(\upsilon^2\sigma_{s_b}^2+\kappa^2\sigma_{\eta_b}^2)} \tag{5-26}$$

对于(5-26)来说，如果 $\psi=0$，$\rho=1+\dfrac{\beta_{t_{sb}-t_{sa}-1}}{\alpha-\beta_{t_{sb}-t_{sa}-1}}$。当正反馈交易者离场时($\beta_{t_{sb}-t_{sa}-1}=0$)，$\rho=1$，使得资产价格在第二项信息冲击进入市场之前等价于基本面价值 $\mu+s_a$。然而，如果存在正反馈交易者，$\rho>1$，资产价格对信息冲击反应过度。因为此时的基本面交易者已知晓关于 s_a 的信息，不会进行反向交易，使得正反馈交易者可以在基本面交易强度薄弱时显著影响价格，形成资产溢价。也只有当资产出现溢价时，才能使得基本面交易者建立空头头寸，实现市场均衡。

二、横截面异象

根据(5-22)，资产价格可能会表现出动量或反转效应。我们对此进行讨论。

假设 $T=4$，$t_{sa}=1$，$t_{fa}=2$，$t_{sb}=3$，$t_{fb}=4$。因此，(5-24)与(5-26)可以转变为：

$$\rho=\frac{\alpha}{\beta_1-\beta_3}-\frac{\alpha-\beta_1}{\beta_1-\beta_3}\pi \tag{5-27}$$

$$\rho=\frac{\psi\alpha(\pi-1)[\upsilon(2\upsilon-\lambda-1)\sigma_{s_3}^2+\kappa(2\kappa-\lambda)\sigma_{\eta_3}^2]-\frac{(\pi-1)\psi}{2\gamma}-\frac{\psi}{2\gamma}-(1-\psi)\alpha(\upsilon^2\sigma_{s_3}^2+\kappa^2\sigma_{\eta_3}^2)}{\beta_1(\upsilon^2\sigma_{s_3}^2+\kappa^2\sigma_{\eta_3}^2)-\frac{\psi}{2\gamma}-(1-\psi)\alpha(\upsilon^2\sigma_{s_3}^2+\kappa^2\sigma_{\eta_3}^2)} \tag{5-28}$$

我们不妨将上述表达式绘制成函数曲线的形式：

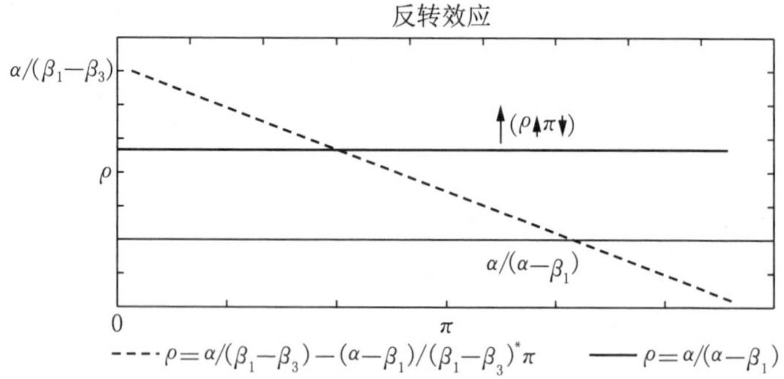

图 5-4　反转效应

当 $\psi=0$ 时，(5-28)可以化简为 $\rho=\frac{\alpha}{\alpha-\beta_1}$，对应于图 5-4 中

的水平线，横截距为$\frac{\alpha}{\alpha-\beta_1}$。(5-27)对应于图 5-4 中向右下方倾斜的直线，纵截距为$\frac{\alpha}{\beta_1-\beta_3}$。

当且仅当$\frac{\alpha}{\beta_1-\beta_3}>\frac{\alpha}{\alpha-\beta_1}$，即 $2\beta_1<\alpha+\beta_3$ 时，水平线的纵截距位于另一条线的下方。因此，当 $2\beta_1$ 无限接近但是小于 $\alpha+\beta_3$、ψ 非常小的时候，我们将水平线不断向上平移，只要不超过另一直线的纵截距，两线相交的情形便是 ρ 持续变大、π 持续减小，由此产生了资产价格的反转效应。

为何产生了反转效应？假设 β_1 与 ψ 非常小，$\rho<\pi$。当市场中出现利好信号时，随着 β_1 增加，正反馈交易者在 $t=2$ 的需求 $N_2=Q+\beta_1\cdot\rho s_a$ 也随之上涨。由于 s_a 对基本面交易者需求 $F_2=-\alpha(\rho-1)s_a$ 所构成的负面影响程度大于对正反馈交易者所产生的正向影响程度，为了实现市场均衡，ρ 必须增加。此外，理性投机者的需求也随着 ρ 的上涨而减少①。这三类交易主体的供需通过相互抵消实现市场均衡。当 β_1 变得很大时，正反馈交易者面对资产价格上涨将会大肆买入资产。

由于市场中缺乏理性投机者(ψ 较小)，ρ 必须变得非常大，使得 p_1 显著上涨，所形成的风险溢价才能促使基本面交易者进行反向套利。所以，当 β_1 增长至充分大的时候，$\rho>\pi$，产生了资产价格的反转效应。

最后，根据 Mendal 和 Shleifer(2012)的理论分析：如果市场中不存在理性的知情交易者(与本章的理性投机者具有相似的特征)，基本面交易者将表现出显著的反向交易强度，因为其得

---

① $S_2=\frac{(\pi-\rho)s_a}{2\gamma(\upsilon^2\sigma_{s_b}^2+\kappa^2\sigma_{\eta b}^2)}-\frac{\alpha[\upsilon(\pi-1)(2\upsilon-\lambda-1)\sigma_{s_b}^2+\kappa(2\kappa-\lambda)(\pi-1)\sigma_{\eta b}^2]s_a}{\upsilon^2\sigma_{s_b}^2+\kappa^2\sigma_{\eta b}^2}$

知资产价格并不包含新信息，与噪音交易者进行反向交易将成为最优选择。面对有效的套利机制，正反馈交易者所构成的情绪冲击难以具有持久性，使得资产价格倾向于表现出反转效应。

因此，如果 $s_a>0$。在 $t=1$ 时，$N_1=0$，$F_1=\alpha(\mu-p_1)<0$，根据市场出清可得：$S_1>0$。在 $t=2$ 时，由于 $\rho>\pi$，使得 $S_2<0$。据此，理性投机者会根据利好信息首先买入、随后卖出资产，充分利用了反转效应，与 De Bondt 等人(1985)、Jegadeesh 等人(1993)的研究结论相一致。

我们根据上述结论检验资产收益是否由于正反馈交易者的存在表现出序列负自相关的特征，与反转效应相吻合。通过计算资产价格变化 Δp_1 与 Δp_3 之间的协方差可得：

$$\mathrm{cov}(\Delta p_1,\ \Delta p_3)=E(\Delta p_1\cdot\Delta p_3)-E(\Delta p_1)E(\Delta p_3)=\rho(\pi-\rho) \tag{5-29}$$

由于 $1<\pi<\rho$，资产收益表现出序列负自相关性，与反转效应相吻合。因此，本章证实了在基本面交易者占据主导地位的市场中，资产价格产生了反转效应。与 De Long 等人(1990b)和胡昌生等(2017)不同，反转效应的产生并非由资产清算所致。

第七节　本章小结

本章以 De Long 等人(1990b)和胡昌生等(2017)的模型为基准，研究了正反馈交易者、基本面交易者与理性投机者之间的博弈过程，讨论了交易诱导的条件性以及不同信号情形下所产生的资产价格行为。我们发现：第一，在单个信号不含噪音的情形下，资产价格会在没有新信息注入的未来阶段保持恒定，并使得历史信息公开与资产清算之间的时间间距拉长。这两点降低了正反馈交易强度，理性投机者由于面对稀少的噪音交易者而降低了交易诱导意愿。此外，价格恒定降低了投资风险，使得资产不需要包含溢价也可令投机者建立空头头寸。因此，理性投机者对市场产生了稳定作用；第二，在单个噪音信号的情形下，随着信息含量减少，投机者会由于风险厌恶降低交易诱导的意愿，致使资产价格保持稳定；第三，如果市场中存在两个信号，根据 T 期市场均衡，资产价格会在不同时期对第一个信号表现出不同反应：如果最初对利好信号的反应微弱，则后期的反应将较为显著，反之亦然。在 $t=t_{sb}-1$ 期，资产价格会由于理性投机者淡出市场表现出反转效应。第四，基于一个准确信号的情景，不稳定的理性投机产生了泡沫，稳定的理性投机并未产生泡沫。第五，基于一个噪音信号的情景，理性投机的稳定性与信号的噪音含量呈正比，泡沫亦受到噪音含量的正向牵引。因此，本章的核心结论在于资产价格可以在噪音交易稀缺时保持稳定。

值得注意的是，尽管情绪反馈机制是行为金融用于破解异象的一把利器。但是，即使不存在理性投机者的诱导性交易，情绪反馈机制本身足以诠释众多异象，何况上述框架并不适用于解释泡沫的形成与破裂，亦未说明情绪反馈机制的微观机理，我们将在下一章对这些不足之处进行改善。

附录

命题 1 的证明

由于理性投机者具有 CARA 形式的均值-方差效用函数，根据 t 期已有的信息可知：

$$E_t(U)=\overline{W}-\gamma\sigma_W^2=E_t(W_{T+1})-\gamma E_t(W_{T+1}-E_t(W_{T+1}))^2 \tag{A.1}$$

求取关于 S_t 的一阶导、令效用最大化可得：

$$\frac{\partial E_t(W_{T+1})}{\partial S_t}-\gamma\frac{\partial E_t(W_{T+1}-E_t(W_{T+1}))^2}{\partial S_t}=0 \quad \text{(A.2)}$$

进一步对(A.2)的第二项化简：

$$\frac{\partial E_t(W_{T+1}-E_t(W_{T+1}))^2}{\partial S_t}=2E_t(W_{T+1}-E_t(W_{T+1}))\frac{\partial(W_{T+1}-E_t(W_{T+1}))}{\partial S_t} \quad \text{(A.3)}$$

根据(5-4)和(5-5)可得：

$$\begin{aligned} W_{T+1} &= W_{t_{sb}-1}+\sum_{u=t_{sb}-1}^{T-1}(p_{u+1}-p_u)S_u+(\mu+s+\theta-p_T)S_T \\ &= W_{t_{sb}-1}+(p_{t_{sb}}-p_{t_{sb}-1})S_{t_{sb}-1} \\ &\quad +(\mu+s_a+s_b+\theta-p_T)\cdot\alpha(\mu+s_a+s_b-p_T) \end{aligned} \quad \text{(A.4)}$$

将(5-3)中的价格带入(5-4)进一步可得：

$$\begin{aligned} W_{T+1} &= W_{t_{sb}-1}+(\mu+\pi\cdot s_a+\upsilon\cdot s_b-p_{t_{sb}-1})S_{t_{sb}-1} \\ &\quad +\alpha[(\pi-1)s_a+(\upsilon-1)s_b-\theta][(\pi-1)s_a+(\upsilon-1)s_b] \end{aligned} \quad \text{(A.5)}$$

由于在 $t=t_{sb}-1$ 时，第一项信息冲击已传递至市场，第二项信息冲击尚未出现。所以(A.5)中所有在 $t=t_{sb}-1$ 之后出现的信息均无法进行预期：

$$\begin{aligned} E_{t_{sb}-1}(W_{T+1}) &= W_{t_{sb}-1}+(\mu+\pi\cdot s_a-p_{t_{sb}-1})S_{t_{sb}-1} \\ &= W_{t_{sb}-1}+(\mu+\pi s_a-p_{t_{sb}-1})S_{t_{sb}-1} \\ &\quad +\alpha[(\pi-1)^2 s_a^2+(\upsilon-1)^2\sigma_{s_b}^2] \\ &\quad +E_{t_{sb}-1}\{\alpha[(\pi-1)s_a+(\upsilon-1)s_b \\ &\quad -\theta][(\pi-1)s_a+(\upsilon-1)s_b]\} \end{aligned} \quad \text{(A.6)}$$

根据(A.6)可得：$\frac{\partial E_{t_{sb}-1}(W_{T+1})}{\partial S_{t_{sb}-1}}=(\mu+\pi\cdot s_a-p_{t_{sb}-1})=$ $(\pi-\rho)s_a$　　(A.7)

将(A.5)、(A.6)代入(A.3)可得：

$$\frac{\partial E_{t_{sb}-1}(W_{T+1}-E_{t_{sb}-1}(W_{T+1}))^2}{\partial S_{t_{sb}-1}}=[(\upsilon^2\sigma_{s_b}^2)S_{t_{sb}-1}+2\upsilon\alpha(\upsilon-1)(\pi-1)s_a\sigma_{s_b}^2] \tag{A.8}$$

将(A.7)、(A.8)代入(A.2)可得：

$$S_{t_{sb}-1}=\frac{\mu+\pi s_a-p_{t_{sb}-1}}{2\gamma(\upsilon^2\sigma_{s_b}^2)}-\frac{2\alpha\upsilon(\pi-1)(\upsilon-1)s_a}{\upsilon} \tag{A.9}$$

在 $t=t_{sa}-1$ 时：

$$\begin{aligned}W_{T+1}=&W_{t_{sa}-1}+(p_{t_{sa}}-p_{t_{sa}-1})S_{t_{sa}-1}+[(\pi-\rho)s_a+\upsilon\cdot s_b]S_{t_{sb}-1}\\&+\alpha(\mu+s_a+s_b+\theta-p_T)(\mu+s_a+s_b-p_T)\end{aligned} \tag{A.10}$$

将 $S_{t_{sb}-1}$的表达式代入(A.10)，并求取 $t=t_{sa}-1$ 的条件期望：

$$\begin{aligned}E_{t_{sa}-1}(W_{T+1})=&W_{t_{sa}-1}+\alpha[(\pi-1)^2\sigma_{s_a}^2+(\upsilon-1)^2\sigma_{s_b}^2]\\&+\frac{(\pi-\rho)^2s_a^2}{2\alpha\gamma(\upsilon^2\sigma_{s_b}^2)}-\frac{2\upsilon(\upsilon-1)(\pi-1)(\pi-\rho)s_a^2\sigma_{s_b}^2}{\upsilon^2\sigma_{s_b}^2}\end{aligned} \tag{A.11}$$

显然，$\frac{\partial E_{t_{sa}-1}(W_{T+1})}{\partial S_{t_{sa}-1}}=0$　　(A.12)

将(A.11)、(A.12)代入(A.3)的第二项可得：

$$\frac{\partial E_{t_{sb}-1}(W_{T+1}-E_{t_{sb}-1}(W_{T+1}))^2}{\partial S_{t_{sb}-1}}=\rho^2\sigma_{s_a}^2S_{t_{sa}-1} \tag{A.13}$$

由于理性投机者在这一时期增持一单位资产不会引起财富变化，唯有在 $S_{t_{sa}-1}=0$ 时才能使得效用实现最大化。

因此，$S_{t_{sa}-1}=0$。

命题 2 的证明

证明：如果 $\psi>0$，$t=0$ 时，没有任何信息公开，$p_0=\mu$。在 $t=1$、2 时，由于理性投机者与基本面交易者分别观察到相同的信号，使得 $p_1=p_2$。

根据 $p_0=\mu$，$p_1=p_2$ 与 $t=2$ 的市场出清，可得资产均衡价格。

在 $\psi=0$ 时，由于理性投机者退出市场，基本面交易者在 $t=2$ 才观察到关于 s 的信号。因此，$F_t=\alpha(\mu-p_t)$，if $t=0$、1。由于资产价格未发生变化，$N_t=Q$；$t=2$ 时，$F_t=\alpha(\mu+s-p_t)$，$N_t=Q+\beta_1(p_1-p_0)=Q+\beta_1(p_1-\mu)$。分别根据市场出清得出 $p_0=p_1=\mu$、$p_2=\mu+s$。

命题 3 的证明

证明：自 $t_{sa}=1$ 起，只要 $\psi>0$ 便可使得 $p_1=p_2=p_3=p_4$。$t=4$ 时，$N_4=Q+\beta_1\Delta p_3+\beta_2\Delta p_2+\beta_3\Delta p_1$。为了体现正反馈交易者对于初期价格变化不具有显著反应，我们进一步设定 $\beta_3=0$。所以，$N_4=Q$；$S_4=F_4=\alpha(\mu+s-p_4)$。通过市场出清可得(5-8)。

如果 $\psi=0$。$t=1$ 时，$F_1=\alpha(\mu-p_1)$，$N_1=Q$，通过市场出清得出 $p_1=\mu$。$t=2$ 时，由于基本面交易者观察到了 s 的信号，$F_2=\alpha(\mu+s-p_2)$。$\Delta p_1=\mu-\mu=0$，$N_2=Q$。通过市场出清得出 $p_2=\mu+s$。$t=3$ 时，$N_3=Q+\beta_1\Delta p_2+\Delta p_1=Q+\beta_1 s$，$F_3=\alpha(\mu+s-p_3)$。通过市场出清得出 $p_3=\mu+\left(1+\frac{\beta_1}{\alpha}\right)s$。$t=4$ 时，$N_4=Q+\beta_1\Delta p_3+\beta_2\Delta p_2+\beta_3\Delta p_1=Q+\frac{\beta_1^2}{\alpha}s+\beta_2 s$，$F_4=\alpha(\mu+$

$s-p_4$)。通过市场出清得出 $p_4=\mu+\left(1+\frac{\beta_1^2}{\alpha^2}+\frac{\beta_2}{\alpha}\right)s$。

命题 4 的证明

证明：根据(5-3)，在 $t=t_{sa}$ 之前，$p_t=\mu$。在 $t=t_{sa}$，…，T 时，资产价格只与 $s=s_a$ 有关。我们不妨从 $t=T$ 开始讨论，此时的信息完全被理性投机者与基本面交易者所知晓。

$$\begin{aligned} N_T &= Q+\sum_{s=1}^{T-1}\beta_s\Delta p_{t-s}=Q+\beta_1\Delta p_{T-1}+\beta_2\Delta p_{T-2} \\ &\quad +\cdots+\beta_{T-t_{sa}}\Delta p_{t_{sa}}+\cdots+\beta_{T-1}\Delta p_1 \\ &= Q+\beta_{T-t_{sa}}(p_{t_{sa}}-\mu) \end{aligned} \tag{A.14}$$

$$F_T=S_T=\alpha(\mu+s-p_T) \tag{A.15}$$

我们根据 $p_{t_{sa}}=p_T$ 与市场出清可得出最终解。

命题 5 的证明

在 $\psi=0$ 时，出于简洁性的考虑，我们假设反馈系数 β 保持恒定不变。根据 $\psi=0$ 时的资产价格序列可知，每一时期的资产价格均表现出规律性，我们由此类推可得到(5-10)。

命题 6 的证明

面对信息偏误，使得理性投机者在 $t=1$ 时无法完全预测 $t=2$ 的资产价格，未来资产价格的不确定性降低了投机者的套利意愿，使之无法像准确信号情形下通过有效的套利行为使得 $p_1=p_2$。因此，我们将 $s=s_b$ 与 $s=0$ 的情形定义为 $2a$ 与 $2b$，分别通过 $t=1$ 与 $t=2$ 的市场出清求解均衡资产价格。

$$N_1+\psi S_1+(1-\psi)\alpha(\mu-p_1)=Q \tag{A.16}$$

$$N_2+\psi\alpha(\mu+s_b-p_{2a})+(1-\psi)\alpha(\mu+s_b-p_{2a})=Q \tag{A.17}$$

$$N_2+\psi\alpha(\mu-p_{2b})+(1-\psi)\alpha(\mu-p_{2b})=Q \tag{A.18}$$

由于理性投机者在 $t=1$ 时面临风险，我们通过均值-方差效用最大化的形式求解理性投机者在 $t=1$ 时的最优资产持有量。

面对未来两种不同的资产价值分布，理性投机者不仅需要考虑 $t=1$—2 期的已实现资本收益，还要将在 $t=2$ 期持有资产所产生的收益也包含在财富之内。

$$W_{2a}=(p_{2a}-p_1)S_1+\frac{1}{2}(\mu+s_b-p_{2a})S_{2a} \tag{A.19}$$

$$W_{2b}=(p_{2b}-p_1)S_1+\frac{1}{2}(\mu-p_{2b})S_{2b} \tag{A.20}$$

由(A.17)与(A.18)可得，$p_{2a}=p_{2b}+s_b$。并且 $t=2a$ 时的预期资产基本面价值也比 $t=2b$ 时高出 s_b，使得理性投机者在 $t=2$ 时的获利几率与 $t=1$—2 的已实现资本收益无关，我们可以忽略上式右侧的第二项。

投资者的期望财富为：

$$\bar{W}=\frac{1}{2}(W_{2a}+W_{2b})=\left(\frac{p_{2a}+p_{2b}}{2}-p_1\right)S_1 \tag{A.21}$$

进一步，期望财富的方差为：

$$\begin{aligned}\sigma_W^2&=\frac{(W_{2a}-\bar{W})^2+(W_{2b}-\bar{W})^2}{2}\\&=\frac{(p_{2a}-p_{2b})^2}{4}S_1^2\end{aligned} \tag{A.22}$$

最终根据(A.21)、(A.22)可得解。

第六章　外推信念、情绪反馈与资产价格泡沫

第五章讨论了在理性投机者对具有情绪反馈特征的非理性投资者进行交易诱导的条件下，资产价格能够表现出过度波动、动量与反转效应。但是，这一框架无法解释泡沫，一轮完整的泡沫会表现出资产价格的持续上涨与最终更为剧烈的下跌，价格下跌所对应的泡沫破裂在于资产价格的明显高估使得市场无法承接所引致的结果，但是上一章却通过资产价格的清算强制性促使泡沫破裂，与泡沫的规律相违背。而且，即使缺乏理性投机者的预期性交易，持续的利好信息冲击也会导致非理性投资者的情绪不断高涨，对泡沫构成合理解释，这将是本章所要讲述的故事。

受新冠疫情影响，我国 2020 年的国内生产总值增长率下降至 2.3%，经济增长速度明显减缓。基于内部经济下行压力与外部贸易摩擦的“内忧外患”，国内金融业业务增长缓慢，盈利能力变弱。随着信贷违约与财政紧缩问题的接踵而至，系统性金融风险持续累积。习近平总书记在党的二十大报告中强调，高质量发展是全面建设社会主义现代化国家的首要任务，离不开高质量金融的支撑，这是中国经济发展的现实与未来赋予中国金融的历史责任和必然要求。推进金融业的高质量发展，重点是防范金融领域的重大风险。股票市场的稳定在经济发展中至关重要，稳定性的提高能够实现资本更加有效的配置，为整体经济

发展创造正向福利效应。然而，中小散户投资者占中国股市投资者的 90%以上，他们的短期投机性交易致使泡沫与崩盘屡屡上演。泡沫作为股价异常波动（股价的变化幅度脱离了基本面区间，进而剔除了财富增长效应）的极端情形，不仅扭曲了股市正常的投融资与风险分担功能，更会影响经济的高质量发展，损害投资者利益，加剧现有的不平等问题。

本章以外推信念作为情绪反馈的微观机制，构建了两套包含有限理性的基本面交易者与外推投资者的有限期模型。在基准模型中，我们将对初始的利好与利空信息冲击下风险资产价格的变化过程进行数值模拟，并通过改变投资者自身特征重新计算均衡价格，进行比较静态分析。在拓展型模型中，我们构建了包含基本面交易者与若干个异质外推投资者在内的有限期模型，两者均面临卖空约束，外推投资者对于风险资产的需求取决于价值投资与外推投资的加权，随后对初始的利好信息冲击下风险资产价格与交易量的变化过程进行数值模拟，并在基准模型的基础上改变投资者自身特征重新计算均衡价格，进行比较静态分析，旨在对泡沫进行全面地讨论。

本章的主要贡献在于：第一，以外推信念作为情绪反馈的微观机制，刻画了在外生初始因素的诱发下价格与成交量内发生变化的全过程；第二，现有研究将机构视为理性投资者，将散户视为非理性主体，本文将外推投资者的需求函数定义为噪音交易与价值投资的加权平均，旨在刻画更符合实际的非理性主体；第三，从现有的反馈交易模型来看，均讨论了利好信息冲击下的泡沫情景，但是不同类型信息冲击下的投资者情绪对资产价格的影响是非对称的，本章试图对利空信息冲击下的负泡沫情景进行讨论。

第一节　文献回顾

一、外推信念

纵观国内外金融市场，几乎所有的资产价格异常波动都伴随着一个自我放大的庞氏过程，外生性初始因素所引致的资产价格变化刺激着投资者情绪，情绪波动又反过来推动价格变化，形成一轮又一轮的资产价格泡沫。形成泡沫的这种原因被称为情绪反馈（胡昌生和池阳春，2014）。对于情绪反馈，Barberis（2018）认为外推信念起到了关键作用，即投资者对某些变量未来值的估计与该变量的历史值正相关。对于外推信念来说，共有收益外推与基本面外推这两种形式，第一种形式得到了最为广泛的运用与重视，收益外推是指人们对资产、资产类别或基金未来回报的预期可以表述为资产、资产类别或基金历史回报的加权平均值，其中历史回报的权重是正的，更加注重最近的回报。投资者情绪可以被理解为个体投资者对于风险资产的需求（Kumar 和 Lee，2006；Kim 和 Kim，2014）。作为非理性投资者的原型，其对于风险资产的需求会受到情绪的正向牵引，情绪系统普遍具有反馈特征，与历史价格变化正相关（Barberis 等人，2015；胡昌生等人，2017）。面对由初始因素所引致的资产价格上涨，投资者情绪变得高涨，对未来价格变化表现出看涨预期，增加对于资产的需求，进一步推高价格。若利空消息引起价格下跌，投资者情绪变得低落，对未来价格变化表现出看跌预期，减少对于资产的需求，进一步促使价格下跌。因此，在泡沫的形成中，始终贯穿着情绪反馈的思想，可以通过外推信念进行解释。

二、资产价格泡沫的形成机制

传统理论认为，资产价格等于未来现金流的贴现值，无法产生泡沫。对此学者们扩展了资产定价理论，构建了理性泡沫模型，将资产价格划分为未来现金流的折现值与泡沫项（Blanchard 和 Watson，1982；Tirole，1985）。但是理性泡沫模型仍然难以对泡沫进行完美诠释（Giglio 等人，2016）。金融市场是由人所主导的市场，金融异象与人性紧密相关（胡昌生等人，2017）。人性的弱点在市场交易中表露无遗，投资者并非完全理性，受制于各种行为偏差。行为金融理论从人性视角出发，从人的行为偏差视角对泡沫进行解释。

总量市场的异常波动，其极端形式便是泡沫的形成与破裂（Barberis，2018），理性理论率先扩展了资产定价理论，构建了理性泡沫模型，将资产价格划分为未来现金流的折现值与泡沫项（Blanchard 和 Watson，1982；Tirole，1985），但是所捕捉到的特点仅限于前两项，并未在市场中找到相应证据。如：Giglio 等人（2016）根据英国与新加坡房地产数据检验房地产价格中是否含有理性泡沫成分，但却一无所获。鉴于理性理论的缺陷，行为金融理论从“人”的角度出发，为我们探索泡沫背后的机制开辟了一条新的道路。在信息不对称的条件下，金融市场表现出很大的投机性。投机价格的最典型特征是存在一个自我放大的庞氏（Ponzi）过程，资产价格与投资者情绪之间的自我实现式循环，最终产生了一轮又一轮泡沫。为了解释泡沫的价格特征，越来越多的研究指出，外推预期——对未来价格变化的预期正向地取决于历史价格变化——是一个关键的驱动因素（Glaeser 和 Nathanson，2017；Barberis et al.，2018；Chinco 2020；DeFusco，Nathanson 和 Zwick，2020），这是一种普遍存在于个体投资者中的行为偏差(Greenwood 等人,2019),致使个体投资者成为"非理性投资者"的典型代表(胡昌生和池阳春,2014),更在泡沫形成中扮演了最重要的角色。

除了个体投资者之外,金融市场中还存在相对理性与高明的机构投资者。机构投资者又叫作套利者,可以进一步分为"基本面交易者"与"理性投机者"。基本面交易者的原型是价值投资者,如巴菲特。假设他们知晓资产的基本价值信息,其交易准则为"高抛低吸"且不受其他市场参与者的影响。因此,他们的需求由市场价格与基本价值之间的偏离程度唯一决定(胡昌生和高玉森,2020)。理性投机者的原型是专业的机构投资者,如索罗斯。这类主体所获取的信息量更大、更加熟悉基本面价值,倾向于通过信念推理做出实现全局利益最大化的决策。对于致力于财富最大化的投资者来说,投资决策与基本因素没有必然联系,没有必要与义务维护价格稳定,这就解释了为什么理性投资者的存在未能纠正非理性投资者的错误决策。De Long 等人(1990b)指出,在面对正反馈交易者时,理性投机者倾向于根据所获得的利好信息率先买入资产、创造价格上涨的景象,吸引更多的正反馈交易者入局,因此,理性投机者利用非理性投资者的错误而获得了更高的回报,并且因为触发了其他交易者的正反馈交易而增加了市场的波动,形成了泡沫。所以,理性投机者同时具有套利需求与投机需求,当市场中"噪音"不足时,会主动制造噪音吸引非理性投资者进行交易,增加价格波动性(胡昌生等,2017)。这种在价格波动期间的"骑乘泡沫"行为亦在现实中得到广泛验证。

基于上述三类投资者的特征描述,为我们解释泡沫创造了一个合理的框架。在利好信息冲击下,不同类型投资者之间的相互博弈能够解释泡沫的形成及经验特征。胡昌生等(2017)

基于 De Long 等人(1990b)的思路构建了一个高明的投机者对具有反馈交易特征的非理性投资者进行交易诱导的理论模型,发现理性投机者的交易行为会增加资产价格在时间序列上的不稳定性,但是最终所解释的对象并非泡沫。Barberis 等人(2018)构建了一个包含外推投资者与基本面交易者的有限期模型来解释泡沫。其中,外推投资者的需求通过对“价值信号”和“增长信号”的加权所得;基本面交易者的需求通过理性估算资产基本价值所得,两类投资者的相互作用在连续现金流冲击下刻画出了泡沫的形成与破裂,并且泡沫的形成伴随着成交量的高涨。Liao 等人(2022)对 Barberis 等人(2018)进行拓展,假设外推投资者对资产的需求源于外推效应与处置效应的加权,通过理论模型得出相似的结论,但是根据证券交易所的交易数据重点讨论了泡沫期间的成交量。然而,Barberis 等人(2018)与 Liao 等人(2022)的框架中未包括理性投机者,使得我们无法捕捉高明的机构投资者是否在价格高估时期仍然买入资产。

第二节　基准理论模型

一、基本假设

我们假设一个 $0, 1, \cdots, T$ 的经济体,存在两类资产:无风险资产与风险资产。假设风险资产的供给量恒定为 Q,于 T 期进行清算、支付风险红利 $D_T = D_0 + \varepsilon_1 + \cdots + \varepsilon_T$,其中:$D_0$ 为初始时期的公共信息,ε_t 为 t 时期的价值冲击,$\varepsilon_t \sim N(0, \sigma_\varepsilon^2)$。无风险资产的供给具有完全弹性,收益率为 0。接下来,我们将通过一系列假设逐步完成对基本模型的构建。

假设 1:市场中存在两类投资者:外推投资者和基本面交易者,各自的市场比例分别为 f 与 n, $f+n=1$。

假设 2:基本面交易者是有限理性的,其投资决策服从 CARA 效用函数最优化准则。

此处对于“有限理性”的假设来源于 Barberis(2018):基本面交易者无法获悉市场中其余参与者的需求形成过程,仅是单纯假设在未来时期其他参与者所持有的风险资产份额在风险资产总份额中的占比等价于该参与者的人数在市场总人数中的比例。

基本面交易者在 t 期所作出的决策是,通过持有最优数量的风险资产实现 CARA 效用函数最大化,CARA 效用函数如下:

$$\max_{Q_t^f} E_t^f\left[-\mathrm{e}^{\gamma(W_t+Q_t^f(E[p_{t+1}]-p_t))}\right] \tag{6-1}$$

引理:如同 $U(C)=-\mathrm{e}^{-\gamma C}$ 的 CARA 效用函数,如果 $C\sim N(\mu,\sigma^2)$、$\gamma>0$,则预期效用最优化问题可以等价于如下函数的最大化:$f(.)=\mu-\dfrac{\gamma\sigma^2}{2}$。

证明:CARA 效用函数最优化问题为:

$$\operatorname{Max} E[U(C)] \tag{6-2}$$

鉴于消费服从正态分布 $C\sim N(\mu,\sigma^2)$,其概率密度函数为:

$$f(c)=\frac{1}{\sqrt{2\pi}\sigma}\mathrm{e}^{-\frac{(c-\mu)^2}{2\sigma^2}}$$

由于 CARA 效用函数的表达式为 $U(C)=-\mathrm{e}^{-\gamma C}$,预期效用可以写成:

$$E[U(C)]=\int_{-\infty}^{+\infty}-e^{-\gamma c}\frac{1}{\sqrt{2\pi}\sigma}e^{-\frac{(c-\mu)^2}{2\sigma^2}}dc=\int_{-\infty}^{+\infty}-\frac{1}{\sqrt{2\pi}\sigma}e^{\left\{-\frac{1}{2\sigma^2}c^2+\frac{\mu-\gamma\sigma^2}{\sigma^2}c-\frac{\mu^2}{2\sigma^2}\right\}}dc,$$

$$E[U(C)]=-e^{\frac{\gamma^2\sigma^4-2\mu\gamma\sigma^2}{2\sigma^2}}\cdot\int_{-\infty}^{+\infty}\frac{1}{\sqrt{2\pi}\sigma}e^{\frac{[c-(\mu-\gamma\sigma)^2]^2}{2\sigma^2}}dc$$

其中，积分项为概率密度函数的积分，积分值为1，由此预期效用可以简化为：

$$E[U(C)]=-e^{-\gamma\left(\mu-\frac{\gamma\sigma^2}{2}\right)}$$

综上，预期效用最大化问题可以转换为：

$$\text{Max}\,E[U(C)]\Leftrightarrow\text{Max}\left(-e^{-\gamma\left(\mu-\frac{\gamma\sigma^2}{2}\right)}\right)\Leftrightarrow\text{Max}\,f(.)=\mu-\frac{\gamma\sigma^2}{2}$$

证毕。

基本面交易者的需求函数为：$Q_t^f=\dfrac{D_t-(T-t-1)\gamma\sigma_\varepsilon^2X-P_t}{\gamma\sigma_\varepsilon^2}$　　(6-3)

证明：对于这类主体，其交易决策是为了实现CARA期望效用最大化：$\bar{w}-\frac{\lambda}{2}\sigma_w^2$，我们采取逆向递推法，从最后一个交易日$T-1$开始：

在$T-1$期，每增持一单位风险资产，便会导致预期财富增加：$E_{T-1}^F(P_T-P_{T-1})$，因此未来的预期财富便等于$E_{T-1}^F(\bar{P}_T-P_{T-1})\cdot Q_{T-1}^f$。$P_T=D_T=D_0+\varepsilon_1+\cdots+\varepsilon_T$，因为有关$\varepsilon_T$的信息尚未在此时出现，所以：

$$E_{T-1}^F(P_T)=D_0+\varepsilon_1+\cdots+\varepsilon_{T-1}=D_{T-1},\ E_{T-1}^F(P_T-P_{T-1})\cdot Q_{T-1}^f$$
$$=(D_{T-1}-P_{T-1})Q_{T-1}^f$$

相应地，$\mathrm{Var}_{T-1}((P_T-P_{T-1})\cdot Q_{T-1}^f)=(Q_{T-1}^f)^2\cdot\mathrm{Var}_{T-1}(P_T)=(Q_{T-1}^f)^2\cdot\sigma_\varepsilon^2$，我们可通过期望财富的均值与方差求解资产需求：

$$\max_{Q_t^f}\left(E_{T-1}^F(P_T-P_{T-1})\cdot Q_{T-1}^f-\frac{\gamma}{2}\mathrm{Var}_{T-1}((P_T-P_{T-1})\cdot Q_{T-1}^f)\right) \tag{A.1}$$

可得：
$$Q_{T-1}^f=\frac{D_{T-1}-P_{T-1}}{\gamma\sigma_\varepsilon^2} \tag{A.2}$$

根据市场出清条件：$\mu^x Q_{T-1}^e+\mu^f Q_{T-1}^f=X$

$$\Leftrightarrow(1-\mu^x)\left(\frac{D_{T-1}-P_{T-1}}{\gamma\sigma_\varepsilon^2}\right)+\mu^x\cdot Q_{T-1}^f=X$$

$$\Leftrightarrow P_{T-1}=D_{T-1}-\frac{\gamma\sigma_\varepsilon^2}{\mu^f}(X-\mu^x\cdot Q_{T-1}^e) \tag{A.3}$$

在 $T-2$ 期，基本面交易者的有限理性开始发挥作用。同样地，此时的预期财富等于 $E_{T-2}^F(P_{T-1}-P_{T-2})\cdot Q_{T-2}^f$，为了对 P_{T-1} 进行预期，必须要对 Q_{T-1}^e 进行推断，我们假设基本面交易者并不试图预测其他投资者需求的变化，只是认为外推投资者会根据其人口比例持有相应的风险资产：$E_{T-2}(\mu^x Q_{T-1}^e)=\frac{\mu^x}{\mu^x+\mu^f}X$，即：

$$E_{T-2}(Q_{T-1}^e)=X \tag{A.4}$$

根据(A.4)
$$E_{T-2}^F(P_{T-1}-P_{T-2})\cdot Q_{T-2}^f=D_{T-2}-\gamma\sigma_\varepsilon^2 X \tag{A.5}$$

$$\mathrm{Var}_{T-2}((P_{T-1}-P_{T-2})\cdot Q^f_{T-2})=(Q^f_{T-2})^2\cdot \mathrm{Var}_{T-2}(P_{T-1})$$
$$=(Q^f_{T-2})^2\cdot \sigma_\varepsilon^2 \quad (A.6)$$

依然沿袭(A.1)的推导可得：

$$Q^f_{T-2}=\frac{D_{T-2}-\gamma\sigma_\varepsilon^2X-P_{T-2}}{\gamma\sigma_\varepsilon^2} \quad (A.7)$$

根据市场出清条件：

$$\mu^x Q^e_{T-2}+\mu^f Q^f_{T-2}=X$$

$$\Leftrightarrow P_{T-2}=D_{T-2}-\gamma\sigma_\varepsilon^2-\frac{\gamma\sigma_\varepsilon^2}{\mu^f}(X-\mu^x\cdot Q^e_{T-2}) \quad (A.8)$$

在 $T-3$ 期，不难得出预期财富为 $E^F_{T-3}(P_{T-2}-P_{T-3})\cdot Q^f_{T-3}=(D_{T-3}-2\gamma\sigma_\varepsilon^2-P_{T-3})Q^f_{T-3}$，预期财富的条件方差为 $(Q^f_{T-3})^2\sigma_\varepsilon^2$。

最终可得： $$Q^f_{T-3}=\frac{D_{T-3}-2\gamma\sigma_\varepsilon^2-P_{T-3}}{\gamma\sigma_\varepsilon^2} \quad (A.9)$$

结合(A.2)、(A.7)与(A.9)进行递推，可得到基本面交易者在 t 期对风险资产的需求函数通式：

$$Q^f_t=\frac{D_t-(T-t-1)\gamma\sigma_\varepsilon^2X-P_t}{\gamma\sigma_\varepsilon^2} \quad (A.10)$$

证毕。

对于(6-3)式，分子 $D_t-(T-t-1)\gamma\sigma_\varepsilon^2X$ 是风险资产下一时期 $t+1$ 的预期价格。所以，分子表示下一时期的预期价格变化。

如果市场中仅存在基本面交易者，通过市场出清 $Q^f_t=X$ 可得：

$$P_t=D_t-(T-t)\gamma\sigma_\varepsilon^2X \quad (6\text{-}4)$$

由于(6-4)式是完全由基本面交易者决定的市场出清价格，可被视为“风险资产的基本面价值”，我们将之设为 V_t：

$$V_t = D_t - (T-t)\gamma\sigma_\varepsilon^2 X \tag{6-5}$$

假设 3：外推投资者属于非理性主体，其需求与外推信念具有线性关系。

与胡昌生等人(2017)相一致，非理性投资者的情绪系统由受到前期价格影响的“反馈”所构成。但是现有文献所构建的情绪系统并不充分，因为外推投资者并不单纯根据近期价格变化进行决策，更为久远的价格波动也在其决策范围之内。因此，我们定义外推投资者的需求函数为：

$$Q_t^e = \frac{G_t}{\gamma\sigma_\varepsilon^2}，\text{其中 } G_t = (1-\theta)\sum_{k=1}^{t-1}\theta^{k-1}(P_{t-k} - P_{t-k-1}) + \theta^{t-1}G_1,\ 0 < \theta < 1 \tag{6-6}$$

证明：外推投资者根据外推信念所形成的风险资产需求，亦可通过 CARA 效用最优化进行求解：

$$\max_{Q_t^e}(E_t^e(-\mathrm{e}^{-\gamma(W_t + Q_t^e(P_{t+1} - P_t))})) \tag{A.11}$$

我们只需沿袭求解基本面交易者某一期需求函数的方式即可获取外推投资者需求函数的通式：

在 $T-1$ 期，预期财富为 $E_{T-1}(P_T - P_{T-1}) \cdot Q_{T-1}^e$，最终财富的条件方差为 $\sigma_\varepsilon^2(Q_{T-1}^e)^2$，我们可得：

$$Q_{T-1}^e = \frac{E_{T-1}^e(P_T - P_{T-1})}{\gamma\sigma_\varepsilon^2} \tag{A.12}$$

外推投资者不同于基本面交易者，无法推断其他投资者的需求，只会每一时期通过对未来价格变化进行预测，形成相应的资产需求，因此(A.12)式可以直接推广至：

$$Q_t^e = \frac{E_t^e(P_{t+1} - P_t)}{\gamma \sigma_\varepsilon^2} \tag{A.13}$$

上式的分子与(A.10)式存在显著差异，外推投资者并不会根据股息对未来价格变化进行推断，而是通过外推历史价格变化形成关于未来价格变化的信念：

$$E_t^e(P_{t+1} - P_t) = (1-\theta)\sum_{k=1}^{\infty}\theta^{k-1}(P_{t-k} - P_{t-k-1}) = G_t \tag{A.14}$$

由于本章所构建的是一个从 $t=0$ 开始的经济体，外推投资者在 $t=0$ 无法进行外推。$t=1$ 时亦无法进行外推，但是可以得到外推信念的初始值。我们令：$G_1 = E_1^e(P_2 - P_1)$为常数。

然后，考察(A.14)式在 $t=1$ 时的情景：

$$\begin{aligned} E_1^e(P_2 - P_1) &= (1-\theta)\sum_{k=1}^{1}\theta^{k-1}(P_{1-k} - P_{0-k}) \\ &= (1-\theta)(P_0 - P_{-1}) = G_1 \end{aligned} \tag{A.15}$$

$t=2$ 时，外推投资者可以对 $t=0$—1 期间的价格变化进行外推：

$$\begin{aligned} E_2^e(P_3 - P_2) &= (1-\theta)\sum_{k=1}^{2}\theta^{k-1}(P_{2-k} - P_{1-k}) \\ &= (1-\theta)\sum_{k=1}^{1}\theta^{k-1}(P_{2-k} - P_{1-k}) + (1-\theta)\theta(P_0 - P_1) \end{aligned} \tag{A.16}$$

将(A.15)式代入上式可得：

$$E_2^e(P_3 - P_2) = (1-\theta)\sum_{k=1}^{1}\theta^{k-1}(P_{2-k} - P_{1-k}) + \theta G_1 \tag{A.17}$$

$t=3$ 时：

$$\begin{aligned} E_3^e(P_4 - P_3) &= (1-\theta)\sum_{k=1}^{3}\theta^{k-1}(P_{3-k} - P_{2-k}) \\ &= (1-\theta)\sum_{k=1}^{2}\theta^{k-1}(P_{3-k} - P_{2-k}) \\ &\quad + (1-\theta)\theta^2(P_0 - P_{-1}) \\ &= (1-\theta)\sum_{k=1}^{2}\theta^{k-1}(P_{3-k} - P_{2-k}) + \theta^2 G_1 \end{aligned} \tag{A.18}$$

$t=4$ 时：

$$\begin{aligned} E_4^e(P_5 - P_4) &= (1-\theta)\sum_{k=1}^{4}\theta^{k-1}(P_{4-k} - P_{3-k}) \\ &= (1-\theta)\sum_{k=1}^{3}\theta^{k-1}(P_{4-k} - P_{3-k}) + \theta^3 G_1 \end{aligned} \tag{A.19}$$

我们可以根据(A.15)式至(A.19)式进行归纳：

$$G_t = E_t^e(P_{t+1} - P_2) = (1-\theta)\sum_{k=1}^{t-1}\theta^{k-1}(P_{t-k} - P_{t-1-k}) + \theta^{t-1} G_1 \tag{A.20}$$

随后，我们可以得到外推投资者根据外推信念所产生的风险资产需求函数：

$$Q_t^e = \frac{G_t}{\gamma\sigma_\varepsilon^2} = \frac{(1-\theta)\sum_{k=1}^{t-1}\theta^{k-1}(P_{t-k} - P_{t-1-k}) + \theta^{t-1} G_1}{\gamma\sigma_\varepsilon^2} \tag{A.21}$$

证毕。

至此，理论模型的所有设定便阐述完毕。

二、市场均衡

当市场出清时，我们可以通过如下条件获取均衡资产价格：

$$nQ_t^e + fQ_t^f = X \tag{6-7}$$

$$\Rightarrow p_t = \underbrace{D_t}_{\text{最终现金流}} + \underbrace{\frac{n}{f}G_t}_{\text{外推效应}} - \underbrace{\gamma\sigma_\varepsilon^2 X\left(T-t-1+\frac{1}{f}\right)}_{\text{风险补偿}} \tag{6-8}$$

在(6-8)式中，第一项表示资产价格锚定于最终现金流的预期值，第二项表示当历史价格表现出强烈的上涨时，外推投资者会对未来价格变化表现出更为乐观的预期，从而增加对于风险资产的需求，进一步推高价格，第三项表示风险折价，对承担风险的投资者进行补偿。

三、数值模拟的参数设定

为了对资产价格泡沫的形成与破裂进行讨论，首先需要确定相关参数的赋值。与风险资产有关的参数为 D_0、X、σ_ε 与 T；与投资者相关的参数为 f、n、γ 与 θ。

θ 决定了外推投资者预测未来价格变化时赋予近期价格变动的权重，进而影响交易强度。Barberis 等人（2018）根据 Greenwood 等人(2019)的调查数据得出 $\theta \approx 0.9$。鉴于中国市场的非理性投资者更加注重短期价格波动，我们设定 $\theta = 0.7$。

假设 $f = 0.3$，$n = 0.7$，说明市场中 70%的参与者属于散户投资者，与中国市场的情形相符。

关于其他参数：我们设定初始预期股息 $D_0 = 100$，现金流冲

击的标准差 $\sigma_\varepsilon=3$，风险资产供给 $X=1$，风险厌恶系数 $\gamma=0.1$，时期次数 $T=12$。

表 6-1　参数设定

参数	数值
D_0	100
σ_ε	3
X	1
T	12
f	0.3
n	0.7
γ	0.1
θ	0.7

四、利好信息冲击下的数值模拟

1. 泡沫阶段的资产价格特征

《疯狂、惊恐和崩溃：金融危机史》一书中简洁刻画了资产价格泡沫的基本特征，即：泡沫是由强烈、利好的现金流信息所致。我们基于上述参数，并设定现金流序列为：$\{\varepsilon_1=0,\ \varepsilon_2=6,\ \varepsilon_3=\cdots\ \varepsilon_{20}=0\}$，对(6-4)式、(6-7)式进行数值模拟。

根据图 6-1，实线为资产价格，虚线为基本面价值。$t=2$ 时，市场中出现强劲的现金流利好信息推高了资产价格。$t=3$ 时，观察到价格在 $t=2$ 显著上涨的外推投资者对于未来风险资产变化表现得更加乐观，进一步推高了价格。价格的持续上涨使得外推投资者的情绪日渐高涨，$t=4$—5 时，情绪更加高涨的外推投资者将价格推至更高的水平。然而，$t=6$ 时，资产价格开始下跌。至此，发生于 $t=2$—3 的最大价格涨幅已经呈现出递减趋势，通过(6-6)式可知，前期利好信息冲击对于外推投资者情绪的影响随着时间的推移逐渐变弱，促使外推投资者情绪由乐观转为悲观，卖出资产，致使价格下跌。

利好信息冲击下的理论框架成功刻画出了泡沫。具体来说，我们可以将泡沫拆分为短中期的动量效应与长期反转效应的结合。价格在 $t=2$ 时的上涨所伴随价格在 $t=3$ 时的进一步上涨能够刻画出动量效应：$t=2$ 所产生的价格上涨使得外推投资者在 $t=3$ 变得更为乐观，进而将价格进一步推高。其次，$t=1—5$ 时期所产生的价格持续上涨导致了 $t=6—9$ 时期的价格持续下跌，刻画出长期反转效应。如果资产在过去很长一段时期均表现卓越，这是能够体现外推投资者积极买入的信号，导致资产的定价过高。高估值所伴随的必然是低回报。最后，$t=1—5$ 时期的价格持续上涨与 $t=6—9$ 时期的价格持续下跌能够刻画出泡沫所具有的基本特征。

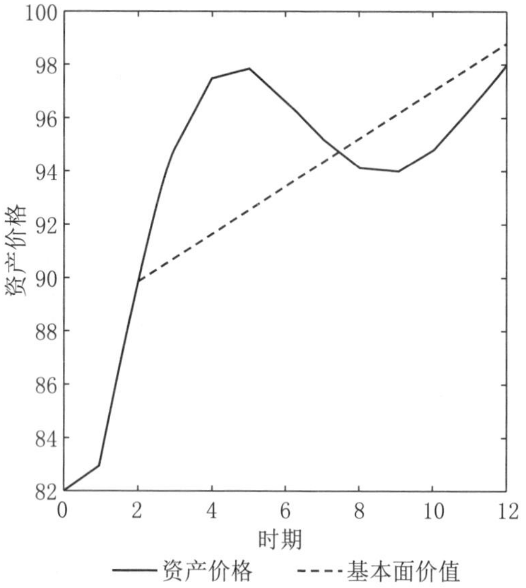

图 6-1　利好信息冲击下的资产价格泡沫

2. 比较静态分析

根据(6-8)式，资产均衡价格与投资者市场比例(f、n)和外推投资者的反应强度(θ) 有关，是否意味着泡沫的规模亦与这些因素有关，这引导我们进行如下的比较静态分析。本章分别针对不同的基本面交易者比例(f)与外推系数(θ)讨论泡沫的影响因素。

根据图 6-2，随着基本面交易者在市场中的比例增加($f\uparrow$)，他们对于资产价格的波动会起到更强的修复作用，推动资产价格回归基本面价值，使得泡沫规模变小，与 De Long 等人(1990b)、胡昌生等(2017)、陈聪和胡昌生(2021)的结论相一致。然后，随着外推投资者的外推系数增加($\theta\uparrow$)，资产价格更加贴近基本面价值，泡沫规模变小。为了理解这一结论，我们首先回顾(6-6)式：

$$G_t=(1-\theta)\sum_{k=1}^{t-1}\theta^{k-1}(P_{t-k}-P_{t-k-1})+\theta^{t-1}G_1$$

同理：

$$G_{t+1}=(1-\theta)\sum_{k=1}^{t}\theta^{k-1}(P_{t-k+1}-P_{t-k})+\theta^{t}G_1 \tag{6-9}$$

令(6-9)式两侧同时乘以 θ 并减去(6-6)式可得：

$$G_{t+1}=\theta G_t+(1-\theta)(p_t-p_{t-1}) \tag{6-10}$$

(6-10)式第一项表明泡沫具有一种天然的紧缩性质，随着时间的推移，那些曾令外推投资者情绪高涨的价格变化已成过往，会削弱外推投资者的情绪。然而，如果近期价格变化足够强烈，增长信号和泡沫的规模都能得以保持。能够令近期价格变化产生显著效应的关键在于$(1-\theta)$，意味着如果 θ 越大，外推投资者越会关注近期价格变化，随着时间推移，历史价格变化对于外推投资者情绪的影响越微弱，使得价格难以继续上涨。

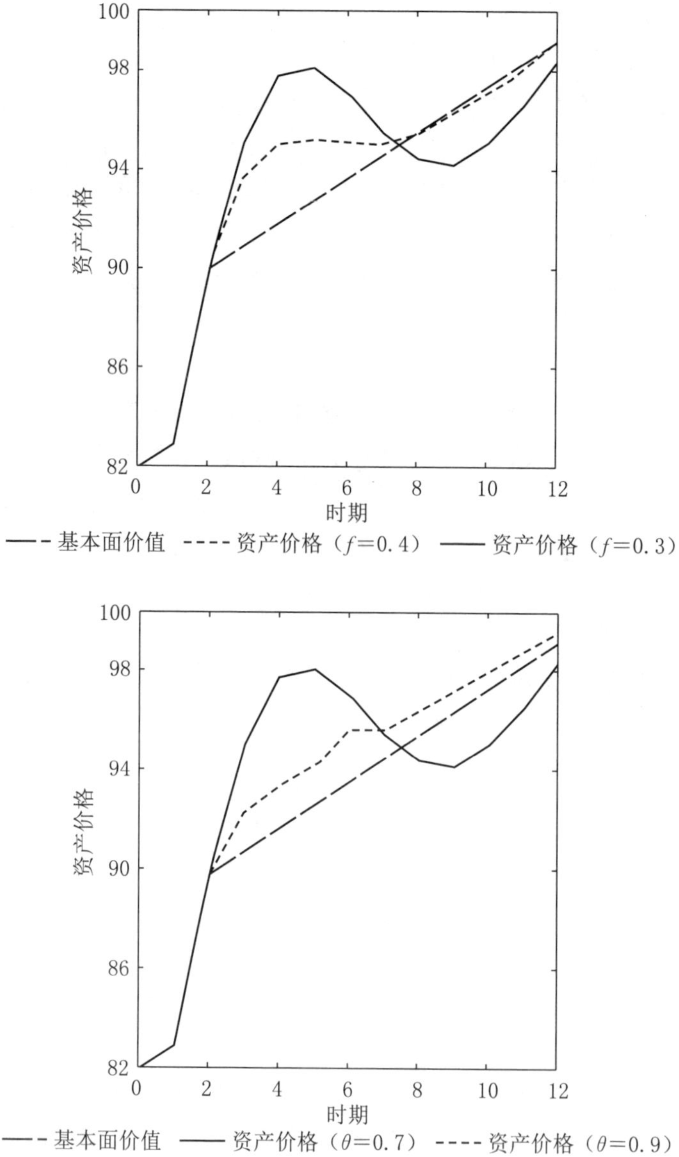
100
98
94
90
86
82
0
2
4
6
8
10
12
资产价格
时期
基本面价值
资产价格（f=0.4）
资产价格（f=0.3）
100
98
94
90
86
82
0
2
4
6
8
10
12
资产价格
时期
基本面价值
资产价格（θ=0.7）
资产价格（θ=0.9）

图 6-2　比较静态分析

我们将上述分析进行梳理：

命题 1：在初始利好信息冲击的场景中，资产价格上涨导致外推投资者对未来资产价格变化变得更为乐观，形成进一步的价格上涨与更为高涨的外推信念。随着利好信息冲击的流逝，历史价格上涨对于外推投资者预期的影响逐渐变弱，导致外推投资者的情绪逐渐低落、卖出资产，解释了资产价格泡沫的形成与破裂。泡沫规模与投资者的市场比例与外推系数有关，随着基本面交易者的比例增加、外推系数变大，泡沫的规模随之减小。

五、利空信息冲击下的数值模拟

1. 泡沫阶段的资产价格特征

为了填补现有研究的不足，也为了考察不同类型信息对于投资者情绪与资产价格的影响是否存在差异，本章将讨论利空消息冲击对于泡沫的影响。保持表 6-1 中的参数设定不变，我们考虑如下现金流冲击序列：$\{\varepsilon_1=0,\ \varepsilon_2=-6,\ \varepsilon_3=\cdots\varepsilon_{20}=0\}$，对(6-5)式、(6-8)式进行数值模拟。

图 6-3 表明，随着有关基本面的利空信息进入市场，资产价格下跌，导致外推投资者对于未来价格变化表现出悲观预期，进一步卖出资产、压低价格，价格的持续下跌形成了负泡沫(negative bubble)。随着利空信息的流逝与时间的推移，外推投资者逐渐摆脱了利空信息的影响，恢复对未来价格的乐观预期，价格随着外推投资者的买入开始反弹。

总体来说，席勒(2016)的反馈理论同样适用于利空消息，但是依然可以观察到一些差异，利好信息冲击下的价格由 90 上涨至 98，但是利空信息冲击下的价格仅从 78 下跌至 74 左右。跌幅之所以明显小于涨幅，这或许是由于卖空约束所引起的，金融市场中的卖出比买入更加艰难，作为非理性投资者的写照，个体投资者的投资渠道较窄，更易受到卖空约束的影响。并且，作为外推投资者的反向交易主体，面对资产的定价过低，基本面交易者此时不会受到制约，通过低价买入资产、及时对价格偏误进行纠正，使得价格在 $t=4$ 开始反弹。然而，在利好信息冲击下，由于基本面交易者不愿意同情绪高涨的外推投资者进行反向套利，此时的理性主体受到卖空约束的影响，导致价格在 $t=5$ 左右才开始反弹。

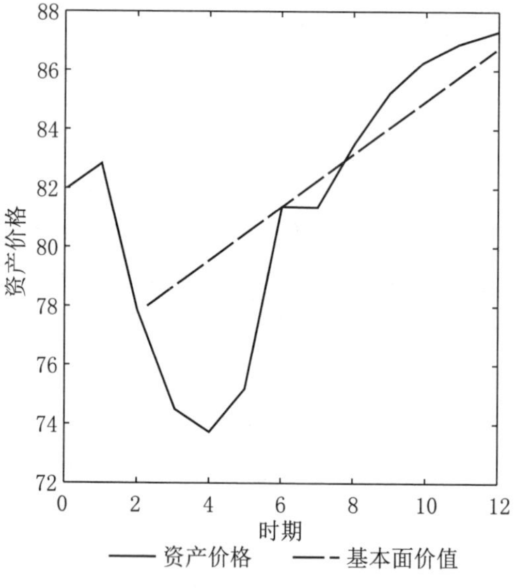

图 6-3　利空信息冲击下的资产价格泡沫

2. 比较静态分析

利空信息冲击下的负泡沫同样与投资者比例、外推系数有关。根据图 6-4，随着基本面交易者的比例增加（$f\uparrow$），他们对于价格低估的修正能力越强，泡沫规模越小。如果外推投资者的外推系数越大($\theta \uparrow$)，越容易摆脱历史价格变化的牵引，价格越难以持续下跌，泡沫规模亦会随之变小。

我们将上述分析进行梳理：

命题 2：在利空信息冲击的情境中，资产价格下跌会导致外推投资者形成对未来价格变化的悲观预期，随之卖出资产，导致价格进一步下跌。随着时间的推移，历史价格变化对于外推投资者的影响逐步减弱，外推投资者最终恢复对未来价格变化的乐观预期，通过买入资产促使价格反弹，形成负泡沫，但是无论从价格的下跌程度还是从反转周期考量，负泡沫的规模都小于正泡沫。作为资产价格定价过低的负泡沫，其规模仍然与基本面交易者比例、外推系数呈反向关系。

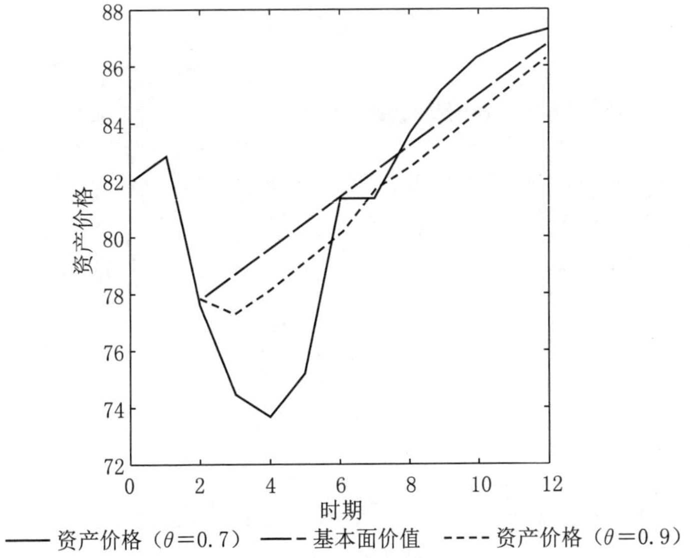

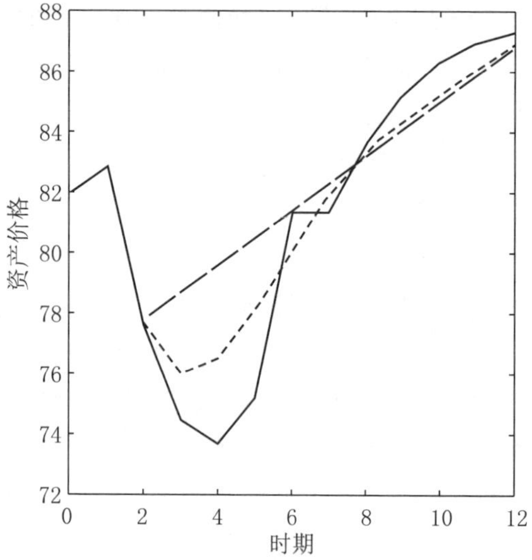

—— 资产价格（f=0.3） —-- 基本面价值 ---- 资产价格（f=0.4）

图 6-4　比较静态分析

六、泡沫期间的成交量

大多数泡沫的产生都伴随着成交量高涨（Hong 和 Stein，2007）。上述框架能否刻画出价值高估时期的高成交量？我们采用 Barberis 等人（2018）的做法构建每一时期的市场成交量：

$$trading\_volume_t=\frac{n\,|(Q_t^e-Q_{t-1}^e)|+f\,|(Q_t^f-Q_{t-1}^f)|}{2} \tag{6-11}$$

我们以利好信息冲击为例，考察在数值模拟下所产生的市场成交量时间序列变化，最终结果如图 6-5 所示。

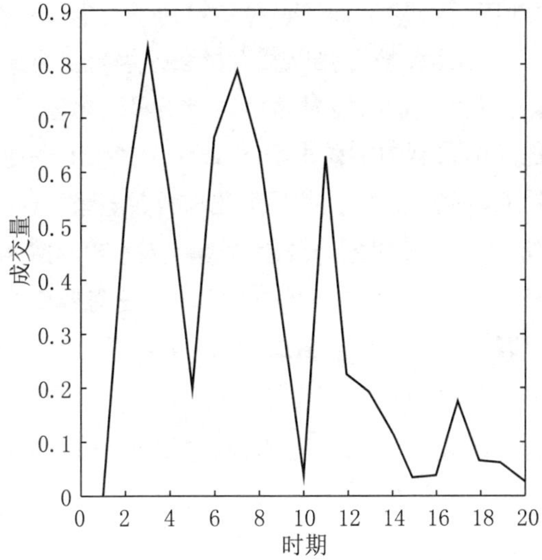

图 6-5　泡沫期间的成交量

从图 6-5 可以发现，似乎这一框架能够产生高估值时期的高成交量，但是却表现出明显的瑕疵。比如，在图 6-1 中，伴随着利好信息冲击，价格在 $t=1$—4 期间实现了持续上涨，产生了泡沫，但是同时期的成交量却只保持了 $t=1$—3 期间的高涨，两者并未实现高度同步性。此外，还有一些令人不太满意的地方：如果说利好信息冲击导致资产价格上涨，使得外推投资者不断买入风险资产，那么泡沫期间所形成的高成交量则是由外推投资者不断增持风险资产、基本面交易者不断抛售风险资产所产生。这种成交量理论面临重大挑战，因为在泡沫期间，很少有投资者会单调地增加或减少对于高估资产的持有。反之，更为常见的情形是投资者对于风险资产的持有会随着时间推移表现出时变性(Liao 和 Peng，2018)。

第三节 拓展型理论模型

基准理论框架刻画了在不同的初始信息冲击下所产生的正负泡沫。然而,现实中往往并不存在纯粹的理性与非理性投资者,我们宁愿将非理性投资者视为"经济人"与"动物精神"的结合体。并且,市场中存在广泛的卖空约束,投资者亦会受这种机制的影响,使得上述框架无法切实反映市场现实。此外,泡沫的产生不仅导致价格的涨跌,还会伴随着交易量的起伏,这一现象也未能通过基准模型得到合理解释,这引导我们构建新的理论模型架构。

一、基本假设

我们所构建的经济体立足于 Barberis 等人(2018)的框架,假设外推投资者和基本面交易者的市场比例分别为 μ^x 与 μ^f,$\mu^x+\mu^f=1$,区别在于外推投资者的需求函数以及卖空限制,现在将对之进行介绍。

对于外推投资者来说,假设外推投资者亦是有限理性的,不仅关注引致价格变化的诱导因素,还会对历史收益进行外推,这两点均基于 CARA 效用最大化准则。并且,外推投资者共有 I 种类型,$i\in\{1, 2, \cdots, I\}$。我们将通过三步完成对外推投资者需求函数的构建。

首先,外推投资者在 t 期对于风险资产的基准需求函数为:

$$Q_t^e=\frac{G_t}{\gamma\sigma_\varepsilon^2},\text{其中 } G_t=(1-\theta)\sum_{k=1}^{t-1}\theta^{k-1}(P_{t-k}-P_{t-k-1})+\theta^{t-1}G_1,\ 0<\theta<1 \tag{6-12}$$

上式的设定思路源于有关外推信念的文献(Barberis 等人，2015；Hong 和 Stein，1999)。不同之处在于，外推投资者在当期对于风险资产的需求源于历史价格变化的加权平均，并非局限于前一期的价格变化，因为实验证据表明，只有当投资者观察到价格经历持续与显著性上涨的时候才会进行外推，绝不只是对近期价格变化做出反应(De Long 等人，1990b)，这相比于 Cutler 等人(1990)、De Long 等人(1990b)与 Hong 和 Stein (1999)设定的外推投资者需求函数更加符合现实特征。此外，为了保持模型的简易性，我们并未设立连续区间背景。最后，$0<\theta<1$ 意味着外推系数 θ^{k-1} 属于递减序列，外推投资者更加注重近期价格变化，能够体现出非理性投资者的短视性偏差。

其次，我们对外推投资者需求函数的基准范式进行拓展：

所谓理性，指的是能够体现投资者作为“经济人”的一面；所谓非理性，指的是体现投资者“动物精神”的一面。早期的有限理性理论认为投资者试图追寻理性，却受到一系列限制。市场中很难找寻完全不受非理性因素影响、可以精确预测基本面因素的理性投资者，亦不存在完全依靠动物精神本能冲动交易的非理性投资者，我们更愿意将之理解为附加了理性色彩的噪音交易者。

所以，外推投资者除了根据外推历史价格变化做出决策之外，也会将一些关注放置于资产价格与基本面价值的比较，这种行为与(6-3)式无异，我们随之将第 i 个外推投资者的需求函数改写为：

$$Q_t^{e,i}=w_i\left(\frac{D_t-\gamma\sigma_\varepsilon^2(T-t-1)X-P_t}{\gamma\sigma_\varepsilon^2}\right)+(1-w_i)\left(\frac{G_t}{\gamma\sigma_\varepsilon^2}\right) \tag{6-13}$$

其中，外推投资者的需求由基本面交易者的价值投资与纯外推投资组成，$w_i \in (0,\ 1]$为第一部分的权重。我们假设该权重小于0.5，使之更加青睐于外推投资。对于$w_i \in (0,\ 1]$的不同赋值，则体现出外推者群体的异质性。

我们还可以将(6-13)式的两部分诠释为“信号”：第一部分是价值信号，第二部分是增长信号。这两个信号通常保持反向运行，如果资产价格显著高于基本价值，那么近期价格一定处在剧烈上涨阶段。价值信号将会产生较大的负值，告诫投资者减仓，但是增长信号会取较大的正值，推动投资者加仓。这两种效应相互交织，决定了外推投资者的需求变化。

随后，我们将$w_i \in (0,\ 1]$设置为时变性变量，(6-13)式进一步可以写为：

$$Q_t^{e,\,i} = w_{i,\,t}\left(\frac{D_t - \gamma\sigma_\varepsilon^2(T-t-1)X - P_t}{\gamma\sigma_\varepsilon^2}\right) + (1-w_{i,\,t})\left(\frac{G_t}{\gamma\sigma_\varepsilon^2}\right) \tag{6-14}$$

基于需求的不同成分与权重的时变性，外推投资者常常无所适从：不知何时该如何对不同的策略进行分配。尤其，我们假设这种无所适从导致外推投资者的关注度随机分配于上述两种信号。为了体现外推投资者的矛盾心理，我们假设：

$$w_{i,\,t} = \bar{w}_i + \mu_{i,\,t},\ \mu_{i,\,t} \sim N(0,\ \sigma_\mu^2) \tag{6-15}$$

其中，$\bar{w}_i \in (0,\ 1]$是外推投资者赋予价值信号的平均权重，第二项则是正态分布的噪音项。为了确保实际权重位于这一区间，我们对噪音项的分布进行了截断处理：

$$-0.9\min(\bar{w}_i,\ 1-\bar{w}_i) \leqslant \mu_{i,\,t} \leqslant 0.9\min(\bar{w}_i,\ 1-\bar{w}_i) \tag{6-16}$$

综上，外推投资者之间的差异体现在每一时期赋予价值信号的权重上。

最后，我们假设基本面交易者与外推投资者均面临卖空约束：

$$Q_t^f=\max\left\{\frac{D_t-(T-t-1)\gamma\sigma_\varepsilon^2 X-P_t}{\gamma\sigma_\varepsilon^2},\ 0\right\} \tag{6-17}$$

$$Q_t^{e,i}=\max\left\{w_{i,t}\left(\frac{D_t-\gamma\sigma_\varepsilon^2(T-t-1)X-P_t}{\gamma\sigma_\varepsilon^2}\right)+(1-w_{i,t})\left(\frac{G_t}{\gamma\sigma_\varepsilon^2}\right),\ 0\right\} \tag{6-18}$$

至此，理论模型的所有设定便阐述完毕。

二、市场均衡

为了简化，我们以 $i=0$ 作为基本面交易者的代号，以 $i=1,\cdots,I$ 作为外推投资者的代号。因此，$\sum_{i=0}^{I}\mu_i=1$。

命题 3：在上述刻画的经济环境中，始终存在具有唯一性的市场出清价格。设 $\overline{P}_i$ 为交易者 i 的卖空约束被触及之时所形成的风险资产价格，设 $Q_{\overline{P}_i}$ 为当风险资产价格等于 $\overline{P}_i$ 时所有交易者对于风险资产的总需求。若 $\max_{i\in\{0,1,\cdots,i\}}Q_{\overline{P}_i}<X$，当市场实现均衡时，所有交易者对于风险资产均存在正向需求，资产价格将等于：

$$P_t=D_t+\frac{\sum_{i=1}^{I}\mu_i(1-w_{i,t})}{\mu_0+\sum_{i=1}^{I}\mu_i w_{i,t}}G_t-\gamma\sigma_\varepsilon^2 X\frac{\sum_{i=1}^{I}\mu_i(1-w_{i,t})(T-t-1)+1}{\mu_0+\sum_{i=1}^{I}\mu_i w_{i,t}} \tag{6-19}$$

反之，设 i^* 为在 $i\in\{0, 1, \cdots, I\}$ 中、$Q_{\bar{P}_i}>X$ 程度最小的取值，设 I^* 为在 $i\in\{0, 1, \cdots, I\}$ 中对于风险资产价格为 $\bar{P}_{i^*}$ 具有严格为正需求的交易者集合。当市场实现均衡时，唯有处在 I^* 中的交易者对于风险资产具有正向需求，资产价格等于：

$$P_t=D_t+\frac{\sum_{i\in I^*}\mu_i(1-w_{i,t})}{\sum_{i\in I^*}\mu_i w_{i,t}}G_t-\gamma\sigma_\varepsilon^2 X\frac{\left(\sum_{i\in I^*}\mu_i w_{i,t}\right)(T-t-1)+1}{\sum_{i\in I^*}\mu_i w_{i,t}} \tag{6-20}$$

根据(6-16)式与(6-17)式，我们发现，如果风险资产价格足够低，那么对于风险资产的总需求 $\mu_0 Q_t^f+\sum_{i=1}^{I}\mu_i Q_t^{e,i}$ 可以取任意高的值。反之，总需求可以在资产价格很高的时候低至 0。并且，总需求是一个关于 P_t 的连续函数，具有严格递减特征，直至总需求为 0。因此，这些现象表明存在唯一的价格 P_t 使得 t 期的总需求等于总供给。

我们随之分析市场出清问题。因为 $\bar{P}_i$ 是交易者 i 的卖空约束被触及之时所形成的风险资产价格①，即：

$$\bar{P}_0=D_t-\gamma\sigma_\varepsilon^2(T-t-1)X \tag{6-21}$$

$$\bar{P}_i=D_t-\gamma\sigma_\varepsilon^2(T-t-1)X+\frac{1-w_{i,t}}{w_{i,t}}G_t,\ i\in\{1, \cdots, I\} \tag{6-22}$$

(6-21)式与(6-22)式便是基本面交易者与外推投资者触及卖空约束时的资产价格临界值。我们对这些临界价格进行排序：

---

① 此时的需求为 0。

$$\overline{P_{i(0)}} \geqslant \overline{P_{i(1)}} \geqslant \overline{P_{i(2)}} \geqslant \cdots \geqslant \overline{P_{i(I)}} \tag{6-23}$$

(6-23)式的下标 $i(l)$ 表示交易者面临卖空约束时临界价格第 $l+1$ 高的个体。如果 $Q_{\overline{P_{i(l)}}}$ 表示价格 $\overline{P_{i(l)}}$ 所对应的总需求，我们可得：

$$0 = Q_{\overline{P_{i(0)}}} \leqslant Q_{\overline{P_{i(1)}}} \leqslant Q_{\overline{P_{i(2)}}} \leqslant \cdots \leqslant Q_{\overline{P_{i(I)}}} \tag{6-24}$$

最后，令 $I(l)$ 为在 $\overline{P_{i(l)}}$ 时对风险资产具有正需求的交易者集合。须知，$I(0)$ 为空集，$I(l)$ 为 $I(l+1)$ 的子集。

现讨论两种情景。第一，假设 $\overline{Q_{i(I)}} < X$。此时的市场出清价格低于 $\overline{P_{i(I)}}$，均衡情形下的所有交易者都具有正向资产需求，市场出清价格 P_t 所对应的总需求等于：

$$\sum_{i=0}^{I} \mu_i \left\{ w_{i,t} \left(\frac{D_t - \gamma\sigma_\varepsilon^2 (T-t-1)X - P_t}{\gamma\sigma_\varepsilon^2} \right) + (1-w_{i,t}) \frac{G_t}{\gamma\sigma_\varepsilon^2} \right\},$$

其中 $w_{0,t}=1$。令此时的总需求等于总供给 X 可得(6-20)式。

第二，假设 $Q_{\overline{P_{i(l)}}} \leqslant X \leqslant Q_{\overline{P_{i(l+1)}}}$。那么市场出清价格将介于 $\overline{P_{i(l+1)}}$ 与 $\overline{P_{i(l)}}$ 之间。当市场实现均衡时，只有处在 I^* 中的交易者对风险资产存在正向需求。市场出清价格 P_t 所对应的总需求为：

$$\sum_{i \in I(l+1)} \mu_i \left\{ w_{i,t} \left(\frac{D_t - \gamma\sigma_\varepsilon^2 (T-t-1)X - P_t}{\gamma\sigma_\varepsilon^2} \right) + (1-w_{i,t}) \frac{G_t}{\gamma\sigma_\varepsilon^2} \right\} \tag{6-25}$$

令(6-25)式等于总供给可得(6-20)式。

证毕。

(6-19)式与(6-20)式右侧的第一项表明风险资产价格取决于最终现金流的预期值。第二项表示外推投资者需求所产生的影响：若历史价格经历显著上涨，G_t 将会很大，外推投资者在 t

期会买入大量风险资产，对价格施加上行压力。第三项表明对风险资产持有者承担风险所进行补偿的折价。

三、数值模拟

1. 参数设定

基于所得的资产基本面价值与均衡价格，我们将以数值模拟形式对模型的预测性进行研究。数值模拟前需要落实所有参数的赋值：与资产相关的参数为 D_0、X、σ_ε 与 T；与投资者相关的参数为 I、θ、σ_μ、$\bar{w}$、γ、μ_0 与 μ_i。

θ 决定了外推投资者预测未来价格变化时赋予近期价格变动的权重，进而影响增长信号的强度。Barberis 等人(2018)根据 Greenwood 和 Shleifer(2014)的调查数据得出 $\theta \approx 0.9$。鉴于中国市场数据的缺失，我们依然设定 $\theta \approx 0.9$。

我们假设 $\mu_0 = 0.1$，使得市场中剩余 90%的参与者由散户构成，这与中国市场的情形吻合。随后，设 $I = 50$，体现外推投资者群体是由 50 个异质主体构成，因此 $\mu_i = \frac{1-\mu_0}{I} = 0.018$，$i = 1, \cdots, I$。对于$\bar{w}_i$，我们赋值为 0.05。由于权重系数具有时变性，我们设 $\sigma_\mu = 0.03$。

关于其他参数：我们设定初始预期股息 $D_0 = 100$，现金流冲击的标准差 $\sigma_\varepsilon = 3$，风险资产供给 $X = 1$，风险厌恶系数 $\gamma = 0.1$，时期次数 $T = 50$。

2. 资产价格泡沫的分析

基于上述参数设定，我们将对(6-5)式与(6-20)式进行数值模拟，继续考察利好信息冲击下能否产生泡沫，鉴于投资者的卖空约束，本节不再讨论负泡沫。

根据图 6-5，实线为资产均衡价格，虚线为资产基本面价值①。模拟结果表明，当市场于第 11 期出现利好现金流冲击时，会导致资产价格上升，使得外推投资者在第 12 期大幅增加对于资产的需求，这种行为会将价格推至远高于基本面价值的水平。在随后的第 13—14 期，他们依旧保持情绪高涨，所以价格进一步上涨。当现金流冲击在第 15 期变为 0 时，价格快速上涨的态势被终止，这进一步削弱了外推投资者对于资产的需求。最终，随着外推投资者的减仓，泡沫开始破裂。

根据市场投资者结构，我们将泡沫划分为三个阶段。第一阶段，基本面交易者仍然在市场中：虽然风险资产被高估，但是高估程度尚不足以触及基本面交易者的卖空约束上限。根据图 6-5，这一阶段对应于第 11—12 期，此时的高估程度较轻，主要归功于基本面交易者将资产卖给外推投资者，吸纳了大部分需求压力。当资产价格被高估至基本面交易者离开市场时，泡沫开始进入第二阶段，对应于图 6-5 的第 13 期，此时的风险资产由外推投资者群体进行交易，价格高估程度与日俱增，并导致外推投资者的情绪日渐高涨，基本面交易者的力量已无法维系市场稳定。然而，随着现金流信息的流逝，价格上涨终究得以平息，由此使得外推投资者的情绪低落，导致泡沫破灭。

基于(6-19)式、(6-20)式，泡沫规模大小主要取决于增长信号的强弱。根据(6-10)式，增长信号的变化路径为：

$$G_{t+1}=\theta G_t+(1-\theta)(p_t-p_{t-1}) \tag{6-26}$$

(6-26)式第一项表明泡沫具有一种天然的紧缩性质，随着时间的推移，那些曾令外推投资者情绪激昂的价格变化已成过

---

① 这两条曲线均基于 50 期的现金流冲击：前 10 期的现金流冲击为 0，第 11—14 期的现金流冲击为 2、4、6、6，剩余的现金流冲击亦设定为 0。

去，会削弱外推投资者的情绪。然而，如果近期价格变化足够强烈，增长信号和泡沫的规模都能得以保持。一旦现金流信息冲击终止，近期价格上涨便越来越难以抵消泡沫紧缩的趋势。最终，价格开始下跌，外推投资者的情绪变得低落，使得泡沫开始破裂。

泡沫的第三阶段始于泡沫规模的持续紧缩，直至基本面交易者重新入场交易，对应于图 6-5 的第 23 期。此时市场中同时存在基本面交易者于外推投资者。

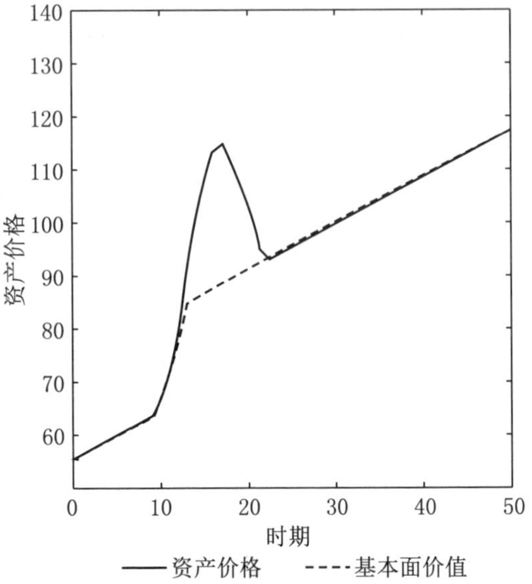

图 6-5　泡沫中的资产价格

3. 比较静态分析

上述分析表明，当利好现金流消息冲击到达市场之后，外推投资者的行为特征使得资产价格显著偏离于基本面价值。那么，我们有理由推断资产价格波动与外推投资者的行为特征有关。本文分别讨论针对：基本面交易者比例(μ_0)、外推投资者赋予价值投资的平均权重($\bar{w}$)、外推系数(θ)和外推投资者的情绪稳定性(σ_u)[①]这四种参数进行比较静态分析。模拟结果如图 6-6 所示[②]。

根据这一组图可知,随着基本面交易者的比例增加,会对资产价格波动进行更强的修正,价格高估程度随之降低。如果外推投资者赋予价值信号更高的权重,外推行为越不显著,价格高估的程度也越小。外推系数越大,外推投资者赋予近期价格变化更高的权重,由(6-26)式可知,此时价格持续上涨的幅度变小,价格高估程度也随之减弱。最后,如果外推投资者的情绪波动剧烈(σ_u 越大),其在不同时期对于价值信号与增长信号的配置表现出越明显的变动,从本期至下一期会大幅调整对两种信号所赋予的权重。外推投资者信念的波动引致过度交易,产生更强烈的价格高估。

命题 4:资产价格偏离基本面价值的程度是由外推投资者的行为特征所致,随着利好现金流冲击进入市场,外推信念会迅速推高风险资产价格,使之偏离基本面价值。随着信息冲击的流逝,资产价格依然保持上行,随后逐渐回落至基本面价值以下。价格波动程度与外推投资者自身特征密切相关。随着市场中外推投资者的比重上升、赋予价值信号的权重减少、外推系数越小、情绪越不稳定,价格高估的程度越大。

---

① 外推投资者的需求是由价值信号与增长信号共同决定,但是这两类信号对于需求的影响具有反向性,分别反映了投资者内心的恐惧与贪婪,恐惧与贪婪又可被视为投资者情绪状态。并且,σ_u 能够决定 $w_{i,t}$ 的分布,进而影响外推投资者对价值与增长信号的分配,最终对外推投资者情绪状态构成影响。因此,σ_u 可以被定义为投资者情绪稳定指标。

② 本文侧重于讨论资产价格持续上涨并显著偏离于基本面价值的情形,价格偏离于基本面价值的程度被称作“高估”,资产的最大高估值即是不同时期所形成的价格高估之最大值。

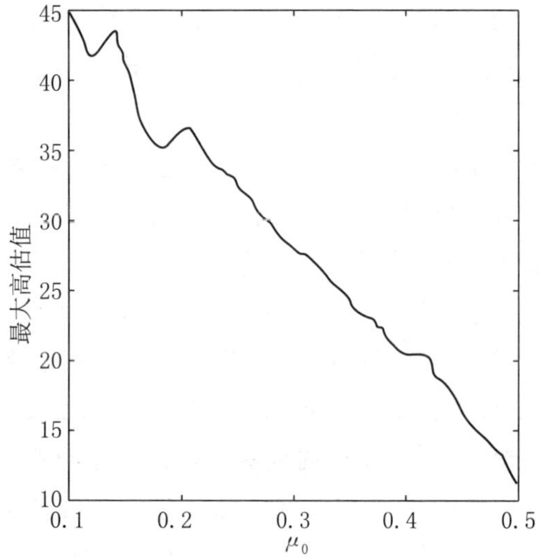
45
40
35
30
25
20
15
10
最大高估值
0.1
0.2
0.3
0.4
0.5
μ_0

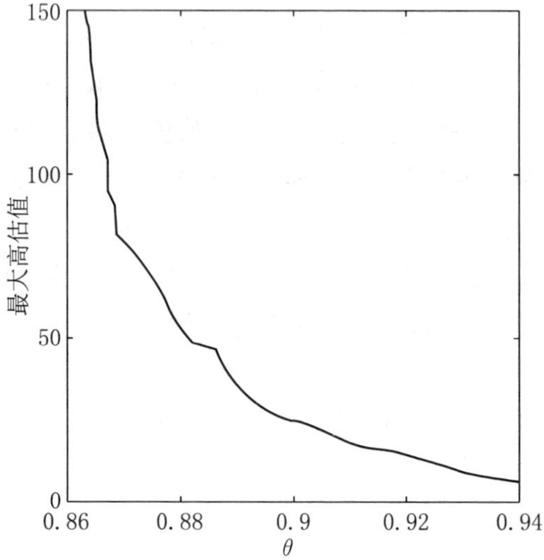
150
100
50
0
最大高估值
0.86
0.88
0.9
0.92
0.94
θ

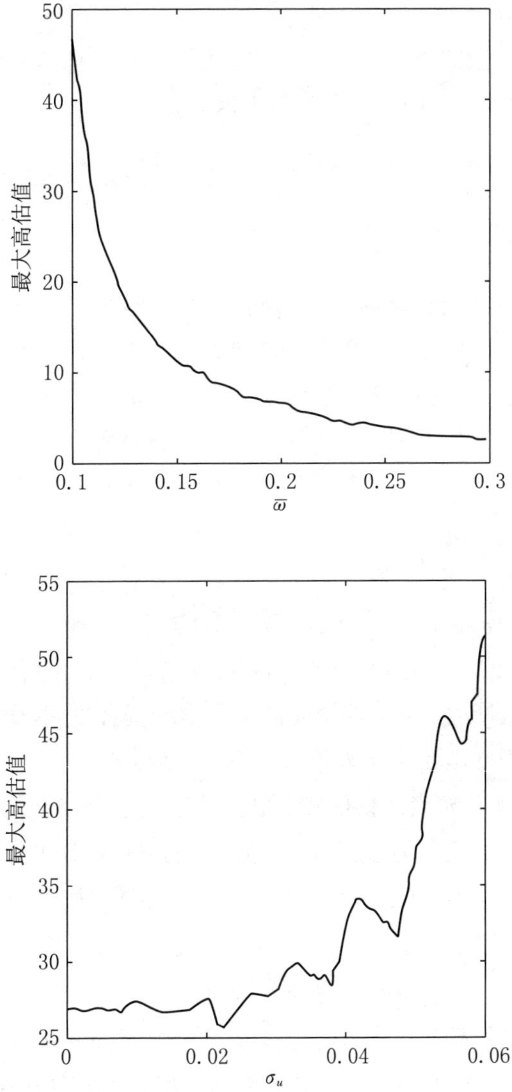
最大高估值
0
10
20
30
40
50
0.1
0.15
0.2
0.25
0.3
$\overline{\omega}$
最大高估值
25
30
35
40
45
50
55
0
0.02
0.04
0.06
σ_u

图 6-6　比较静态分析

4. 交易量

资产价格泡沫往往伴随着更高的交易量，这是我们讨论泡沫的一个重点所在，记 t 期的市场交易量为：

$$TV_t = \frac{1}{2}\left(\mu_0 \mid Q_t^f - Q_{t-1}^f \mid + \sum_{i=1}^{I} \mu_i \mid Q_t^{e,\,i} - Q_{t-1}^{e,\,i} \mid\right) \tag{6-27}$$

每一时期的总交易量是由两部分构成：外推者之间所形成的交易量；外推者作为整体与基本面交易者之间的交易量。图 6-7 虚线表示外推投资者之间所产生的交易量。

根据图 6-7，交易量的第一次峰值出现于第 13 期，对应于泡沫的第一阶段，反映出外推投资者作为整体与基本面交易者之间的交易。利好现金流消息的到达推高资产价格，进而使得外推投资者买入资产、基本面交易者卖出资产。然而，不久以后，交易的第一波浪潮随着基本面交易者的离场而褪去。

在第二阶段，泡沫继续扩大规模，交易量再度增长，于第 17 期达到第二次峰值。此时的交易源于外推投资者之间，交易量的增加在很大程度上是由于外推投资者的“摇摆不定”所致。有趣的是，尽管外推投资者的权重波动幅度保持恒定，此阶段的交易量仍然高于第一阶段。为了理解这一点，我们将(6-17)式简写为 $w_{i,t}V_t+(1-w_{i,t})G_t=w_{i,t}(V_t-G_t)+G_t$。外推投资者赋予价值信号的权重每增加一个单位，便会导致外推投资者的需求增加(V_t-G_t)。在资产价格保持稳定的时候，现金流冲击处于适度水平，价值和增长信号都处在较小的绝对值：因为风险资产既未被高估也未被低估，价值信号趋近于 0；价格在近期也没有经历暴涨暴跌，增长信号也趋近于 0。因此，(V_t-G_t)的绝对值很小，此时外推投资者改变信号权重对资产需求构成的影响很微弱。

然而，一旦市场中形成了泡沫，情形则全然不同。由于资产被严重高估，价值信号较大且为负，增长信号较大且为正。因此，$(V_t - G_t)$的绝对值很大，信号权重的轻微改变会导致成交量的暴涨。由此解释了第二阶段的交易量峰值。

一旦泡沫开始破裂，第二轮交易量热潮亦随之流逝：随着泡沫规模的紧缩，价值和增长信号的绝对值开始变小，$(V_t - G_t)$的绝对值也开始变小，外推投资者矛盾心理对其需求的影响很弱。图 6-7 表明，一旦泡沫开始破裂，将出现第三轮交易，出现于第 23 期，由卖出资产的外推投资者与重回市场进行交易的基本面交易者所形成。第三次峰值高于第一次，因为第一次峰值是由适度持有资产转向大量持有资产的外推投资者所致。第三次峰值是因为外推投资者预测未来价格下跌从而卖出资产时，从持有大量资产转为持有适量资产。因此，第三轮交易更为激烈。

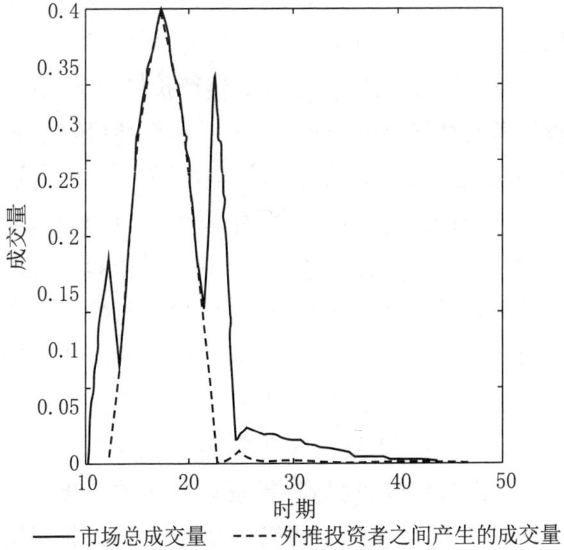

图 6-7　泡沫时期的交易量

综上，我们将有关交易量的讨论进行如下整理：

命题 5：基于利好信息冲击的作用，资产价格持续上涨并偏离于基本面价值，形成了资产价格泡沫。随着资产价格泡沫的形成，市场中的交易变得逐渐炽热；随着利好信息的缺失，资产价格无法持续上涨，外推投资者开始卖出风险资产，使得资产价格逐渐下跌并低于基本面价值。当资产价格泡沫破裂之后，交易量亦随之减少。泡沫期间的成交量主要产生于外推投资者之间。

第四节　本章小结

本章以外推信念作为情绪反馈的微观作用机理，从理论至实证层面对资产价格泡沫展开了讨论。在基准模型中，我们讨论了不同类型信息冲击下的基本面交易者与外推投资者之间的相互作用对资产价格所构成的影响，研究结果表明：利好（利空）的基本面信息注入市场之后，会导致资产价格的上涨（下跌），刺激外推投资者的情绪高涨（低落），进一步推高（压低）价格。伴随着这种场景的持续上演，正或负的泡沫随之产生。然而，基准模型的设定过于理想化，且未能全面刻画泡沫的特征，我们随之构建了包含基本面交易者与多个异质信念外推投资者的资产定价模型。其中，外推投资者通过对价值投资与外推投资进行加权平均形成对于风险资产的需求，基本面交易者执行理性的套利交易。数值模拟结果表明，利好现金流冲击会导致资产价格迅速上涨，外推投资者大量买入资产、基本面交易者由于卖空约束选择将资产出售给外推投资者，资产价格进一步偏离基本面价值。利好信息消逝之后，价格仍然保持上行，外推投资者情绪保持高涨。最终，随着价格增速放缓，外推投资者情绪回落，资产价格开始下跌。总之,外推信念在现金流冲击的作用下产生了资产价格泡沫,并伴随着交易量的高涨。此外,在这两种模型中,资产价格泡沫动态均与外推投资者市场比例、赋予价值信号的权重、外推系数与异质信念因素密切相关。

第七章　投资者情绪、资产价格与成交量

第五至六章所得到的核心结论为：第一，利好（利空）信息冲击或者由理性投机者诱导所引发的外推投资者的情绪波动（高涨或低落），使之大量买入（卖出）资产，资产价格与投资者情绪之间产生相互强化的过程，历史价格上涨（下跌）刺激着投资者信心或预期的高涨（下跌），进一步推高（拉低）价格，投资者信心与预期也随之变得更为极端（席勒，2016），正负泡沫的形成与破裂与情绪的累积性变化密切相关；第二，泡沫期间伴随着成交量高涨，交投炽热主要发生于外推投资者之间。为了对资产价格泡沫的形成机制进行检验，本章借鉴 Berger 和 Turtle（2015）的方法对 BW 情绪指数进行拓展，从总量至横截面层面讨论投资者情绪的累积性高涨（低落）与未来资产组合收益之间的关系。然而，完整的泡沫场景应该包含资产价格的持续性上涨并偏离基本面价值，最终伴随更为剧烈的下跌，情绪累积性变化与未来资产收益之间可能并不存在线性关系，这引导我们对这两者之间的逻辑展开讨论。为了证实泡沫期间的成交量，本章分别讨论了 2007 年和 2015 年两轮泡沫中的行业股票历史回报率与当期成交量之间的关系，并按照规模和收益对样本股进行排序分组，对两轮泡沫期间的小盘股和高收益股、大盘股和低收益股的超额成交量进行对比，旨在间接证实泡沫期间的交易量高涨主要由外推投资者产生。

第一节　文献回顾

自从 De Long 等人(1990a)通过建立时代交叠模型(overlapping generations model)证实了噪音交易者风险能够系统性影响资产收益以来,学者们以此为基础进行了大量的关于投资者情绪与资产收益之间关系的实证研究。总的来说,总量层面的实证工作表明投资者情绪的高涨会伴随着未来资产负收益的出现,体现出情绪指数所富有的反向预测能力(Brown 和 Cliff, 2005)。不仅投资者情绪对于资产价格的影响已得到充分论证,而且这种影响程度在横截面上也会表现出差异性(Baker 和 Wurgler, 2006)。由此,BW(2006)从横截面角度证实了投资者情绪对于那些定价过于主观、难以套利的资产收益具有更显著的影响。

尽管投资者情绪与资产收益之间关系的实证研究成果斐然,但是所涉及的情绪指数仍然不适用于解释资产价格泡沫。首先,现有实证研究所使用的均是投资者情绪指数,表示某一时期的情绪水平(sentiment level)。但是投资者情绪所产生的系统性影响只是加剧了资产价格波动率,不一定会形成资产价格泡沫,泡沫仅仅是资产价格异常波动的一个子集(Kaliva 和 Koskinen, 2008)。其次,根据第五至六章的研究,反馈交易者的存在使得资产价格形成了泡沫,情绪反馈在连续的现金流冲击作用下对泡沫进行了更为有效的诠释,但是能够产生泡沫的背后机制将可以通过情绪的累积性变化所解释。诚如 Black(1986)所言,只有当投资者情绪出现累积性增长时,才会对资产价格构成极其显著的影响。显然,现有的情绪指数还不具有可行性。第三,在投资者情绪通过累积性的增长对资产价格构成影响之时，加之理性交易者的推波助澜，情绪可能会在一段时期成为未来资产收益的正向指标，两者的关系会随着时间的推移逐渐由正转负。因此，Baker 和 Wurgler(2006，2011)的情绪理论无法对此进行解释。第四，由于不同估值阶段下的市场投资者构成存在差异，使得情绪与股市波动之间的关系也表现出不一致性(胡昌生和池阳春，2014)。然而，胡昌生和池阳春(2014)依然采用了情绪水平指数，无法对不同估值水平下的泡沫进行解释。

第二节　资产价格泡沫的形成机制

一、变量介绍与数据来源

此处所涉及的变量包含：投资者情绪变化指数、投资者情绪累积指数、股票日频收益率、股票月频收益率、无风险利率、股票市场综合收益率、股票月频流通市值、股票波动率、Amihud 非流动性指标。为了保证样本股票数据的准确性与连续性，我们在所有 A 股中剔除了 ST 股、金融股及地产股，共得到 4620 只样本股。样本数据均来源于 CSMAR 数据库，样本覆盖区间为 2003 年 2 月至 2021 年 12 月。

(一) 投资者情绪累积指数

投资者情绪累积指数是本节的核心变量，以 Baker 和 Wurgler(2007)的情绪变化指数为依托。情绪指数的代理变量来源于第三章，我们分别对情绪代理变量求取一阶差分，并对差分项进行主成分分析，结果如下：

表 7-1　代理变量差分的主成分分析结果

主成分	特征根	方差解释度	累计解释度
Comp 1	2.450	0.613	0.613
Comp 2	1.155	0.289	0.901
Comp 3	0.267	0.067	0.968
Comp 4	0.127	0.032	1.000

随后，以第一主成分作为情绪变化指数：

$$\begin{aligned}\Delta Senti_t = & 0.344\times\Delta Turn + 0.554\times\Delta Dcef \\ & + 0.569\times\Delta Nia + 0.501\times\Delta Cci \end{aligned} \tag{7-1}$$

基于公式(7-1)，对之进行拓展：第一，定义投资者情绪累积性高涨指数为 $Accum\_Pos_{t-1}$，表示投资者情绪截至 $t-1$ 期时所经历的连续性增长。以样本周期的第一个月为起点，设定 $Accum\_Pos_{t-1}=0$。对于之后的每个月度来说，我们将 $\Delta Senti_t$ 连续大于 0 的序列进行累加，一旦某一月度投资者情绪出现递减($\Delta Senti_t<0$)，则再次使得 $Accum\_Pos_{t-1}=0$。至此，我们可以提取投资者情绪持续性高涨的部分，为刻画利好信息冲击下的泡沫奠定基础。第二，定义投资者情绪累积性低落指数为 $Accum\_Neg_{t-1}$，表示投资者情绪截至 $t-1$ 期时所经历的持续性下跌。在样本区间的起始点，设定 $Accum\_Neg_{t-1}=0$。随后，将连续出现 $\Delta Senti_t<0$ 的数值序列进行累加。一旦 $\Delta Senti_t>0$，便使得 $Accum\_Neg_{t-1}=0$。由此可以提取投资者情绪持续性低落的部分①，有助于刻画利空信息冲击所产生的负泡沫。

（二）资产组合变量

为了从总量至横截面层面开展实证分析，必须确定所需讨

① 出于便利性考虑，我们在面对连续出现的 $\Delta Senti_t<0$ 进行累加时，对之取绝对值。

论的因变量。总量层面，我们分别引入市场综合等权回报率与加权回报率：整个市场所有股票的流通市值加权平均回报率以及等权平均回报率，计算范围为全部A股。横截面层面，我们在每一月份分别按照上一月末的股票流通市值、流动性与波动性将样本股分为10组，利用个股的月频收益率计算每一组合的等权回报率。随后，我们对本节的核心变量进行描述性统计，为了节省篇幅，我们只展示横截面分组所产生的极端资产组合。

根据表7-2，等权市场回报率的均值与标准差分别为1.416与9.477，高于价值加权市场回报率的0.861与7.959，这是因为等权市场组合赋予了小盘股较高的权重，使之产生相对剧烈的波动，表明当我们使用加权组合回报率而不是等权组合回报率时，市场中一些异象的程度会减轻甚至消失(胡昌生和池阳春，2014；Fama，1998)。对于其他资产组合来说，小盘股、低流动性股与高波动性股也表现出更高的收益率均值与标准差，这是由个体投资者的投机性特征所致，他们的交易行为更容易受到赌博偏好、投资娱乐等因素的影响，热衷于进行“以极小概率获取高回报、以极大概率承担较小损失”的投资(Markowitz，1952)，这完全符合低市值、低流动性与高波动性的股票特征，由于个体投资者持有这些具有高风险的组合，自然会使得这类组合产生较高的平均回报率。

表7-2　描述性统计

变量	均值	标准差	最小值	最大值
小盘股	3.763	13.046	−22.862	97.46
大盘股	0.9	8.365	−28.666	32.502
低流动性股	4.171	12.048	−23.399	89
高流动性股	0.425	9.109	−32.06	31.589
高波动性股	10.884	14.311	−26.616	62.595

（续表）

变量	均值	标准差	最小值	最大值
低波动性股	−0.074	7.607	−23.406	48.249
情绪变化指数	0	1.522	−9.701	10.071
情绪累积性高涨指数	0.795	1.494	0	10.071
情绪累积性低落指数	−0.776	1.388	−9.701	0
无风险利率	0.002	0.001	0.001	0.003
价值加权市场回报率	0.861	7.959	−26.809	29.604
等值加权市场回报率	1.416	9.477	−28.836	34.416

二、实证检验

（一）投资者情绪累积性高涨与资产收益

我们将通过如下实证模型对利好信息冲击下的泡沫进行检验：

$$rt_{i,t}-rf_t=\alpha+\beta_1 Accum\_Pos_{t-1}+\beta_2(Accum\_Pos_{t-1})^2+\varepsilon_{i,t} \tag{7-2}$$

其中，$rt_{i,t}$为组合 i 在 t 期的回报率，rf_t 为 t 期的无风险利率，$Accum_Pos_{t-1}$为情绪累积性高涨指数，$\varepsilon_{i,t}$为随机扰动项。我们将分别讨论价值加权、等值加权市场回报率以及三种分类情形下的横截面组合回报率与情绪累积性高涨指数之间的关系。

表 7-3　情绪累积性高涨与资产组合回报

	(1)	(2)	(3)
Portfolio	Intercept	$Accum\_Pos_{t-1}$	$(Accum\_Pos_{t-1})^2$
EMkt	0.178	3.372**	−0.520*
	(0.23)	(2.45)	(−1.86)
VMkt	−0.167	2.612**	−0.438*
	(−0.26)	(2.32)	(−1.91)

（续表）

Portfolio	(1) Intercept	(2) $Accum\_Pos_{t-1}$	(3) $(Accum\_Pos_{t-1})^2$
Small	2.109**	4.616**	−0.745*
	(1.96)	(2.43)	(−1.93)
Large	−0.281	2.990**	−0.451*
	(−0.41)	(2.45)	(−1.82)
Lowliq	−1.221**	4.472**	−0.663*
	(2.47)	(2.56)	(−1.87)
Highliq	−0.881	3.534***	−0.572**
	(−1.17)	(2.66)	(−2.12)
Highvol	9.039***	5.144**	−0.799*
	(7.68)	(2.48)	(−1.90)
Lowvol	−1.221*	3.308***	−0.491**
	(−1.94)	(2.75)	(−2.18)

注：*、**、*** 分别表示10%、5%、1%的显著性水平。括号中给出的是经过 Newey-West 调整后的 t 统计量。

根据表7-3，首先观察总量层面的实证结果。等权与加权市场组合下的 β_1 符号均为正，且具有5%水平上的显著性，说明情绪累积性高涨能够在初期对未来市场回报率构成显著为正的影响，使得价格持续性上涨；β_2 符号为负，具有10%水平上的显著性，说明情绪累积性高涨会在长期对未来市场回报率构成显著为负的影响，促使价格下跌。所以，情绪累积性高涨能够从总量层面刻画出泡沫的形成与破裂。值得注意的是，等权市场组合的 β_1 和 β_2 的系数绝对值均大于加权市场组合（3.372＞2.612，0.520＞0.438），这说明加权市场组合更容易受到情绪的影响，使得异象程度更加明显，产生了更大规模的泡沫。我们以此将等权组合作为本节的考察对象。

在横截面层面，规模、流动性与波动性分组所产生的三类投资组合的 β_1 和 β_2 同样具有显著为正以及显著为负的表现，情绪累积性高涨同样能够对不同特征的组合回报构成显著的非线性影响，形成泡沫。并且，对于个体投资者所青睐的小盘股、低流动性股与高波动性股来说，β_1 和 β_2 系数的绝对值亦大于大盘股、高流动性股与低波动性股，同样证实了情绪累积性高涨对资产组合收益的影响存在横截面差异。总体来看，尽管 β_2 系数的符号与预期相吻合，且具有显著性，但是其绝对值与 t 统计量均远远小于 β_1，这说明了市场中所产生的泡沫不易破裂，体现出中国基本面交易者的力量薄弱，其反向套利未能及时、有效地对价格高估进行修正，使之迅速回归基本面价值。

最后，我们将上述实证检验的结果以拟合图的形式进行展现，帮助我们更好地判断理论部分的结论是否具有现实证据。根据图 7-1，情绪的累积性高涨能够在初期推动收益持续性上涨，导致泡沫的形成，当情绪与资产收益达到顶点时，价格下跌导致资产收益减少，这与图 6-1 所得到的结论完全吻合。并且，主要被非理性的个体投资者所持有的等权市场组合、小盘股、低流动性与高波动性组合所产生的泡沫规模更大，更加难以破裂（未能与 0 轴相交），而主要被机构投资者持有的价值加权市场组合、大盘股、高流动性股与低波动性组合的泡沫规模较小，也更加容易破裂，这两者的区别与上一章的比较静态分析所得结论亦高度吻合。

至此，利好信息冲击下的资产价格泡沫及其比较静态分析的结论得以验证。

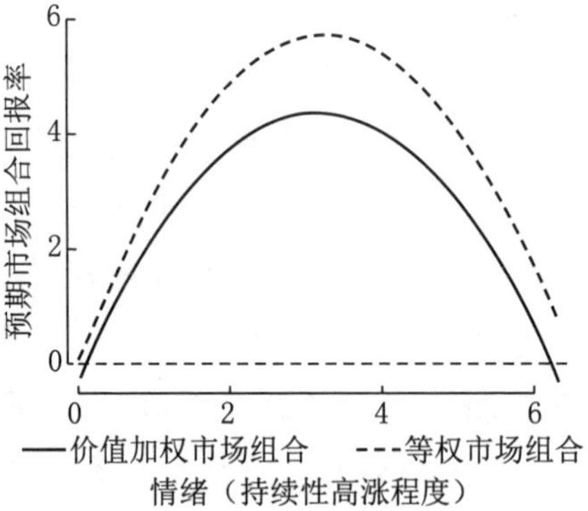
预期市场组合回报率
6
4
2
0
0
2
4
6
—价值加权市场组合
---等权市场组合
情绪（持续性高涨程度）

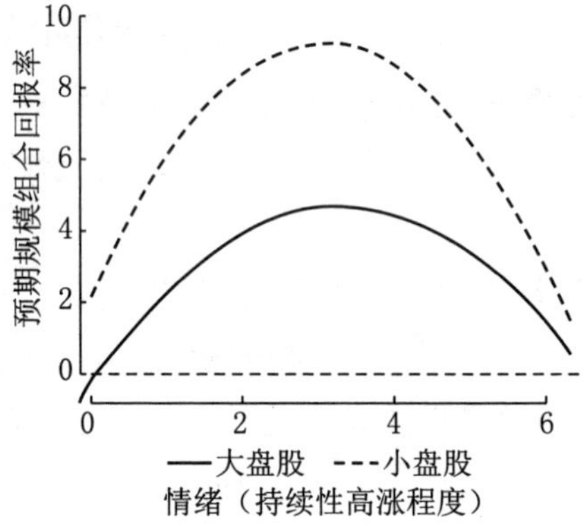
预期规模组合回报率
10
8
6
4
2
0
0
2
4
6
—大盘股
---小盘股
情绪（持续性高涨程度）

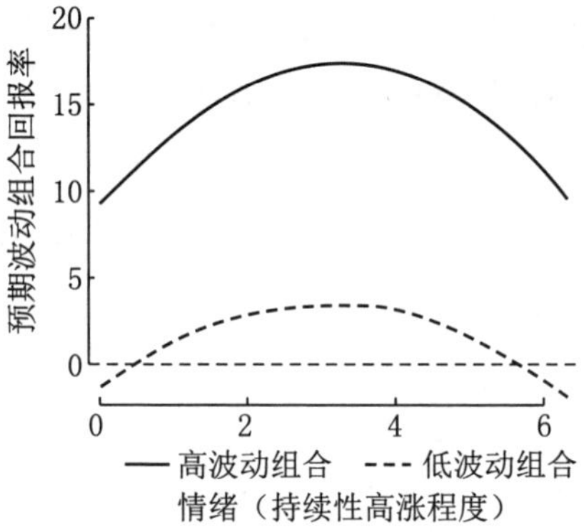
预期波动组合回报率
20
15
10
5
0
0
2
4
6
—高波动组合
---低波动组合
情绪（持续性高涨程度）

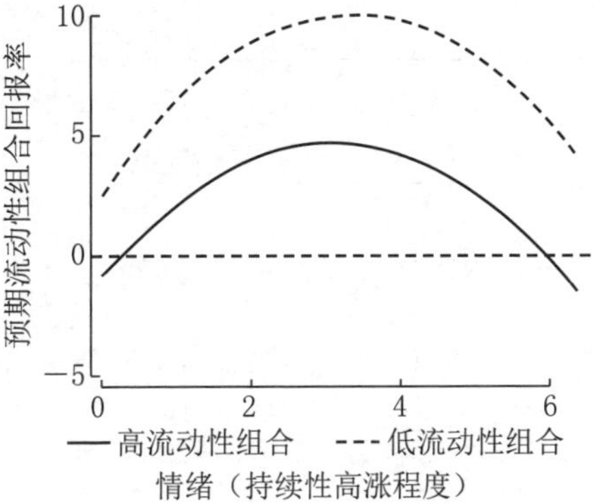

图 7-1　情绪累积性高涨与资产组合收益(拟合)

（二）投资者情绪累积性低落与资产收益

现在将场景由情绪持续性高涨切换至持续性低落，讨论情绪累积性低落与资产收益之间的关系，实证模型如下：

$$rt_{i,t}-rf_t=\alpha+\beta_1 Accum\_Neg_{t-1}+\beta_2(Accum\_Neg_{t-1})^2+\varepsilon_{i,t} \tag{7-3}$$

表 7-4　情绪累积性低落与资产组合回报

	(1)	(2)	(3)
Portfolio	Intercept	$Accum\_Neg_{t-1}$	$(Accum\_Neg_{t-1})^2$
EMkt	2.221***	−2.013**	0.300*
	(2.84)	(−2.00)	(1.91)
VMkt	1.580**	−1.847**	0.283**
	(2.41)	(−2.19)	(2.15)
Small	4.857***	−2.357**	0.295**
	(4.22)	(−2.04)	(2.04)
Large	1.532**	−1.701*	0.274**
	(2.29)	(−1.87)	(2.39)
Lowliq	5.441***	−2.657**	0.318**
	(5.14)	(−2.39)	(2.33)

（续表）

Portfolio	(1) Intercept	(2) $Accum\_Neg_{t-1}$	(3) $(Accum\_Neg_{t-1})^2$
Highliq	1.011	−1.637*	0.271**
	(1.41)	(1.65)	(2.18)
Highvol	11.969***	−1.729	0.118
	(10.12)	(−1.13)	(0.50)
Lowvol	0.588	−1.786**	0.284**
	(0.94)	(−2.22)	(2.25)

注：*、**、*** 分别表示 10%、5%、1%的显著性水平。括号中给出的是经过 Newey-West 调整后的 t 统计量。

根据表 7-4，β_1 与 β_2 系数的符号与表 7-3 相反，说明情绪的累积性低落能够在短期对未来资产组合收益构成反向影响，在长期对未来资产组合收益形成正向影响，形成负泡沫。在总量层面，等权市场组合的 β_1 与 β_2 系数的绝对值均大于加权市场组合，说明泡沫在等权市场组合中体现得更加明显，再次证实了Fama(1998)的思想。在横截面层面，小盘股、低流动性股与高波动性股均产生了比大盘股、高流动性股与低波动性股更加显著的负泡沫(通过对比 β_1 与 β_2 系数的绝对值)，证实了情绪持续性悲观对于未来资产组合收益所具有的横截面效应。然而，情绪累积性悲观却无法对高波动性股票组合收益构成显著的非线性影响，这或许通过现实中的卖空约束进行解释。

我们仍然将实证结果通过拟合图的形式进行深入讨论。图 7-2 表明，无论是总量还是横截面组合，情绪累积性悲观均可以产生负泡沫。具体来看，等权市场组合、小盘股、低流动性与高波动性组合所产生的泡沫规模大于加权市场组合、大盘股、高流动性与低波动性组合，与图 7-4 的比较静态分析结果相一致。并且，将图 7-2 与图 7-1 进行对比，情绪的持续性高涨与悲观对于同样的资产组合回报率所产生的影响具有非对称性，以小盘股为例：情绪累积性高涨的时候，小盘股的回报率从2%上涨至9%，增加7个百分点；情绪累积性悲观的时候，小盘股的回报率从5%下跌至0.1%左右，减少4.9个百分点。这与图6-1和图6-3之间的差异相同。最后，对于大盘股、低波动性股与高流动性股票组合来说，其抛物线的拐点均位于小盘股、高波动性股与低流动性股票组合的左侧，证实了大盘股、低波动性股与高流动性股票组合的泡沫能够更早地进入破灭阶段，体现出这类组合中的理性交易者具有较强的套利能力，能够对偏离基本面价值的价格进行及时修正，为我们证实上一章的比较静态分析提供另一种解释路径。

至此，理论模型中的命题2得以验证。

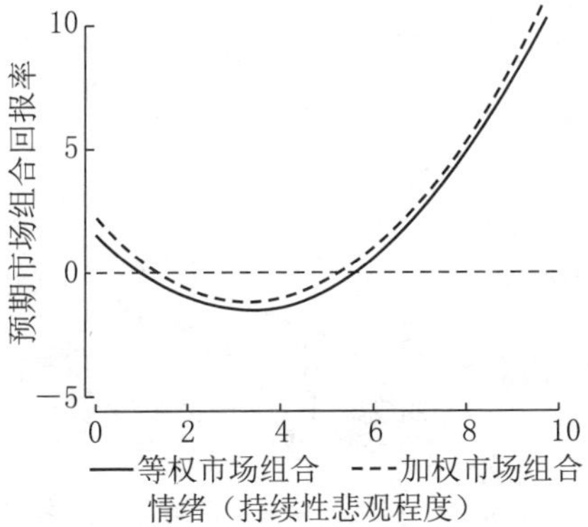

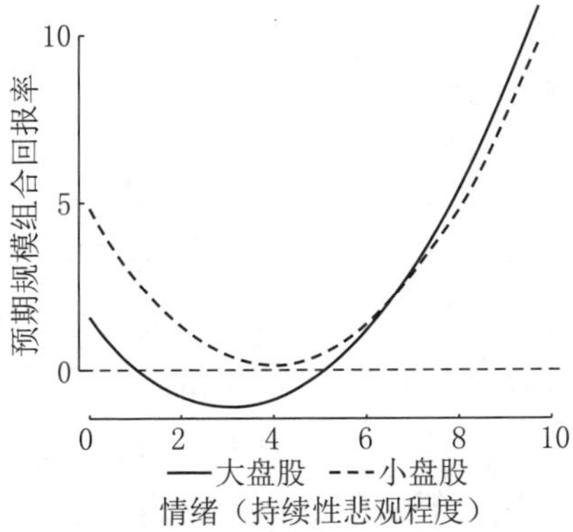

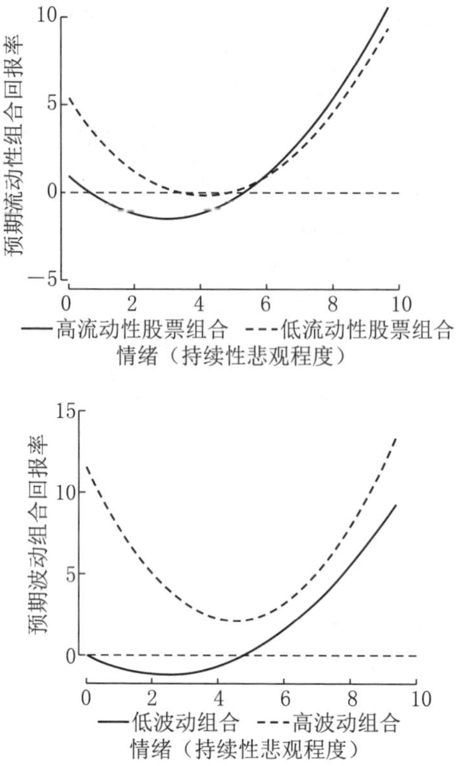

图 7-2　情绪累积性悲观与资产组合收益(拟合)

三、稳健性检验

为了进一步检验第五至六章核心命题的有效性，我们将从如下三个方面进行稳健性检验。但是，为了突出投资者情绪所扮演的角色且符合市场现实，该部分只报告情绪累积性高涨场景下市场综合组合与情绪敏感性较高的投资组合的检验结果。

首先，我们在实证模型(7-2)的基础之上，加入按照流通市值加权的市场风险溢价因子(rmrf)、市值因子(smb)、账面市值比因子(hml)与动量因子(umd),以此考察在 4 个不同的风险因子的影响之下,实证结果是否依然保持稳健。这 4 个风险因子的样本数据来自 CSMAR 数据库。

$$rt_{i,t}-rf_t=\alpha+\beta_1 Accum\_Pos_{t-1}+\beta_2(Accum\_Pos_{t-1})^2+\beta_3 rmrf_t+\beta_4 smb_t+\beta_5 hml_t+\beta_6 umd_t+\varepsilon_{i,t} \quad (7\text{-}4)$$

表 7-5 稳健性检验 1

	(1)	(2)	(3)	(4)	(5)	(6)	(7)
Portfolio	Intercept	$Accum\_Pos_{t-1}$	$(Accum\_Pos_{t-1})^2$	$rmrf_t$	smb_t	hml_t	umd_t
Small	1.896***	2.782**	−0.556**	92.946***	136.621***	−32.236*	5.904
	(2.99)	(2.50)	(−2.48)	(14.92)	(12.23)	(−1.80)	(0.58)
Lowliq	3.492***	3.581***	−0.555**	95.684***	82.318***	−82.404***	−3.956
	(5.25)	(3.07)	(−2.37)	(14.67)	(7.04)	(−4.39)	(−0.38)
Highvol	9.071***	2.467**	−0.474**	139.27***	60.529***	−44.016**	−3.659
	(14.24)	(2.21)	(−2.11)	(22.29)	(5.40)	(−2.45)	(−0.36)

注:*、** 和 *** 分别表示在 10%、5%与 1%水平上的显著性,括号中给出的是变量所对应的 t 统计量。

从表 7-5 的实证结果可以看出,回归结果均未由于风险因子的加入发生变化。比如,对于小盘股组合来说,β_1 的系数依然显著为正、β_2 的系数依然显著为负,继续表现出情绪累积性增长与未来资产收益之间的非线性关系。情绪指数所对应的 β_3 系数也保持显著为正的符号,再次证实了情绪在一定时期内能够正向影响未来资产收益。其余的低流动性组合与高波动率组合的结果与小盘股组合相同,不再赘述。

第二,基于第六章构建的情绪累积变量,我们以相似的方式通过投资者情绪变动指数构造情绪连续增长的月份变量:$Number_{t-1}$。该变量表示投资者情绪截至 $t-1$ 期所产生的连续性增长期数，一旦某一期的情绪变动指数为负，便重置为 0。

表 7-6　Number 描述性统计

Variable	Mean	Std.Dev.	Min	Max
Number	0.953	1.354	0	7

根据 De Long 等人(1990b)的研究，理性交易者在面临反馈交易者的时候，会由于盈利动机选择骑乘泡沫，对反馈交易者进行交易诱导，不仅形成了泡沫，还出现了理性投资者的延迟套利行为。我们由此推断，情绪周期的长度与未来资产收益相关，以 $Number_{t-1}$ 替代模型(7-2)中的 $Accum\_Pos_{t-1}$：

$$rt_{it}-rf_t=\alpha+\beta_1 Number_{t-1}+\beta_2 Number_{t-1}^2+\varepsilon_{it} \quad (7\text{-}5)$$

表 7-7　稳健性检验 2

	(1)	(2)	(3)
Portfolio	Intercept	Number_{t-1}	Number_{t-1}^2
EMkt	−0.421	2.227*	−0.358
	(−0.49)	(1.94)	(−1.52)
Small	1.904	4.629***	−0.842*
	(1.43)	(2.36)	(−1.88)
Lowliq	2.780**	5.379***	−0.798*
	(2.21)	(2.90)	(−1.88)
Highvol	8.401***	5.282**	−0.937*
	(5.98)	(2.55)	(−1.98)

注：*、** 和 *** 分别表示在 10%、5%与 1%水平上的显著性，括号中给出的是变量所对应的 t 统计量。

根据表 7-7 的实证结果，我们可以得出：从总体上来看，回归结果依旧与最初的实证结果相吻合，所有投资组合的 β_1 系数均保持显著为正的特征，但是市场组合的 β_2 系数只保持了符号的一致、却不具有显著性。从情绪指数的 β_2 来看，除了市场组合之外，其余投资组合均保持了显著为负的特性。因此，第二步的稳健性检验也从整体上论证了之前的研究结论。

第三，根据情绪累积性指数的描述性统计可知，情绪的连续性增长最多可以达到 7 个月，使得样本中存在一些极端异常值。因此，我们将情绪连续性增长至少 6 个月的样本值剔除，以考察在没有极端值的情形下，情绪的累积性增长与未来资产收益可以呈现出怎样的关系。

表 7-8　稳健性检验 3

	(1)	(2)	(3)
Portfolio	Intercept	$Accum\_Pos_{t-1}$	$(Accum\_Pos_{t-1})^2$
EMkt	−0.505	4.441***	−0.925***
	(−0.67)	(3.19)	(−3.13)
Small	1.853	7.696***	−1.570***
	(1.52)	(3.45)	(−3.32)
Lowliq	2.876**	8.445***	−1.463***
	(2.49)	(3.99)	(−3.26)
Highvol	8.320***	9.001***	−1.808***
	(6.50)	(3.83)	(−3.63)

注：*、** 和 *** 分别表示在 10%、5%与 1%水平上的显著性，括号中给出的是变量所对应的 t 统计量。

根据表 7-8 的实证结果，依然可以合理论证本章的实证结果。具体来看，在剔除了解释变量的极端值之后，情绪累积性增长与未来资产收益之间表现出更显著的非线性关系。

第三节　稳定的理性投机：市场证据

根据第五章的结论，理性投机可以在噪音交易者淡出市场时发挥稳定市场的作用。由胡昌生和池阳春(2014)可知,市场的低估值阶段会导致非理性投资者淡出市场,由理性投资者占据主导,反之亦然。那么,是否意味着投资者情绪无法在低估值时期影响资产价格,使得资产价格保持稳定?我们将对此进行讨论。

回眸十余年的中国股票市场,最令股民难以忘却的当属2007年10月。在此之前,中国A股市场历经了一次迅猛的上涨,市场估值水平也随之上扬,并于2007年10月达到6124的历史制高点。自此之后,中国A股市场经历了一段持续性的低迷时期,估值水平随之下降。根据胡昌生和池阳春(2014),我们将2003年1月至2007年10月、2007年11月至2011年12月切分为高估值与低估值阶段,分别讨论这两个区间下的投资者情绪累积性增长与资产收益之间的关系。

实证模型来源于(7-2)式,我们将针对不同时期进行实证检验,结果如表7-9所示。

表7-9 稳定的理性投机:市场证据

2003年1月—2007年10月				2007年11月—2011年12月			
Portfolio	Intercept	Accum_Pos	$(\text{Accum\_Pos})^2$	Portfolio	Intercept	Accum_Pos	$(\text{Accum\_Pos})^2$
EMkt	0.0185	6.197***	−1.361***	EMkt	−0.0239	1.613	−0.046
	(−0.55)	(2.73)	(−3.10)		(−1.29)	(0.52)	(−0.07)
Small	0.0165	8.516**	−1.834***	Small	0.001	1.526	0.067
	(0.78)	(2.35)	(−2.61)		(0.06)	(0.43)	(0.09)
Large	0.0199	6.571***	−1.393***	Large	−0.0237	1.108	0.0553
	(1.51)	(2.91)	(−3.20)		(−1.18)	(0.33)	(0.08)
Lowliq	0.003	7.423**	−1.618**	Lowliq	−0.019	1.026	0.211
	(0.14)	(2.25)	(−2.48)		(−0.85)	(0.27)	(0.24)
Highliq	−0.007	1.423	0.00	Highliq	−0.007	1.402	0.005
	(−0.35)	(0.41)	(−0.00)		(−0.35)	(0.41)	(−0.00)

（续表）

2003年1月—2007年10月				2007年11月—2011年12月			
Portfolio	Intercept	Accum_Pos	$(Accum\_Pos)^2$	Portfolio	Intercept	Accum_Pos	$(Accum\_Pos)^2$
Highvol	0.034	10.609**	−2.208**	Highvol	−0.005	2.509	−0.118
	(1.27)	(2.32)	(−2.54)		(−0.20)	(0.59)	(−0.12)
Lowvol	0.010	3.708**	−0.823**	Lowvol	−0.008	−0.404	0.327
	(−1.49)	(2.19)	(−2.42)		(−0.56)	(−0.16)	(0.69)

注：*、** 和 *** 分别表示在10%、5%与1%水平上的显著性，括号中给出的是变量所对应的 t 统计量。

从表7-9可以看出，在资产高估值阶段，由于受到卖空限制的缘故，理性交易者无法充分表达其观点、被迫离开市场，市场由噪音交易者占据主导、使得资产价格充斥着大量噪音。从回归系数可以看出，此时产生了规模更大的情绪泡沫（如：市场总量、规模与波动率组合）。在资产低估值阶段，由于噪音交易者淡出市场，致使投资者情绪的累积性变化无法系统性影响资产收益，我们有理由认为：此时的噪音交易者风险较小，资产价格不需要包含风险折溢价也可促使理性交易者进行反向套利（Loewenstein 和 Willard, 2006），从而使得资产价格保持稳定，证实了第五章关于“稳定的理性投机”的结论。

第四节　泡沫期间的成交量：基于行业视角

一、实证思路

第六章所作出的边际贡献之一在于从理论建模层面解释了泡沫的形成所伴随的交易量高涨，有别于现有文献中单纯以“价格大幅偏离价值”的狭隘泡沫概念。换言之，在价格的持续上涨阶段，交易量出现了显著性高涨；随着价格的下跌，市场层面亦出现了交投冷清的局面。因此，我们预测：在泡沫形成期间，风险资产的交易量与历史回报率之间所具有的相关性高于其他时期，尤其是高于泡沫破裂后的一定区间。所以，本节将选取中国A股市场中两轮令人印象深刻的大涨大跌情景，对泡沫形成和破裂期间的行业交易量和历史回报率进行相关性分析。

二、实证设计

回顾中国的A股市场，最令人难以忘却的当属2007年和2015年的市场震荡事件。在2007年左右，中国股市先后经历了快速上涨和持续低迷，使得市场在2005年6月至2007年10月形成了泡沫，此轮泡沫于2007年11月开始破裂，使得市场直至2009年11月仍然处于低估值阶段。在2015年左右，由于大量杠杆资金的入市，使得市场在2014年11月至2015年6月期间形成了泡沫，这一轮泡沫于同年6月破裂，导致市场在2015年6月至2015年9月期间引发崩盘。所以，我们将基于行业层面，分别讨论成交量和历史回报率之间是否在这两轮泡沫期间产生较高的相关性，相关性程度是否会随着泡沫的破裂而变弱。

参照Barberis等人(2018)的做法，我们分别在这两次事件中筛选涨幅最显著的行业作为考察对象。对于2007年而言，我们借鉴CSMAR数据库中的中国证监会2012版行业分类准则，选择零售业、地产业、土木工程建筑业以及有色金属冶炼业作为涨幅最显著的行业；对于2015年而言，我们采用相同的方法选择互联网和相关服务业，软件和信息技术服务业，铁路、船舶、航空航天和其他运输设备制造业以及土木工程建筑业作为涨幅最显著的行业。

随后，在这两轮泡沫中，我们将计算不同行业的价值加权成交量和过去12个月的平均价值加权回报率，以图形和计算相关系数的方式对命题3进行验证，验证方式在于：泡沫期间的相关性是否高于泡沫破裂后两年期间的相关性。为了确保研究的进行，由于回报率和成交量数据的数值相差太大，我们在通过计算得到了样本之后，分别进行了标准化处理。

三、实证结果及分析

（一）第一轮泡沫

如果零售业、土木工程建筑业、地产业和有色金属冶炼和压延加工业的股票都在2005年6月至2007年10月期间产生了泡沫，那么我们有理由相信这些行业股票的成交量在此期间会受到前期回报率的正向牵引。根据图7-5，在泡沫形成期间，这些行业的前期回报率与本地成交量表现出“步伐一致”，具有正相关关系。以零售业来说，在2005年6月至2007年10月期间，随着过去12个月的历史回报率不断增加，成交量也随之高涨。在2007年11月至2008年10月期间，随着历史回报率的不断减少，成交量也持续萎靡。不难看出，成交量受到了历史回报率的正向影响，两者之间表现出较强的相关性。对于其他三类行业股票来说，也存在相似的情形，不再赘述。

为了更具体地对相关性分析进行验证，我们分别计算了这四类行业股票在泡沫期间以及破裂之后两年中的相关性。对于零售业来说，2005年6月至2007年10月期间的“成交量-历史回报率”相关性为0.7631，在2007年11月至2009年11月期间的相关性为0.0948；对于土木工程建筑业来说，2005年6月至2007年10月期间的“成交量-历史回报率”相关性为0.8654，在

2007 年 11 月至 2009 年 11 月期间的相关性为 0.1271；对于地产业来说，2005 年 6 月至 2007 年 10 月期间的"成交量-历史回报率"相关性为 0.9060，在 2007 年 11 月至 2009 年 11 月期间的相关性为－0.3909；对于有色金属冶炼和压延加工业来说，2005 年 6 月至 2007 年 10 月期间的"成交量-历史回报率"相关性为 0.6863，在 2007 年 11 月至 2009 年 11 月期间的相关性为－0.1730。

零售业

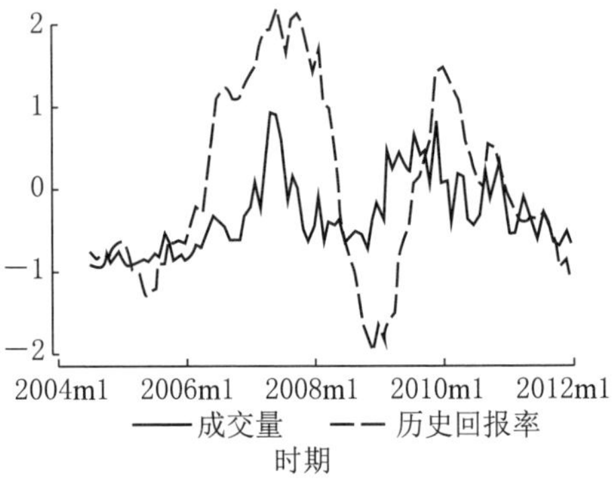

土木工程建筑业

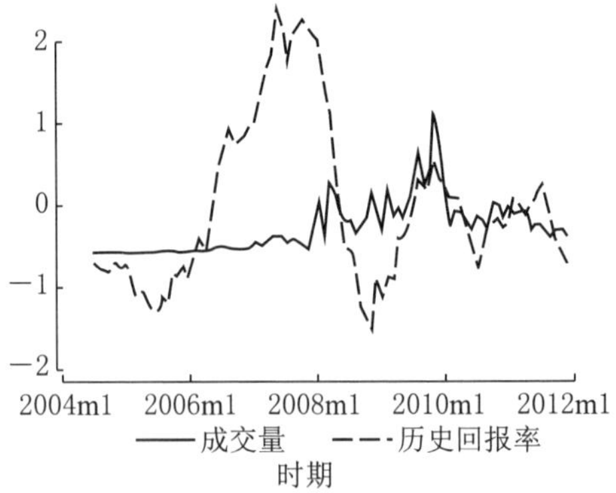

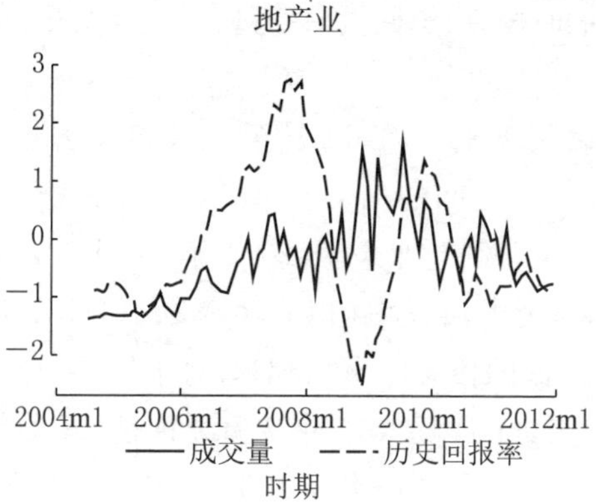

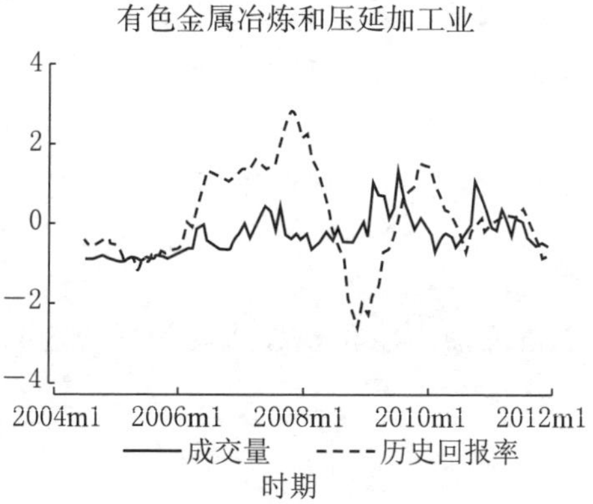

图 7-5　价值加权成交量和过去 12 个月的回报率(2007 年)

（二）第二轮泡沫

和第一轮泡沫的分析相一致，我们继续分析 2015 年泡沫前后的四种行业在成交量与历史回报率层面的表现以及两者之间的关系。对于图 7-6 中的四种行业来说，在 2014 年 11 月至 2015 年 6 月期间，随着历史回报率的显著性增加，成交量也随之上涨至峰值；当泡沫在 2015 年 6 月至 2015 年 9 月开始破裂、酿成崩盘危机的时候，历史回报率一路下行，成交量也产生相同的下跌态势。

我们继续比较 2014 年 11 月至 2015 年 6 月以及 2015 年 7 月至 2017 年 7 月之间的相关性差异。对于铁路、船舶、航空航天和其他运输设备制造业来说，2014 年 11 月至 2015 年 6 月之间的“成交量-历史回报率”相关性为 0.8142，2015 年 7 月至 2017 年 7 月之间的相关性为 0.6233；对于软件和信息技术服务业来说，2014 年 11 月至 2015 年 6 月之间的“成交量-历史回报率”相关性为 0.8180，2015 年 7 月至 2017 年 7 月之间的相关性为 0.4739；对于互联网和相关服务业来说，2014 年 11 月至 2015 年 6 月之间的“成交量-历史回报率”相关性为 0.8055，2015 年 7 月至 2017 年 7 月之间的相关性为 0.2985；对于土木工程建筑业来说，2014 年 11 月至 2015 年 6 月之间的“成交量-历史回报率”相关性为 0.5925，2015 年 7 月至 2017 年 7 月之间的相关性为 0.5144。

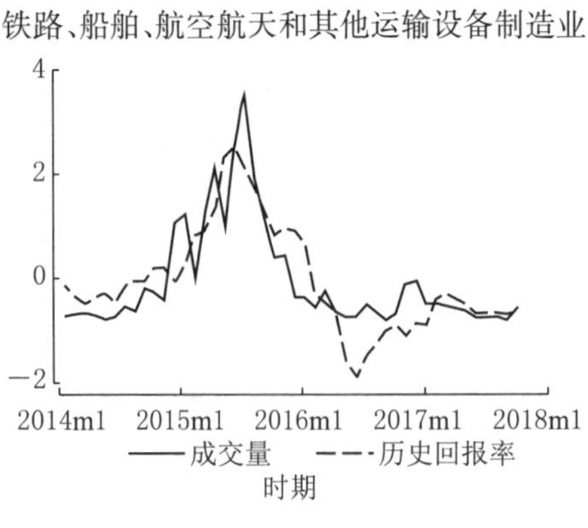

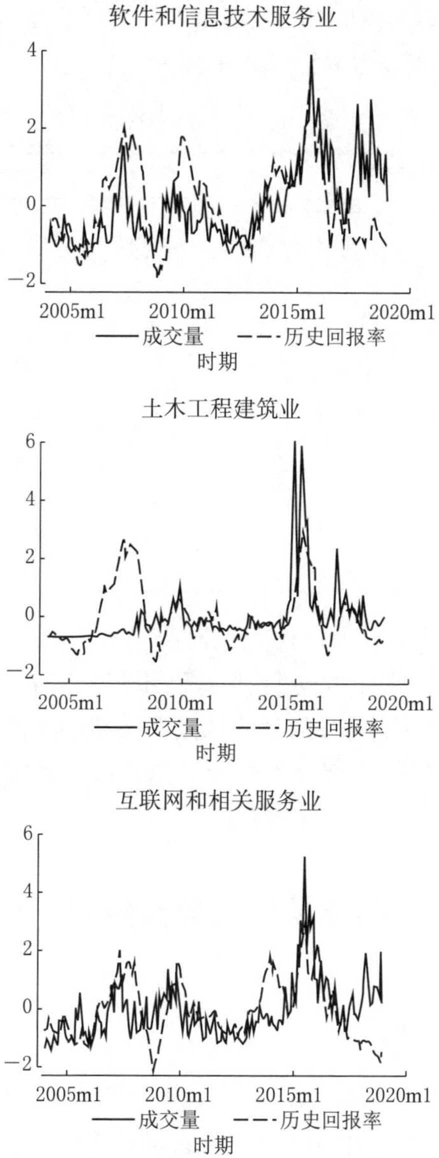

图 7-6　价值加权成交量和过去 12 个月的回报率(2015 年)

综上，我们进一步将两轮泡沫中不同行业在泡沫前后期间的相关性分析结果以表格形式进行展示。

表 7-10　行业相关性分析

第一轮泡沫			第二轮泡沫		
行业	泡沫形成期	泡沫破裂期	行业	泡沫形成期	泡沫破裂期
零售业	0.7631	0.0948	铁路、船舶、航空航天和其他运输设备制造业	0.8142	0.6233
土木工程建筑业	0.8654	0.1271	软件和信息技术服务业	0.8180	0.4739
地产业	0.9060	0.3909	互联网和相关服务业	0.8055	0.2985
有色金属冶炼和压延加工业	0.6863	−0.1730	土木工程建筑业	0.5925	0.5144

至此，我们立足于行业层面，对两轮著名泡沫前后期间的股票成交量和历史回报率进行了分析，不仅证实了历史回报率的增加会推动当期成交量的高涨，更捕捉到泡沫期间的历史回报率与当期成交量之间的关联度大于泡沫破裂之后的情形，对泡沫期间的成交量进行了有效验证。

第五节　泡沫期间的成交量：进一步分析

一、研究思路

泡沫的产生不仅伴随着成交量的高涨。由于资产价格不断被高估，触及卖空约束的基本面交易者被迫离开市场，将大量风险资产卖给外推投资者，致使泡沫期间的成交量主要产生于外推投资者之间。尽管我们无法获取泡沫期间的投资者交易数据，但是却能从另一层面验证这一结论。根据胡昌生和池阳春(2014)以及陆蓉等人(2021)的思路，由于过度自信、赌徒谬误等原因，非理性的个体投资者对于彩票型股票表现出强烈的偏好，这类股票具有规模较小、收益较高、价格较低等特点。反之，理性的机构投资者倾向于交易具有规模较大、收益较低和价格较高等特点的股票，我们可以通过横截面分组找到散户和机构在市场中的"代言人"。如果通过规模与历史收益对每一时期的样本股进行分组，考查泡沫期间的小盘股、高收益股的成交量是否明显高于大盘股和低收益股，我们便可对成交量进行更深入的验证。

二、实证设计

本节所涉及的样本数据来自 CSMAR 数据库，包含全部 A 股的月频回报率、流通市值与成交量。借鉴胡昌生等人(2020)的做法，我们按照个股的流通市值与回报率对每一月度的样本股进行分组，并通过如下公式提取每一种组合在每一时期的超额成交量：

$$\begin{aligned} exce\_volume_{s,t} = & \frac{1}{n_{s,t}} \sum_{t=1}^{n_{s,t}} \frac{volume_{s,i,t}}{size_{s,i,q-1}} \\ & - \frac{1}{10} \sum_{s=1}^{10} \frac{1}{n_{s,t}} \sum_{t=1}^{n_{s,t}} \frac{volume_{s,i,t}}{size_{s,i,q-1}} \end{aligned} \tag{7-6}$$

为了剔除规模效应的影响，我们将每一月份的个股成交量除以上一季度末的流通市值，并对剔除规模效应之后的成交量求取每一组别的均值形成该时期的投资组合成交量，再对每一月份分组所产生的十个组合成交量求取均值，作为投资组合在该月份的平均成交量，最后用每一组合的成交量减去十组的平均成交量便可以得到该月份对于某一投资组合的超额成交量，我们的目的是要考察在两轮泡沫期间，规模较小与收益较高的投资组合是否产生了较高的超额成交量，与之相反的规模较大、收益较低的投资组合的成交量是否较少，甚至为负，最终达到我们的验证目的。

三、实证结果与分析

我们对于两轮泡沫期间的划分延续上一节，将每一阶段的超额成交量以时间序列的形式进行展现。根据图 7-7，我们在每一月度按照上一月度的流通市值将样本股划分为 10 组，分别讨论第一轮泡沫（2005 年 6 月至 2007 年 10 月）和第二轮泡沫（2014 年 11 月至 2015 年 6 月）期间不同投资组合的超额交易分布，深色代表规模较小的三类投资组合，浅色代表规模较大的三类投资组合。

对于第一轮泡沫来说：首先，小盘股和大盘股的超额成交量走势是相反的，表明个体投资者和机构投资者之间的交易方向相反；其次，从 2006 年年末至 2007 年 3 月左右，伴随着资产估值的不断走高，小盘股所对应的曲线不断上行，大盘股所对应的曲线不断下行，最终规模较小的投资组合在 2007 年 3 月达到超额交易的最高点，此时的规模较大的投资组合的超额交易与之完全相反，达到了样本区间的最低值。由于成交量亦可作为关注度的代理指标，进一步刻画投资者需求，我们进一步能够理解规模较小的组合所代表的个体投资者在不断买入资产（超额交易量为正），代表规模较大投资组合的机构投资者在不断卖出资产（超额交易量为负），反映出外推投资者的持续买入将资产价格推高，使得基本面交易者触及卖空约束而将资产卖给外推投资者，被迫离开市场。

对于第二轮泡沫来说，情形似乎更加明朗。首先，小盘股和大盘股所对应曲线的走势亦表现出“此消彼长”的特征，反映出两种不同投资主体的交易行为具有相反性；其次，在 2015 年 2 月之前，大盘股的超额交易量高于小盘股。自 2015 年 2 月至 2015 年 6 月，小盘股的交易量连续超出市场基准水平，相应的大盘股也在其间连续低于市场基准水平，两者分别于 2015 年 5 月达到最高(低)的超额交易水平，证实了在 2015 年泡沫破裂之前的个体投资者在不断买入资产、机构投资者则持续卖出资产，使得市场中主要以非理性投资者作为主导。

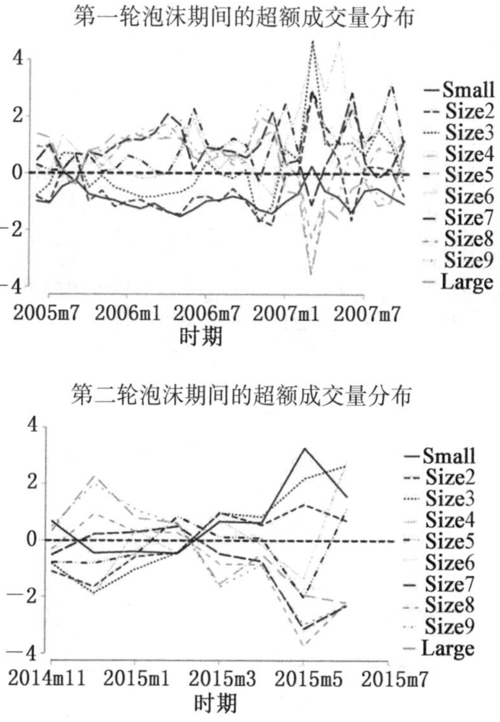

图 7-7　规模分组下的超额交易分布(2007 年&2015 年)

随后，我们继续按照上一月末的回报率对每一月度的样本股进行排序分组。首先，对于第一轮泡沫来说，高收益组合和低收益组合超额交易量的变化也具有相反性，并且从 2007 年 1 月开始，高收益组合的超额交易量开始显著上升，低收益组合的超额交易量开始显著减少，与此时的泡沫形成相吻合，超额交易量主要集中于高收益组合中；其次，对于第二轮泡沫来说，除了在 2015 年 1 月时，低收益组合的交易量高于高收益组合的交易量之外，其余阶段的高收益交易量均显著高于低收益交易量。从 2015 年 1 月至同年 3 月，伴随着市场估值水平的持续上行，高收

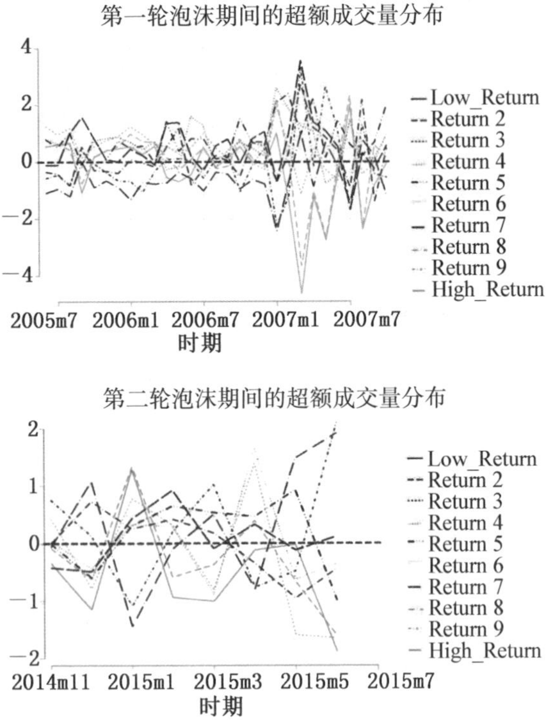

图 7-8　收益分组下的超额交易分布(2007 年&2015 年)

益组合的交易量开始急剧增加，此时的低收益组合的交易量开始大幅减少且持续为负，与泡沫期间的个体投资者大量买入以及机构投资者通过卖出资产的退出市场之情形相符合。从 2015 年 4 月至同年 6 月，所发生的情景亦如此。

第六节　本章小结

在本章，我们首先以外推信念所产生的情绪反馈机制为切入点，讨论投资者情绪累积性变化与未来资产组合收益之间的关系，试图更为深入地验证理论模型的合理性。实证结果表明，投资者情绪的累积性高涨(低落)会在初期推高(压低)未来资产组合收益，在长期压低(推高)未来资产组合收益，表现出情绪累积性变化与未来资产组合收益之间的非线性关系，这种非线性关系在不同类型的资产组合之间表现出横截面差异。针对实证结果，我们进行了稳健性检验，落实结论的合理性。为了证明理性投机能够在特定情况下发挥稳定效应的子命题，我们分别讨论不同估值水平下的情绪累积性高涨与未来资产组合收益，实证结果与第五章吻合。为了进一步在现实中寻找有关泡沫期间成交量的证据，本章立足于行业视角，对 2007 年与 2015 年两轮泡沫前后的股票成交量和历史回报率进行分析，发现行业股票组合的历史回报率能够正向影响当期成交量，两者之间所具有的相关性在泡沫期间要强于泡沫破裂之后的时期。最后，我们通过对两轮泡沫期间的样本股按照规模与收益进行分组，发现此期间的规模较小、收益较高的组合所产生的交易量较高且为正，规模较大、收益较低的组合在泡沫期间所产生的交易量较低且为负，证实了泡沫期间所产生的超额交易量主要发生于外推投资者之间的结论。

综上所述，非理性投资者容易受到历史价格变化的牵引，使得交易行为偏离理性框架。理性投资者会根据基本面信息进行交易，使得资产价格具有稳定性。因此，政府监管当局应该通过加强对个体投资者进行教育，提升他们对股市投资风险性的认识，降低投机性交易倾向；在市场出现大幅波动时，及时通过传媒发布风险预警，合理疏导市场情绪波动，降低市场情绪波动对资产价格波动的影响；加大机构投资者的发展，鼓励个体投资者通过购买基金等方式间接参与股票市场，以分享我国经济增长的好处。

第八章　风格分类、反馈交易与股票市场动态风格转换

从第五至七章，市场中存在的反馈交易者会通过历史价格变化进行决策，存在明显的信念偏差。然而，现实中的投资者也会存在认知偏差，使其无法有效处理所面临的大量信息，倾向于通过分类来简化决策过程。反映至金融市场，分类机制产生了著名的"风格投资"。与前三章的研究不同，风格投资者会按照风格而非个股进行资金配置，但是即使在对个股进行风格分组之后，也会形成一些更加显眼（突出）亦或与周围环境的对象形成鲜明对比的组合（如：大盘股的市值显著性高于其他按照规模划分的组合）。因此，由于投资者的注意力十分有限，更容易关注富有显著性的信息、忽略非显著的信息，进而为风格偏好在极端风格组合之间的动态转换奠定了行为金融理论基础。Kumar (2009)证实了风格投资者依然表现出追逐趋势的反馈交易特征，并且导致市场中出现风格偏好动态转换，进一步证实了情绪反馈机制对于横截面异象的解释力。与现有的投资者层面研究相比，如果我们将不同类型的投资者进行加总、拓展至总量市场层面，是否依然可以捕捉到反馈交易行为？情绪与历史风格组合收益的双向反馈是否也会对风格组合收益构成显著的影响，进而产生风格轮动这一横截面异象？这将是第八章所需解决的问题。

在没有基本面信息变化的前提下，理性理论对投资者交易

行为的预测是交易量很小或无交易，交易主要是满足投资者流动性和再平衡的需要。而现实中的交易量远远超过理性理论的预测。研究表明，投资者的交易行为已超过了理性模型的解释范畴，该现象被称为“交易量之谜”。

交易量之谜是一种金融市场中的典型异象，理性理论对此难以解释（Grossman 和 Stiglitz，1980）。心理学实验表明人们是过度自信的，过度自信导致人们高估其知识，低估其风险，夸大对事件的掌控能力。在投资决策中同样会发生过度自信的行为。过度自信使人们曲解信息的准确性，高估分析信息的技能，从而过度交易，导致了交易量之谜的出现。因此，行为金融理论为解释交易量之谜开辟了一条新道路。

然而，鲜有研究立足于风格投资层面解释交易量之谜。Kumar(2009)与胡昌生等人(2013)发现，风格投资策略会产生显著的风格偏好动态转换（style preference dynamic shift），投资者对于特征极其明显的风格组合（如：小盘与大盘股）表现出强烈的偏好，使得偏好会基于极端风格组合产生互相更替的特征，这种现象主要受到历史风格组合收益的驱动，无关乎于基本因素。并且，在控制了 FF 三因子之后，风格偏好动态转换依然能够对资产收益做出有效的解释。

尽管 Kumar(2009)与胡昌生等(2013)证实了个体投资者行为会导致极端风格组合交易之间呈现显著的负相关性，却未能捕捉到只分布于极端风格组合的超额交易。因此无法解释风格轮动这一风格投资层面的交易量之谜。

与现有的相关文献相比，我们进行了如下的拓展性工作：一、众多学者已从机构和个体投资者角度讨论了风格投资及风格偏好转换问题，我们则立足于总量层面对该议题展开了细致的讨论，得出了与投资者层面的研究截然不同的结论①，不仅推进了风格投资的理论研究，而且为我国股市所存在的热点频繁切换及风格轮动杂乱现象提供了合理解释，对于维护股市的健康运行具有重要的实践意义；二、本章第一次对传统的风格分类指标进行对比与拓展、提出情绪 beta 这一种新型的风格分类方式。通过对若干种风格分类指标进行横向对比发现，市场对于情绪 beta 组合的超额偏好仅出现于极端组合中，不仅使得这两端产生了最高的超额交易量，也形成了极端风格组合交易之间的"此消彼长"，与市场中典型的风格轮动现象遥相呼应，更从风格投资层面解释了交易量之谜；三、我们基于投资者情绪指数构建虚拟变量、引入资产定价模型，试图捕捉到情绪状态在风格偏好转换中所扮演的角色。

第一节　文献回顾

一、风格投资与交易量之谜

大量研究证据表明，过度自信可以充分解释交易量之谜(Daniel 和 Hirshleifer，2015)。过度自信的投资者会高估自己占有信息的准确性，对信息做出有偏的解释(Barber 和 Odean，1999)，即使在面临交易成本与预期收益下跌之时，仍然表现出

① 与现有的投资者层面研究不同。首先，市场层面的风格偏好转换与短期动量指标(前 1 个月收益之差)并不存在显著的关系，而是与中期动量指标(前 6 个月平均收益之差)具有很强的负相关性。其次，在未给出的结果中，我们使用方差比率(Variance Ratio)和 VAR 分析检验了情绪 beta 极端组合风格偏好的持续性，结果表明情绪 beta 极端组合风格偏好并不具有持续性。与 Kumar(2009)的研究结论相反。

巨大的交易强度(Odean, 1998)。并且,男性通常在投资决策能力上表现得比女性更加过度自信,从而更加频繁地交易(Barber 和 Odean, 2001)。

行为金融研究在解释交易量之谜上取得了重大进展,但是主要立足于单个资产,对于风格投资层面的探索鲜有问津。投资者往往为了简化投资决策过程,会按照某一指标对股票进行分组,将资金配置于不同风格组合中(Barberis 和 Shleifer, 2003)。如果过度自信的投资者采取风格投资策略,便会使得风格组合表现出显著的交易强度。然而,注意力是一种稀缺的认知资源,有限关注会直接影响投资者的决策(Barber 和 Odean, 2008)。即使将股票进行分组之后,仍然只会关注那些特征明显的风格组合,即极端风格组合。由此可得:风格投资会使得极端风格组合产生超额交易。此外,非理性投资者具有追逐前期收益的反馈交易特征,风格投资者会根据极端组合的相对收益做出反应。由于资金规模有限,在增加对某一极端风格组合的交易时必须从另一极端风格组合撤资、减少其交易,致使两个极端风格组合之间表现出显著的负相关性(Kumar, 2009)。

综上,我们可得:市场风格轮动属于风格投资层面的交易量之谜,必须满足极端风格组合的超额交易和极端风格组合之间的显著负相关性这两个条件。

二、风格分类指标与情绪 beta

现有研究中常见的风格包括大盘/小盘、价值/成长、赢家/输家、高/低股息收益等。Chen 和 Bondt(2004)发现股票市值、账市比和股息率这三种公司特征可以捕捉到股票收益中的风格动量,投资者可以通过买入这些风格中的赢家组合、卖出输家组合来获取利润。Froot 和 Teo(2008)通过研究证实,机构投资者会按照规模、价值/成长及部门这三种指标对股票进行风格分类、形成风格投资行为。Wahal 和 Yavuz(2013)基于账市比和规模进行了风格划分。

然而,现有的风格指标存在如下弊端。第一,Kumar(2009)和胡昌生等(2013)发现极端风格组合交易之间存在显著的负相关性,但是并未捕捉到完全分布于极端风格组合上的超额交易。因此,现有风格指标无法代表市场流行风格的转换,也难以通过直接的方式彰显出风格投资是基于基本面因素亦或噪音进行决策。第二,投资者需要分别按照几种风格进行分组,仍然存在一定的决策成本。风格投资策略有待进一步简化。

基于上述弊端,本章提出情绪 beta 作为新的风格指标。首先,现有的风格指标均为研究所发现的结果,并非事先存在,也没有研究限定哪些指标可用于风格分类。投资者不会完全依据现有风格指标进行决策,因为市场风格有时是对一些概念股的炒作,与基本面因素无关,投资者更倾向于通过股票与“概念”的相关性进行分类,股票与“概念”的相关性通过股票的情绪特征——情绪 beta 进行体现更为合适,可以更显著地影响投资者对股票的关注度。其次,情绪 beta 始于 Glushkov(2006),其用意在于刻画个股的情绪敏感性。实证结果表明,情绪 beta 较高的股票等价于规模较小、高波动、上市时间较短与成长型股票(Baker 和 Wurgler, 2007)。如果我们按照情绪 beta 对股票进行分组,便可全部囊括低市值、新上市等股票,进一步简化投资决策过程。并且,Glushkov(2006)发现,高情绪 beta 股票较之低情绪 beta 股票具有较高的超额收益,我们可以通过构建相应的风格投资组合来获取超额收益①。鉴于情绪 beta 指标所具有

① 从实务角度来看,我国的广发证券公司已经将情绪 beta 用于选股。

的合理性，我们将之与现有的风格分类指标进行了广泛的比较，研究了市场层面的风格轮动现象。研究表明：首先，在所有风格分类的比较方面，基于情绪 beta 分组所产生的极端组合之间产生了仅次于账市比与规模的可替代性，并且超额交易量仅分布于这两个极端之中，与市场风格轮动现象相吻合，亦捕捉到了风格投资视角下的交易量之谜；其次，市场层面的风格偏好动态转换主要受到中期动量指标的反向影响、具有负反馈交易特征，与基本面因素并无关联；再次，我们根据风格偏好动态转换变量构建了四因子模型，证实了风格偏好转换不仅能够切实地对资产收益做出解释，风格偏好转换与资产收益之间的关系也由于不同的情绪状态表现出差异性。

三、市场风格偏好动态转换的影响机制

根据行为金融理论，非理性投资者不具有信息优势，会凭借诸如前期资产收益的噪音进行交易，使得由前期资产价格变化引致的反馈交易成为非理性投资者的重要行为特征。因此，风格偏好转换可能受到极端风格组合收益差异的影响：Barberis 和 Shleifer(2003)发现，按照风格分类进行资金配置的投资者依然会增加对于风格赢家组合的偏好、减少对于风格输家组合的偏好，表现出正反馈交易特征。Teo 和 Woo(2004)、Kumar(2009)与 Jame 和 Tang(2014)分别发现了机构投资者与个体投资者的风格投资行为具有正反馈交易特征，使得风格偏好转换受到历史资产组合收益的驱使。对于理性投资者而言，交易行为取决于基本面因素，风格偏好转换也会受到宏观基本面因素的影响(Peng 等人，2007)。

在金融市场中，套利者面临资本约束和有限投资期限问题，难以准确预测非理性投资者的偏好转换(Shleifer 和 Vishny，

1997)，致使风格偏好在极端组合之间的转换所形成的协同性需求冲击无法通过套利充分消除，能够对股票组合收益构成系统性的影响。并且，当某一风格极端组合的前期收益上涨时，会使得投资者在当期对未来风格组合收益形成乐观预期、增加对该风格组合的需求。然而，由于投资者的资金规模有限，不得不卖出另一风格极端组合的股票、减少需求，使得风格偏好转换能够对两个极端风格组合收益构成显著、相反的影响(Barberis 和 Shleifer，2003)[①]。此外，市场中还存在广泛的卖空限制，使得风格偏好动态转换对于资产组合收益的影响在不同的情绪阶段具有非对称性。倘若投资者对于未来市场形成乐观预期，理性交易者会因为卖空限制之故无法建立大量空头头寸，致使市场由非理性投资者占据主导；反之，当市场中投资者情绪低落时，非理性投资者淡出市场，理性投资者占据主导。由于个体投资者是非理性主体的典型代表，与理性主体的代表——机构投资者具有相反的需求特征与交易策略，导致不同情绪状态下的风格偏好动态转换对两个极端风格组合构成相反的影响。由于机构投资者是衍生品市场的主要参与者，不会受到卖空限制的显著影响(Battalio 和 Schultz，2006)，致使卖空限制只会在情绪高涨时期对非理性投资者的卖出行为构成显著影响。

① 然而，Barberis 等(2003)的前提假设是风格投资者具有正向追逐风格前期收益的正反馈交易特征。事实上，根据胡昌生等(2013)的研究，个体投资者受到损失厌恶与后悔厌恶的制约，更倾向于卖出已盈利的股票、买入已亏损的股票，表现出负反馈的交易特征。并且，由于我国市场中的基本面交易者力量薄弱、个体投资者占据主导地位，市场层面的风格偏好转换可能也会与 Barberis 等(2003)的研究结论相悖：风格投资者具有反向追逐风格前期收益的负反馈交易特征。

第二节 风格分类指标的对比

由于投资者是基于风格分类进行资金配置，必须首先按照公司特征对样本股进行切分。在本节，我们选取4类风格指标，分别按照这些指标的$t-1$期值对当期的样本股按照正序划分为10组，我们所要讨论的话题如下：首先，极端风格组合之间的交易能否呈现出显著的“此起彼落”之势；其次，风格的“热度”，同一风格分类的超额交易是否完全位于极端风格组合中。兼具上述特征的风格分类指标更具有市场“热点”产生及消失的代表性。

一、核心变量及数据来源

本章的样本数据为全部A股，由Wind及CSMAR所提供，考察的区间范围为2003年1月至2018年12月①。

二、风格分类指标

（一）情绪beta

我们借鉴Baker和Wurgler(2006)的方法构建投资者情绪指数，构建过程来源于第三章②，并且遵循Glushkov(2006)的方法，通过如下实证模型进行前24个月的滚动回归、提取情绪beta：

---

① 本文的样本区间包含了2007年的世界经济危机。在经济危机期间，经济增长遭遇致命冲击，给金融市场带来系统性风险，进一步加剧了投资者对于未来市场的悲观预期，增加股票收益的波动率。在此，详细研究2007年的特殊时期将超出本章范围，故不予详述。

② 在未给出的研究结果中，我们再次采取易志高和茅宁(2006)的方法构建情绪指数，但是所得到的实际效果欠佳，因此我们选取第四章的另一种指数。

$$rt_{j,t}-rf_t=\alpha_i+\beta_{j,t}Senti_t+\gamma_{j,t}Rmrf_t+\varphi_{j,t}Smb_t +\phi_{j,t}Hml_t+\kappa_{j,t}Liq_t+\varepsilon_{j,t} \tag{8-1}$$

其中，$rt_{j,t}$表示股票j在t时期的收益率，rf_t为无风险利率，$Senti_t$为投资者情绪指数，Rmrf、Smb与Hml为Fama和French(1992)三因子，Liq为Pastor和Stambaugh(2003)流动性指标，α_i为常数项，$\beta_{j,i}$为情绪变量的回归系数，即情绪beta，$\varepsilon_{j,t}$为随机扰动项。

(二) 动量指标

我们借鉴Kumar(2009)的方法，通过对样本股过去若干个月的回报求取等权平均的方式获得动量指标。为了防范由于形成期不同所引致的结果偏差，本章分别考虑前1、3、6、9与12个月的情形。构建方法如下：

$$momj_{l,t}=\frac{1}{j}\sum_{i=1}^{j}rt_{l,t-i},\quad j=1,3,6,9,12 \tag{8-2}$$

根据(8-2)，$momj_{l,t}$表示股票l根据过去j个月的回报率所形成的动量指标，$rt_{l,t}$为该股票的当期回报率。

(三) 市值指标

与第四章相同，规模指标等价于个股的流通股数与收盘价的乘积。

(四) B/M指标

我们通过上一季度末股票的账面价值与市场价格之比作为账市比指标。

三、风格偏好指标

在对每一时期的样本股进行排序分组之后，我们开始讨论市场对于每一组股票的风格偏好程度。与国外实证研究性工作所不同的是，我国证券机构的交易买卖数据存在高度的私密性，以至于学者无法获取相关数据。有鉴于此，本章通过交易量作为总量层面的风格偏好代理指标，交易量常常被用来反映投资者的有限关注(Peng 和 Xiong, 2006)。由于卖空限制，有限关注对于投资者买入及卖出决策的影响具有非对称性，Miller(1977)与 Mayshar(1983)指出，投资者在评估股票价值时存在意见分歧，最长久持有股票的属于对该股票未来前景存在最乐观预期的市场主体。股票供给由于卖空约束的缘故遭受限制，使得悲观交易者的观点无法融入股价，股价中只会反映出乐观持有者的观念。因此，当投资者增加对某股票的关注度时，会导致倾向于买入该股票的交易者数量显著性增加，然而具有卖出意愿的交易者数量却被局限于当前所持有该股票的范围。由于买入压力显著超过卖出压力，致使股价上涨。所以，既然交易量可以作为投资者关注度的代理指标，关注度的增加会导致交易量的增加，进一步推动资产价格上涨，我们可以将交易量视作风格偏好的衡量。对每一风格组合所含的股票交易量进行等权平均。为了滤除规模效应所存在的影响，笔者对个股的成交额进行规模调整：

$$sp_{s,t}=\frac{1}{n_t^s}\sum_{i=1}^{n_t^s}\frac{volm_{s,i,t}}{size_{s,i,q-1}},\quad s=1, 2, \cdots, 10 \tag{8-3}$$

由上式可知，下标 s、i、t 与 q 分别表示风格组合的序号、样本股序号、月份与季度。$sp_{s,t}$ 表示风格偏好指标，n_t^s 表示风格组合所包含的样本股数目，$volm_{s,i,t}$ 为股票交易量，$size_{s,i,q-1}$ 表示股票规模。倘若市场所包含的广大投资者不会受到“有限关注”的约束，在对样本股进行风格分组之后，便会将注意力与资金均等地配置于 10 个组合中，则各个组合的交易水平能够由此保持一致，我们将之定义为市场的基准风格偏好①：

$$spe_{s,t}=\frac{1}{10}\sum_{s=1}^{10}\frac{1}{n_t^s}\sum_{i=1}^{n_t^s}\frac{volm_{s,i,t}}{size_{s,i,q-1}},\quad s=1,2,\cdots,10 \tag{8-4}$$

因此，超出(8-4)基准的市场风格偏好可以称为超额风格偏好：

$$spu_{s,t}=sp_{s,t}-spe_{s,t},\quad s=1,2,\cdots,10 \tag{8-5}$$

四、交易量分布与负相关性

为了挖掘出最合理、有效的风格分类指标，我们考察基于哪一种风格指标的分类所得到的极端组合能具有高于市场平均水平的交易强度，并且极端组合之间的交易分布具有显著的负相关性。统计结果如表 8-1 所示。我们首先来观看 Panel A，通过风格分类所产生的风格组合超额交易水平如前 10 行所示。唯有情绪 beta 分类所得到的超额交易仅仅出现于极端组合中(L1 与 H10)，由于交易量可被视为投资者关注度的代理指标，这便体现出市场赋予情绪 beta 极端组合更高的关注程度，这两端能够同时构成市场“热点”(根据图 8-1a 可以进行更加直观的说明)。从最后 1 行可知，情绪 beta 极端组合之间的负相关性仅次于规模与账市比，市场层面的偏好能够围绕极端组合产生强烈的更替性。所以，结合极端组合的超额交易与显著的更替性，我们能够证实情绪 beta 是一种合理的风格分类指标。对于其余分类指标来说，超额交易的分布各有不一，而且极端组合的可替代性也明显不及情绪 beta，不再具体阐述。

我们再来观察 Panel B，首先报告了在其余变量保持恒定之

① 通过对 10 组风格组合的交易量求取平均值即可产生这一基准。

表 8-1 非预期偏好分布

	beta	$mom1$	$mom3$	$mom6$	$mom9$	$mom12$	B/M	$size$
Panel A								
$L1$	0.0856	−0.0305	−0.0346	−0.0353	−0.0529	−0.0614	0.0455	0.47849
2	0.0074	−0.0858	−0.0912	−0.0805	−0.0877	−0.0810	0.1069	0.18364
3	−0.0058	−0.0991	−0.0909	−0.0851	−0.0794	−0.0719	0.0945	0.05943
4	−0.0183	−0.0977	−0.0901	−0.0768	−0.0647	−0.0604	0.0527	0.01315
5	−0.0230	−0.0838	−0.0698	−0.0571	−0.0499	−0.0364	0.0155	−0.0226
6	−0.0278	−0.0645	−0.0534	−0.0384	−0.0272	−0.0217	−0.0104	−0.0495
7	−0.0293	−0.0433	−0.0213	−0.0127	0.0022	0.0050	−0.0269	−0.0854
8	−0.0177	0.0010	0.0178	0.0239	0.0366	0.0330	−0.0576	−0.1218
9	−0.0164	0.0793	0.0791	0.0799	0.0794	0.0867	−0.0720	−0.1751
$H10$	0.0452	0.4244	0.3545	0.2821	0.2436	0.2081	−0.1481	−0.2804
$corr(L1, H10)$	−0.6925	−0.4759	−0.5312	−0.5809	−0.6312	−0.6002	−0.7150	−0.7081
	(0.00)	(0.00)	(0.00)	(0.00)	(0.00)	(0.00)	(0.00)	(0.00)
Panel B								
50%, $L1$	0.1458	0.0837	0.0886	0.1045	0.1045	0.1001	0.0391	0.1036
50%, $H10$	0.1443	0.1525	0.1588	0.1543	0.1482	0.1300	0.1053	0.0770
0.01, $L1$	0.1766	0.0878	0.1017	0.1206	0.1292	0.1212	0.0531	0.1092
0.01, $H10$	0.1759	0.1546	0.1547	0.1548	0.1617	0.1521	0.1009	0.1011

时，如若极端组合 A 的交易量从基准水平减缩 1/2，极端组合 B 所产生的平均交易量（前两行）。然后，我们仍旧保持其余情形恒定，假使极端组合 A 的交易量减少 0.01，所产生的极端组合 B 的交易量（后两行）。分析结果进一步论证了情绪 beta 能够有效体现出市场的风格轮动。

最后，为了进一步论证情绪 beta 极端组合之间的更替性，本章将这两个极端组合的标准化收益序列以图形的形式进行展示。根据图 8-2，这两个极端之间的"此起彼伏"之势仍然清晰可见，我们的研究结论再度得以证实。

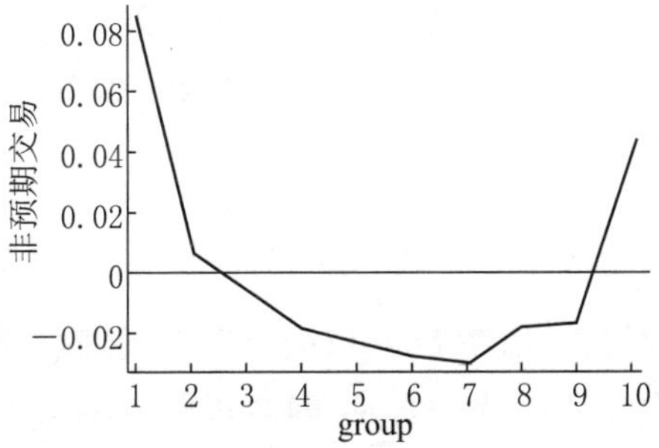

图 8-1a　情绪 beta 超额交易分布

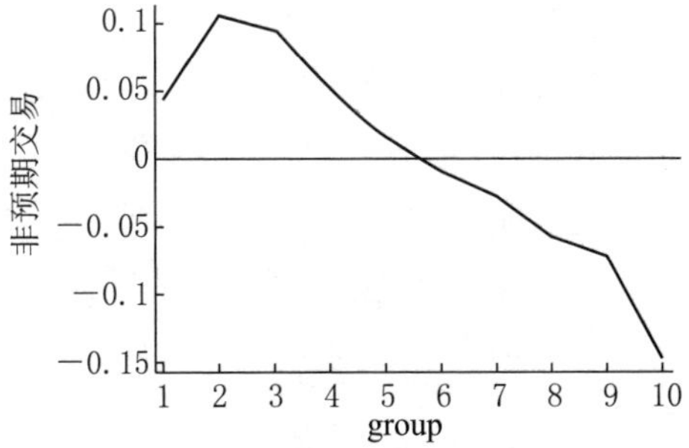

图 8-1b　账市比超额交易分布

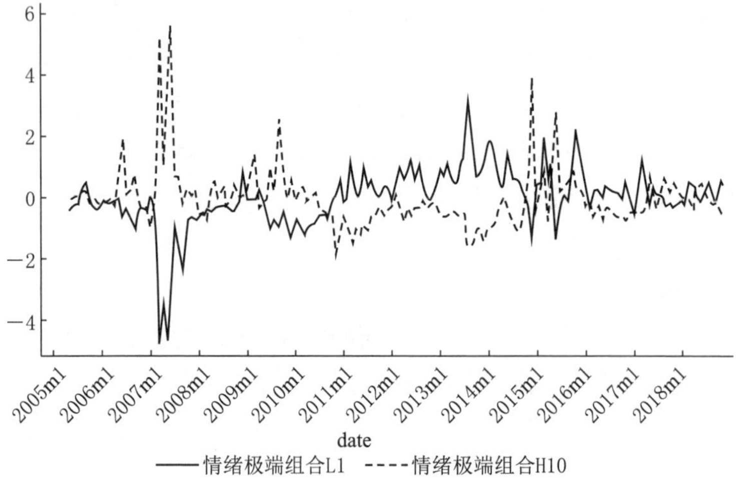

图 8-2　情绪 beta 极端组合收益的相互更替

五、替代效应

根据上述讨论，情绪 beta 极端组合之间的负相关性是由于投资者的有限关注使然。然而，即便投资者不会受到有限关注的制约，当其增加对于某一组合的持有量时，同样会由于资金约束对其余各个组合实行“减仓”，形成负相关性，这便是“替代效应”的核心所在（Kumar, 2009）。进一步来说，既然投资者并未过度关注极端风格组合，合理的情形应当是同时减少对于其余各组股票的持有量，而非单纯地从另一极端风格组合撤资，所产生的极端风格组合负相关性也将降低。那么，极端风格组合之间的显著负相关性是替代效应引起的吗？本节将对替代效应所致的负相关性与极端风格组合之间的负相关性进行比对分析。

基于上述讨论，我们不妨将股票分割为 $q+1$ 组。如果投资者遭遇某一外生冲击，使其对某极端组合的需求增加 ε。倘若投资者的关注能力不会受限，基于对某一组合的需求增加便会以同等概率从其余 q 组股票撤资。我们继续引入一个服从二项分布$(1, 1/q; 0, 1-1/q)$的随机变量 u。因此，另一极端组合的交易减少程度为$-u\varepsilon$，我们对这两个极端组合的交易变化求取相关系数：

$$\frac{\operatorname{cov}(\varepsilon, -u\varepsilon)}{\sqrt{\operatorname{var}(\varepsilon)}\sqrt{\operatorname{var}(u\varepsilon)}} = -\frac{E(u)\operatorname{var}(\varepsilon)}{\sqrt{\operatorname{var}(\varepsilon)}\sqrt{E(u^2\varepsilon^2)-E^2(u\varepsilon)}}$$
$$= -\frac{E(u)\sqrt{\operatorname{var}(\varepsilon)}}{\sqrt{E(u^2)E(\varepsilon^2)-E^2(u)E^2(\varepsilon)}}$$
$$= -\frac{1}{\sqrt{(q-1)\dfrac{E^2(\varepsilon)}{\operatorname{var}(\varepsilon)}+q}} \tag{8-6}$$

根据(8-6)，受到替代效应牵引的极端组合负相关性与股票分组数量呈反比。在仅有 2 组股票的情景下$(q=1)$，所产生的负相关性等于-1。如果我们将股票划分至 10 组$(q=9)$，在投资者对于极端组合的偏好不会产生惯性之时$(E(\varepsilon)=0)$，(8-6)所能产生的极大值为$-1/3$。即使我们剔除了因替代效应所产生的影响，情绪 beta、B/M 与规模分类所产生的极端组合仍然可以形成显著的相互更替，但是动量分类所形成的负相关程度却出现显著性减弱，甚至由负转正。当然，在投资者对于极端组合的需求具有惯性之时$(E(\varepsilon)\neq 0)$，受到替代效应驱动的负相关性会趋于弱化，我们可以认为极端组合在滤除替代效应之后仍然可以具有显著的负相关性。[①]

① 本章所考虑的是替代效应的最大可能情形，Kumar(2009)用模拟的方法检验了极端组合之间的替代效应，结果相对于本章偏低。

综上所述，情绪 beta 作为一种新型风格分类指标，能够有效地捕捉到市场层面的风格偏好转换，我们由此将情绪 beta 作为后续章节的讨论重点。

第三节　情绪 beta 风格偏好动态转换的驱动因素

根据行为金融理论，噪音投资者通常会根据前期资产收益变化作为未来收益的预期因素，表现出反馈交易的非理性特征。因此，风格偏好动态转换可能会受到非理性因素的影响。另外，理性投资者属于具备信息优势的主体，倾向于通过基本面分析对未来股票收益进行合理预测。由此可得，风格偏好动态转换也会受到宏观基本面因素的驱动。综上，我们在本节借鉴 Kumar(2009)的实证模型，选取动量指标、公司盈利指标与宏观经济指标作为解释变量。具体的变量来源及构建方法如下。

一、变量介绍

(一) 风格偏好动态转换

基于某种风格，本章对该组合内所包含股票的标准化交易量一阶差分求取算术均值，以此度量风格偏好动态转换。表达公式如下：

$$sps_{s,t}=\frac{1}{n_t^s}\sum_{i=1}^{n_t^s}\left(\frac{volm_{s,i,t}}{size_{s,i,q-1}}-\frac{volm_{s,i,t-1}}{size_{s,i,q-1}}\right) \tag{8-7}$$

其中，$sps_{s,t}$表示风格组合 s 从 $t-1$ 期至 t 期所产生的偏好变动，其余符号不再赘述。因此，投资者偏好在极端风格组合之间所形成的动态变换如下：

$$spsd_t=sps_{10,t}-sps_{1,t} \tag{8-8}$$

$spsd$ 变量能够捕捉到市场对于风格 1 或 10 组合的偏好，$spsd$ 大于 0 表明了市场对风格 10 组合具有更显著的乐观预期。

（二）动量指标

由于非理性投资者会表现出追逐“热点”的反馈交易行为，对基本面因素表现出反应过度或反应不足（Kumar, 2009），风格偏好动态转换可能受到极端风格组合收益差异的影响（Kumar, 2009；胡昌生等人，2013）。为了防范过度依赖所考察的收益区间，同样也为了防止收益区间出现不必要的重合，我们仅仅选取短期、中期和长期三种情景，即前 1、6、12 个月的动量指标，构建方法与(8-2)完全一致。因此，极端组合之间动量收益的差为：

$$momjd_t = momj_{10,t} - momj_{1,t}, \quad j = 1, 6, 12 \tag{8-9}$$

（三）财务指标

除了极端风格组合收益差异之外，投资者也会通过盈余来预测未来资产收益（Kumar, 2009）。因此，本章选取了每股盈利、营业收入增长率和盈余动量作为公司财务指标。

极端组合之间每股盈利(e_be)的差为：

$$e\_bed_t = e\_be_{10,t} - e\_be_{1,t} \tag{8-10}$$

营业收入为公司经营过程中确认的营业收入，其增长率(gs_t)为：

$$gs_{i,t} = sale_{i,t} / sale_{i,t-1} \tag{8-11}$$

其中，$sale_t$ 为第 t 期的营业收入，极端组合之间的营业收入差为：

$$gsd_t = gs_{10,t} - gs_{1,t} \tag{8-12}$$

盈余动量的构建方法来源于 Chan 等（1996）和 Kumar

(2009)，计算公式为：

$$em_{i,q}=\frac{(e_{i,q}-e_{i,q-4})-\overline{\Delta e_{i,(q-1,q-8)}}}{\sigma_{i,(q-1,q-8)}} \tag{8-13}$$

其中，$e_{i,q}$为第q季度的每股盈余，$\overline{\Delta e_{i,(q-1,q-8)}}$为前8个季度每股盈余一阶差分的均值，$\sigma_{i,(q-1,q-8)}$为相应的标准差，极端组合之间的差为：

$$emd_q=em_{10,q}-em_{1,q} \tag{8-14}$$

（四）宏观经济指标

如果投资者属于理性主体，会根据基本面因素做出投资决策，风格偏好动态转换可能会受到基本面因素的驱动。关于宏观经济变量的选取，我们沿袭第三章的做法，不再赘述（*iavr*、*cpi* 与 *mci*）。

在介绍了有关变量之后，我们对上述变量进行了描述性统计，如表8-2所示：

表8-2　描述性统计

	spsd	*mom1d*	*mom6d*	*mom12d*	*emd*
mean	−0.0408	0.0317	0.0186	0.01281	−0.0107
sd	0.300	0.1352	0.0686	0.04407	0.4566
kurtosis	13.340	6.4722	2.4866	1.8311	3.7633
skewness	−2.083	1.6003	0.5573	0.1729	−0.7405
	gsd	*ebed*	*iavr*	*cpi*	*mci*
mean	−4.426	0.0748	10.85	102.67	99.858
sd	22.471	0.1760	4.336	2.0225	2.929
kurtosis	41.940	6.4844	1.848	3.878	2.0121
skewness	−6.205	1.2522	0.431	0.7335	−0.4761

二、实证检验

究竟风格偏好动态转换会受到历史收益抑或基本面因素的牵引，本章构建如下的多元线性回归模型：

$$
\begin{aligned}
spsd_t = {} & \alpha_0 + \alpha_1 mom1d_t + \alpha_2 mom6d_t + \alpha_3 mom12d_t + \alpha_4 emd_{q-1} \\
& + \alpha_5 gsd_{t-1} + \alpha_6 e\_bed_{t-1} + \alpha_7 iavr_{t-1} \\
& + \alpha_8 cpi_{t-1} + \alpha_9 mci_{t-1} + \varepsilon_t
\end{aligned} \tag{8-15}
$$

具体的实证检验结果如表 8-3 所示。实证结果表明，在单独以动量指标作为解释变量的回归中(如第 1 列所示)，风格偏好动态转换会受到 $mom6d$ 最为强劲的驱动。调整的 R 方达到了 26.1%。在列(4)控制其他影响因素之后，中期动量指标仍然在 1%水平上具有显著性。因此，不管是单独作为解释变量还是加入其他控制变量，中期动量指标都是风格偏好动态转换最为显著的影响因素，而且能够对风格偏好动态转换产生反向影响。即，如果某极端风格组合在过去半年的回报率出现下跌，反而越会受到市场的追捧与偏好，使得风格偏好发生转换。对于情绪 beta，短期与长期动量指标都不具有显著，无法构成风格偏好动态转换的影响因素。

在其他的影响因素中，尽管列(3)中宏观经济变量具有显著性，但是居民消费价格指数(cpi)仅具有 10%水平上的显著性。如果我们将动量、财务及宏观经济指标同时纳入回归模型(第 4 列)，除去动量指标之外的解释变量均未表现出显著性，但是风格偏好动态转换与非理性因素之间的显著关系依然富有稳健性。

结合这部分的实证研究，风格偏好动态转换主要受到极端风格组合历史收益变化的牵引，与公司财务及基本面因素并无关联，体现出总量市场层面的一种负反馈风格投资行为。

表 8-3　情绪 beta 风格偏好动态转换的驱动因素

	情绪 beta			
	(1)	(2)	(3)	(4)
mom1d	0.770			0.856
	(1.15)			(1.22)
mom6d	−8.910***			−9.526***
	(−4.39)			(−4.04)
mom12d	2.915			2.568
	(1.10)			(0.71)
L.emd		−0.543***		0.231
		(−3.51)		(1.08)
L.gsd		−0.001		−0.002
		(−0.27)		(−0.55)
L.e_bed		0.432		−0.466
		(1.64)		(−1.10)
L.iavr			−0.051***	−0.023
			(−2.70)	(−1.12)
L.cpi			0.080*	−0.004
			(1.94)	(−0.09)
L.mci			0.001	0.017
			(0.04)	(0.62)
常数项	0.113*	−0.031	−7.744*	−0.917
	(1.81)	(−0.41)	(−1.97)	(−0.20)
adj.R-sq	0.261	0.084	0.058	0.274

注：笔者在括号内报告了 t 统计量，乃是根据公司与时间聚集的标准误差进行计算所得，本章不再赘述。

第四节　情绪 beta 风格偏好动态转换与收益

为了研究情绪 beta 风格偏好动态转换对极端组合收益的影

响，我们借鉴了 Kumar(2009)与胡昌生等人(2013)的做法，将风格偏好动态转换差异($spsd$)作为解释变量，融入 FF(1992)三因子以达到控制系统性风险的效果，并根据投资者情绪构建虚拟变量，形成一个四因子资产定价模型，以此检验市场风格偏好转换能够影响收益以及这种影响力在不同情绪水平下所产生的差异性。不同的是，我们没有考虑 Carhart(1999)动量因子，因为回归模型中已将投资者情绪作为状态变量，说明风格偏好转换对收益的影响受到情绪的驱动，但是非理性投资者往往会对前期价格变化做出反应，具有追逐动量的特征，容易与动量因子所包含的非理性成分产生冲突，导致共线性的存在，我们因此将动量因子从模型中舍去。

由于卖空限制，不同情绪时期的风格偏好动态转换对于资产收益的影响将会表现出非对称性。因此，本章在 $spsd$ 变量的回归系数中融入情绪虚拟变量，以考察投资者情绪状态在风格偏好动态转换对资产收益的影响中所扮演的角色，具体的实证模型如下：

$$rt_{s,t}-rf_t=\alpha+\beta_1 rmrf_t+\beta_2 smb_t+\beta_3 hml_t \\ +(\beta_4+\beta_5 D_t)spsd_t+\varepsilon_{s,t} \qquad (8\text{-}16)$$

根据(8-16)，被解释变量分别为基于风格分类所形成的投资组合回报率及无风险收益率，D_t 为根据投资者情绪指数所形成的哑变量，在情绪高涨时期取 1①，其余变量不再赘述。

这一环节的实证检验结果如表 8-4 所示。首先，如果我们将情绪哑变量排除在外(如：第 2 和 5 行)，鉴于投资者面临资金规模约束，在配置资产过程中，不同风格组合会形成竞争。由于

① 本章借鉴姜永宏等(2017)的方法，以上证指数月收益率＞(＜)0 作为牛(熊)市的衡量标准，并将牛(熊)市设定为情绪高涨(低落)时期。

spsd 是通过两个极端组合风格偏好动态转换之差得到，当投资者对极端组合的关注度及未来预期形成差异时，由风格偏好转换所引致的资金在不同极端组合之间的流动会对组合收益构成显著、相反的影响。比如，当投资者对高情绪 beta 极端组合的偏好增加 1%时，高情绪 beta 极端组合的当期收益将提高 0.88%，低情绪 beta 极端组合的当期收益下降 0.9%，表明投资者对不同风格的需求变动是横截面收益联动性的重要影响因子。

其次，当把投资者情绪作为虚拟变量纳入回归方程后，不同情绪状态下的风格偏好动态转换对极端风格组合构成了相反的影响。在投资者对于市场表现出悲观预期($D_t=0$)，*spsd* 对于高情绪 beta 极端组合收益产生了积极影响且具有 1%水平上的显著性，对低情绪 beta 极端组合收益也构成了显著的反向影响，这是因为理性投资者是衍生品市场的主要参与者，卖出行为不会受到卖空限制的显著影响。反之，在投资者情绪的高涨时期($D_t=1$)，$spsd \cdot D$ 对于两个极端组合的系数符号与情绪低落时期完全相反，这是由非理性投资者与理性投资者的反向交易行为所致。但是，风格偏好动态转换并未强化高情绪 beta 极端组合收益的趋势，反而降低了该组合的当期收益，说明情绪高涨时期的风格偏好动态转换未能准确体现股票价格走势，只是包含了噪音。此外，$spsd \cdot D$ 对高情绪 beta 极端组合收益的反向影响不具有显著性，是因为非理性投资者所面临的卖空限制所致。所以，在考虑投资者情绪状态之后，情绪 beta 的 *spsd* 对极端组合收益的影响在情绪低落时期更加显著。

根据这部分实证结果，我们可以据此构建投资策略：通过在情绪低落时期买入高情绪 beta 极端组合、卖出低情绪 beta 极端组合，在情绪高涨时期买入低情绪 beta 极端组合、卖出高情绪 beta 极端组合，分别获取 0.0074－(－0.0169)＝2.43%与 0.0170－

表 8-4　四因子模型回归结果

	常数项	*rmrf*	*smb*	*hml*	*spsd*	*spsd* * *D*	*adj.R-sq*
				(*L*1)			
(1)	0.001	0.916***	0.894***	−0.266***			0.908
	(0.39)	(30.16)	(16.95)	(−3.06)			
(2)	0.002	0.931***	0.851***	−0.200**	−0.009***		0.902
	(0.78)	(28.63)	(16.23)	(−2.24)	(−3.23)		
(3)	0.001	0.9218***	0.8846***	−0.1962**	−0.0169***	0.0170***	0.905
	(0.44)	(30.29)	(17.30)	(−2.28)	(−4.14)	(3.26)	
				(*H*10)			
(4)	−0.005**	1.147***	0.746***	0.111			0.925
	(−2.11)	(39.10)	(14.66)	(1.32)			
(5)	−0.005**	1.158***	0.707***	0.013	0.0088***		0.931
	(−2.19)	(39.46)	(14.59)	(0.16)	(3.43)		
(6)	−0.005**	1.147***	0.752***	0.100	0.0074*	−0.0049	0.925
	(−2.17)	(38.30)	(14.71)	(1.19)	(1.80)	(−0.93)	

(—0.0049)＝2.19％的无风险收益率。

第五节 稳健性检验

本章的稳健性检验将从两方面展开。第一，风格偏好转换的影响因素既包含情绪因素，也包含基本面因素（Kumar，2009）。第一部分的实证已经证实情绪 beta 分类情形下的风格偏好转换受到中期收益的反向影响，表现出负反馈的非理性特征。那么对于其他风格分类指标而言，中国市场层面的风格偏好转换是否依然具有反向追逐中期收益的特征呢？有待于我们进一步验证。第二，为了进一步验证情绪 beta 在市场风格轮动方面的代表性，我们通过其余几种风格分类指标进行(8-16)式的研究。

一、其他风格分类情形下的风格偏好转换影响因素

我们选取规模、动量、账市比这几种风格分类指标，分别根据分类指标的滞后一期值将当期股票划分为 10 组，再次使用(8-15)式进行实证检验。

根据表 8-5 的实证结果，其余 7 种风格分类情形下的中期动量指标均是最显著的风格偏好转换影响因子，公司财务指标与宏观经济指标对于风格偏好转换的影响几乎不具有显著性。再次证实了市场层面的风格偏好转换不会受到基本面因素的影响，而是会受到组合前期收益的反向牵引、表现出反向追逐中期收益的非理性特征。

二、其他风格分类下的风格偏好转换与组合收益

我们分别基于其他几种风格分类，再次进行(8-16)式的回归分析，但是为了节省篇幅，解释变量仅包含三因子与 $spsd$。

表 8-5　风格偏好转换的影响因素(其他风格分类)

	mom1	*mom3*	*mom6*	*mom9*	*mom12*	*B/M*	*size*
mom1d	−0.429	1.269	2.5823*	−0.071	−0.676	−1.052	0.704
	(−0.55)	(0.96)	(1.97)	(−0.06)	(−0.65)	(−0.94)	(0.73)
mom6d	−14.307***	−10.680**	−9.7470**	−9.437**	−7.007**	−10.290**	−12.683***
	(−2.72)	(−2.03)	(−1.99)	(−2.05)	(−2.32)	(−2.28)	(−4.58)
mom12d	10.341	0.1365	8.5193	2.833	4.420	2.883	6.586
	(1.41)	(0.02)	(0.98)	(0.38)	(1.06)	(0.45)	(1.18)
L.emd	0.048	0.1982	0.0970	−0.229	−0.282	0.482*	−0.241
	(0.24)	(0.84)	(0.55)	(−1.33)	(−1.34)	(1.83)	(−0.80)
L.gsd	−0.004	−0.0062	−0.0032	−0.001	−0.001	0.003	0.018
	(−0.75)	(−1.39)	(−0.64)	(−0.19)	(−0.38)	(0.43)	(1.65)
L.e_bed	0.488	0.16347	−0.0572	0.789	1.105**	−0.087	0.165
	(1.04)	(0.29)	(−0.11)	(1.51)	(2.11)	(−0.12)	(0.32)
L.iavr	−0.041**	0.0377*	0.0026	0.007	0.003	−0.015	−0.009
	(−2.25)	(1.81)	(0.12)	(0.33)	(0.15)	(−0.75)	(−0.47)
L.cpi	0.038	0.0236	−0.0032	0.013	0.015	−0.036	−0.054
	(0.91)	(0.49)	(−0.06)	(0.26)	(0.29)	(−0.84)	(−1.25)
L.mci	−0.002	−0.0322	0.0009	−0.022	−0.030	0.020	0.062*
	(−0.05)	(−0.85)	(0.02)	(−0.55)	(−0.77)	(0.59)	(1.86)
_cons	−2.714	1.2913	0.7501	1.603	1.693	1.616	−0.465
	(−0.64)	(0.27)	(0.15)	(0.33)	(0.35)	(0.41)	(−0.11)
adj.R-sq	0.130	0.058	0.020	0.092	0.104	0.098	0.102

表 8-6 四因子模型回归结果(其他风格分类)

		常数项	$rmrf$	smb	hml	$spsd$	$adj.R\text{-}sq$
$mom1$	$L1$	0.006**	0.996***	0.983***	−0.207**	−0.005*	
		(2.30)	(32.02)	(18.24)	(−2.36)	(−1.88)	0.907
	$H10$	−0.013***	1.029***	0.614***	−0.195**	0.008***	
		(−4.96)	(32.16)	(11.07)	(−2.16)	(2.76)	0.886
$mom3$	$L1$	0.007**	1.024***	0.931***	−0.249***	−0.002	
		(2.61)	(32.49)	(16.82)	(−2.74)	(−0.63)	0.906
	$H10$	−0.009***	1.040***	0.607***	−0.174*	0.006**	
		(−3.15)	(30.86)	(10.26)	(−1.79)	(2.20)	0.875
$mom6$	$L1$	0.004	1.004***	0.960***	−0.248***	−0.004*	
		(1.37)	(32.84)	(17.87)	(−2.81)	(−1.76)	0.912
	$H10$	−0.006**	1.003***	0.643***	−0.242**	0.009***	
		(−2.33)	(29.43)	(11.13)	(−2.54)	(3.07)	0.872
$mom9$	$L1$	−0.002	1.007***	0.978***	−0.106	−0.005	
		(−1.08)	(27.54)	(13.33)	(−1.01)	(−1.43)	0.923
	$H10$	−0.001	1.028***	0.656***	−0.340***	0.011***	
		(−0.22)	(31.19)	(11.27)	(−3.50)	(3.88)	0.888

（续表）

		常数项	*rmrf*	*smb*	*hml*	*spsd*	*adj.R-sq*
*mom*12	*L*1	−0.002	1.018***	0.970***	0.057	−0.006*	
		(−0.68)	(27.53)	(14.21)	(0.56)	(−1.91)	0.928
	*H*10	−0.001	1.038***	0.620***	−0.425***	0.013***	
		(−0.14)	(31.72)	(10.70)	(−4.34)	(4.57)	0.893
B/M	*L*1	0.016***	0.922***	0.737***	−0.527	−0.020***	
		(6.53)	(30.45)	(13.85)	(−5.66)	(−7.36)	0.907
	*H*10	−0.008***	1.056***	0.743***	0.514***	0.010***	
		(−4.18)	(47.92)	(19.20)	(7.60)	(4.98)	0.941
size	*L*1	0.008***	0.926***	1.217***	−0.186*	−0.015***	
		(2.84)	(27.30)	(19.79)	(−1.94)	(−4.94)	0.912
	*H*10	0.001	1.064***	0.033	−0.029	0.002	
		(0.37)	(58.61)	(1.00)	(−0.57)	(1.12)	0.952

表 8-6 的实证分析结果再次论证了本章的理论猜想。由于按照动量指标进行分类所得到的风格组合，其超额交易进行集中于前期收益上涨的组合中，并且极端组合之间均未体现出一种强烈的可更替性，致使风格偏好转换仅能对赢家组合产生影响。虽然规模及账市比分类所产生的极端组合负相关性高于情绪 beta，比如：规模风格组合具有仅次于账市比的负相关性，但是超额交易主要集中在小盘股组合上，因此风格偏好动态转换只对小盘股组合产生了显著的影响，在大盘股组合上不显著。最后，通过每一种风格分类下构建相应的投资组合，所得到的最高收益率为账市比分组下的 3%，其余的收益率均不及情绪 beta 投资组合所得到的 2.43%和 2.19%，再次证实了情绪 beta 作为风格指标的有效性。总而言之，情绪 beta 能够从本质上刻画出“热点”形成及转换所引致的资产价格行为。

第六节　本章小结

现有的风格分类指标仍然需要投入一定的投资成本且无法捕捉到风格轮动及风格极端组合中的超额交易现象。因此，本章从市场层面出发，将情绪 beta 作为一种新的风格指标与现有指标进行比对，讨论了总量层面的风格投资及风格偏好转换问题。研究结论表明：一、通过对各种风格分类指标进行横向对比，情绪 beta 分类所产生的极端组合表现出较强的负相关性，超额交易仅仅出现于极端组合中，证实了情绪 beta 指标能够有效地刻画出风格轮动现象；二、市场层面的风格偏好动态转换具有反向追逐中期收益的特征，是一种负反馈的非理性行为；三、情绪 beta 风格偏好动态转换对组合收益具有系统性的影响，由于不同情绪状态下的投资者结构存有差异，使得系数在情绪高涨与低落时期形成相反的符号，分别产生显著的动量效应、微弱的反转效应与显著的动量效应、反转效应。所以，在总量层面，市场偏好在情绪 beta 极端组合之间的相互切换能够切实地反映出“热点”的形成以及风格偏好转换现象，并伴随着市场所偏好风格的交易过热及价格的上涨。

本章提出了一种新颖、有效的风格分类指标，从风格投资层面解释了交易量之谜，丰富了投资者情绪理论，具有一定的理论意义。在指导投资实践方面，情绪 beta 能够同时囊括小盘、新股等具有情绪高敏感性的股票，有利于风格投资者进一步降低投资成本，还可以通过在情绪低落时期买入高情绪 beta 极端组合、卖出低情绪 beta 极端组合，在情绪高涨时期买入低情绪 beta 极端组合、卖出高情绪 beta 极端组合的投资策略获取可观的超额收益。

第九章　全书总结与政策建议

第一节　全书总结

本书以渐进形式从非理性视角讨论了金融市场有效性问题。有效市场假说的不成立成为行为金融理论兴起的重要背景之一,但是现有研究只将问题瞄准“价格的异常性”层面。所以,本书首先从投资者情绪角度讨论了价格异常波动、由异常波动引起的价格信息流失以及由价格信息流失所起的股票收益同步性增加,不仅以一种层层递进的方式证实了投资者情绪融入资产定价理论之后可以对金融异象构成解释,也从不同层面体现出金融市场效率的低下。

投资者情绪的引入只能解释有限的总量异象,反馈理论作为一种古老但是却因为缺乏建模与实证、未被证实的猜想,值得我们进一步融入本书的框架中,通过一系列理论模型与实证分析,情绪与价格的反馈机制可以解释除了总量异象以外的横截面异象。然而,为了研究情绪反馈对于金融市场有效性的解释,必须要讨论投资者情绪对于市场所具有的影响,因为后者是前者能够成立的基础所在。

非理性投资者在偏好和信念层面的偏差都被认为是投资者情绪的表现,但是认知偏差也是导致非理性的一种原因,金融市场层面的细化产生了对于资产组合的风格分类。在情绪反馈和风格分类的共同作用下,我们进一步解释了风格投资条件下的交易量之谜与股票市场动态风格转换。

第二节　政策建议

一、强化信息披露要求

近年来,我国证券监督机构对于信息披露的重视程度在不断提高。然而,市场上仍然存在一些由于信息披露不力而导致内幕交易与股价操纵的恶性事件,其中不乏一些知名企业,如:王石先生提前透露万科集团的业绩。这些行为均使得市场资金基于该信息对散户投资者进行诱导性交易,引致股市的剧烈波动,对股票市场的长治久安带来严重的冲击。

为了解决这些由于信息披露所引发的问题,我们可以从多个层面进行努力,旨在为市场营造一个良好的环境,维护投资者的切身利益。

首先,证券监管机构需要增强自身的监管力度。一方面,可以扩大监管团队的规模,为监管市场的信息披露增添更多的人手及设备。另一方面,利用当前所盛行的大数据技术为监管披上科技的"外衣",全面搜集、分析信息披露,以及市场交易数据,对于重大的数据异常问题予以警示。其次,完善与证券监管有关的法制建设,增加对于信息披露的处罚力度、提高处罚上限。第三,加强对于上市公司信息披露的教育。注重对公司董秘以及证券事务代表进行有关信息披露的培训,通过定期组织考试的方式检验其对于信息披露问题的熟知程度,不合格者予以警告甚至取消其资格。最后,加强对证券研究机构的信息披露。比如,应该对卖方投资机构的调研纪要进行严格管理,对于涉嫌违反信息披露条例的纪要,必须禁止在市场进行传播,违者必须遭受处罚。

二、加强对散户投资者的教育与风险提示

我国股市仍然以散户投资者为主导，这类市场参与者被认为是“低劣的投资”的典型代表(胡昌生和池阳春，2014)，通常在不考虑金融基本面的情形下做出投资决策，表现出糟糕的市场择时能力、具有追逐趋势的特征，并且对于利好或利空信息反应过度或反应不足，使其在长期无法获取可观回报、遭受福利损失。因此，以证监会为代表的监管机构需要开展面向广大散户投资者的教育工作，通过重温股市泡沫甚至崩盘等现实市场中的悲惨案例，令投资者能够对非理性投资所引致的危害形成有效认知，切实削弱其由于“赌徒心理”所产生的高频投机性交易意愿，打消投资者企图“战胜市场”从而瞬间积累财富的意念；通过发布稳健型政策，在创新政策前进行沙盘推演以提高政策发行效果把控等方式，稳定散户投资者对于股市的信心，以免资产价格遭受投资者情绪波动的影响；尽管无人能够战胜市场，但是较之信息弱势的散户投资者，以基金公司为代表的机构投资者由于拥有信息优势及专业性的投资团队，能够获取相对可观的回报，相关部门需要引领散户投资者将闲散资金托付机构进行投资，降低散户的参与程度，提高市场的机构投资者比例。

三、大力发展机构投资者，并加强对机构投资者的监管

现实中，股票市场的参与者是由机构投资者与散户投资者所构成。大量文献将经验丰富的机构投资者视为知情套利者，将经验不足的散户投资者视为噪音交易者。与散户投资者相比，机构投资者的信息优势使其不太可能受到非理性因素的影响，表现出更加卓越的盈利能力。与欧美成熟市场中散户与机

构投资者的两极分化相比，我国股票市场仍然由大量散户投资者占据主导地位。截至 2018 年 8 月底，我国共有投资者数量 1.42 亿，其中散户投资者的比重为 99.77%。并且，我国的散户投资者并非倾向于“投资”股票，而是热衷于对股票进行“炒卖”：希望在极短的期限内实现“低买高卖”。根据证监会的统计，我国散户投资者的平均持股时间为 39 天，机构投资者的持股达到了 190 天。与巴菲特所推崇的长线价值投资相比，散户所推行的短线投机性炒卖遭受了巨额亏损。有鉴于此，我们应该将机构投资者作为未来股票市场的重点发展目标，通过鼓励散户投资者将富余资金交予金融机构代理，从而间接地持有上市公司股权，不仅可以有效地提高机构投资者的市场份额及交易量，也可令散户投资者借助机构的卓越投资能力获取可观的利润，避免重蹈财富损失的覆辙。

在传统资产定价范式下，投资者直接将财富配置于金融市场中，所需考虑的仅是收益-风险之间的权衡。然而，随着机构所持有的公司股票的增加，便会引致潜在的代理问题(agency problem)。比如，对于那些代客理财的投资公司而言，最终做出投资决策的并非资金所有者本身，我们如何能够确保代理者的行为能够与委托者的利益相一致？毕竟，机构投资者属于追求效用最优化的理性主体，并不肩负着保持市场有效性的重任，不免会做出违背散户意愿的举动。面对大量散户投资者，拥有信息搜集能力的机构投资者会关注散户用于交易的信息。即使机构投资者拥有关于基本面价值的信息，但是会在散户不知情的状态下予以忽略，最终不仅不会对资产错误定价进行纠正，反而会“骑乘泡沫”。所以，尽管提高机构投资者的市场比例乃是大势所趋，但是也应注重对于机构的监督，如：完善券商的“防火墙”制度，防止内幕消息流入券商的自营机构。

四、推进投资多元化、丰富投资产品

通过将有限资金配置于不同行业、风格的资产中能够有效地降低非系统性风险,这一点已经成为在市场立足的生存法则。然而,我国人民仍然对于炒卖股票表现出狂热的偏好,屡屡将市场推至危险边缘,这与我国股民的投机性交易特征相关,也反映了我国金融市场缺乏丰富多样的投资产品。广大的个体及家庭普遍通过对股票及地产进行高频交易,妄想通过赌博的形式瞬间积累财富,最终使得金融市场出现了“非理性繁荣”。有鉴于此,我们应该增加可用于投资的金融产品,如:放宽对于股指期货交易规模的限制,通过建立大量关于股指期货的空头头寸,实现对股票多头头寸的完全对冲,有效降低风险;引入个股期权等金融工具。其次,拓宽投资者的投资渠道,推行私募股权投资。不过,在增加了金融产品的种类之后,也需要完善投资者分级制度,提高那些高风险金融产品的投资门槛,切实保护中小型投资者的利益。

五、基于市场情绪变化建立灵活多变的市场监管体制

传统金融理论认为金融市场中充斥着完美的经济人,能够做出完全理性的决策,对于任何可得的信息表现出无限的处理能力,并且具有符合期望效用理论的偏好。然而,现实中的投资者无论在信念、偏好抑或认知方面均表现出较之传统框架的显著性偏差,致使投资者无法对资产的基本面价值形成有效认知。特别地,投资者之间所存在的异质信念表现出他们对于上市公司的未来发展态势持有差异性观点,并且在通过选取不同类型资产构建投资组合时也并非基于效用最优化的准则,进而反映出他们在偏好方面的非一致性。由于非理性投资者能够长久性

生存于金融市场中，从而使得资产价格会受到噪音的影响，难以彰显出所蕴含的基本面信息，降低了市场信号的信息含量，致使市场无法推动稀缺资本实现最优配置。鉴于投资者的非理性和市场的无效性，大量散户投资者往往会蒙受巨额的财富流失。自 20 世纪 90 年代起，我国股票市场已伴随着国民经济的增长取得了重大的发展成就，在全球市场中扮演着不可或缺的角色。然而，同成熟市场相比，我国股票市场仍然存在法制与公司治理制度不健全等问题，更散发出一种浓厚的投机性色彩。讨论金融市场中的投资者情绪与资产价格之间的反馈关系对于我们加强金融市场监管水准、维护投资者利益、发挥金融市场的“晴雨表”职能具有很强的现实意义。监管当局亦可基于情绪反馈理论对市场进行情绪监管，具体的情绪监管措施可以包括：市场监管中的情绪指数发布、情绪引导以及情绪预警等。特别地，针对投资者情绪波动及交易拥挤度变化设立预警机制，从而在事前捕捉到资产价格泡沫的形成趋势，尽早采取防控政策，以防投资者面对资产价格波动进行非理性的决策，以免在资产价格泡沫已对市场构成冲击之后才进行事后补救。

参考文献

[1] Shiller, R. 1981. Do Stock Prices Move too much to be justified by Subsequent Changes in Dividends? American Economic Review, 71:421—436.

[2] Burdekin R.C., Yang Y.A., 2013. Cross-Market Trading in China's Large State-Owned.

[3] Commercial Banks, 2006—2011, Contemporary Economic Policy, 31, 2:366—377.

[4] Markowitz, H. 1952. Portfolio selection, Journal of Finance, 7, 77—91.

[5] Modigliani, F., Miller, M. 1958. The cost of capital, corporation finance, and the theory of investment. American Economic Review 48, 261—297.

[6] Modigliani, F., Miller, M.H. 1963. Corporate Income Taxes and the Cost of Capital: A Correction. American Economic Review, 53, 433—443.

[7] Kahneman, D., and A., Tversky. 1979. Prospect Theory: An Analysis of Decision under Risk, Econometrica, 47, 2:263—292.

[8] Kahneman D., A. Tversky. 1982. Variants of uncertainty. Cognition, 11, 2:143—157.

[9] De Long J., A. Shleifer, Summers and R. Waldman,

1990a, Noise trader risk in financial markets, Journal of Political Economy, 98:703—738.

[10] Baker, M., and J., Wurgler. 2006. Investor Sentiment and the Cross-Section of Stock Returns. Journal of Finance, 61, 4:1645—1680.

[11] Sibley, S.E., Wang, Y., Xing, Y., Zhang, X., 2016. The information content of the sentiment index. Journal of Banking and Finance, 62:164—179.

[12] Wurgler J. 2000. Financial markets and the allocation of capital. Journal of Financial Economics, 58:187—214.

[13] Durnev, A., Morck, R., Yeung, B., 2004. Value-enhancing capital budgeting and firm-specific return variation. Journal of Finance, 59:65—105.

[14] Boubaker S, Mansali H, Rjiba H., 2014. Large controlling shareholders and stock price synchronicity. Journal of Banking and Finance, 40:80—96.

[15] Morck, R., Yeung, B., Yu, W., 2000. The information content of stock markets: why do emerging markets have synchronous price movements? Journal of Financial Economics. 58:215—260.

[16] Bris, A., Goetzmann, W., Zhu, N., 2007. Efficiency and the bear: short-sales and markets around the world. Journal of Finance, 62:1029—1079.

[17] Jin, L., Myers, S., 2006. R2 around the world: new theory and new tests. Journal of Financial Economics, 79:257—292.

[18] 胡昌生、池阳春.2014,投资者情绪与资产价格异常波动研

究.武汉:武汉大学出版社.
[19] De Long J., A. Shleifer, Summers and R. Waldman. 1990b. Positive feedback investment strategies and destabilizing rational speculation, Journal of Finance, 45: 375—395.
[20] Berger D, Turtle H. J. 2015. Sentiment Bubbles. Journal of Financial Markets, 23:59—74.
[21] Haugen, R. 1999. The Inefficient Stock Market. Upper Saddle River(NJ): Prentice Hall.
[22] Statman, M. 1999. Behavioral Finance: Past Battles and Future Engagements. Financial Analysts Journal, 55, 6:18—27.
[23] Caginalp, G., DeSantis, M. 2011. A Paradigm for Quantitative Behavioral Finance. American Behavioral Scientist, 55:1014—1034.
[24] Sharpe, W.F. 1964. Capital Asset Prices: A Theory of Market Equilibrium Under Conditions of Risk. Journal of Finance, 19:425—442.
[25] Lintner, J. 1965. The Valuation of Risky Assets and the Selection of Risky Investments in Stock Portfolios and Capital Budgets. Review of Economics and Statistics, 47:13—37.
[26] Fama, E. 1965. Random Walks in Stock Market Prices. Financial Analysts Journal, 21:55—59.
[27] Fama E.F. 1970. Efficient Capital Markets: A Review of Theory and Empirical Work, Journal of Finance, 25, 2:383—417.

[28] Black, F., Scholes, M. 1973. The Pricing of options and corporate liabilities. Journal of Political Economy, 81, 3:637—665.

[29] Fama, E., & French, K. 1993. Common Risk Factors in the Returns on Stocks and Bonds. Journal of Financial Economics, 33, 1:3—56.

[30] Fama, E., & French, K. 1996. Multifactor Explanations of Asset Pricing Anomalies. Journal of Finance, 51, 1: 55—84.

[31] Subrahmanyam, A. 2010. The Cross-Section of Expected Stock Returns: What Have We Learnt from the Past Twenty-Five Years of Research? European Financial Management, 16, 1:27—42.

[32] Jensen, M.C., Meckling, W.H. 1976. Theory of the firm: Management behavior, agency costs and ownership structure. Journal of Financial Economics, 3, 305—360.

[33] Myers, S.C., & Majluf, N.S. 1984. Corporate financing and investment decisions when firms have information that investors do not have. Journal of Financial Economics, 13:187—221.

[34] Merton, R. C. 1973. An Intertemporal Capital Asset Pricing Model. Econometrica, 41, 5:867—887.

[35] Lucas, R.E. (1978). Asset Prices in an Exchange Economy. Econometrica, 46, 6:1429—1445.

[36] Daniel, K., Titman, S. 2006. Market reactions to tangible and intangible information. Journal of Finance, 61, 4:1605—1643.

[37] Harvey, C., Liu, Y., Zhu, H. 2016. and the cross-section of expected returns. Review of Financial Studies 29:5—68.

[38] Kothari, S.P., Shanken, J., Sloan, R.G. 1995. Another Look at the Cross Section of Expected Stock Returns. Journal of Finance, 50, 1:185—224.

[39] Moosa, I.A. 2002. Exchange Rates and Fundamentals: A Microeconomic Approach. Economia Internazionale, 55:551—571.

[40] Nocera, J. 2009, June 5. Poking Holes in a Theory on Markets. New York Times.

[41] Siegel, J. 2010, April 9. The Efficient Market Theory and the Recent Financial Crisis. The Inagural Conference of the Institute of New Economic Thinking, King's College, Cambridge.

[42] Shiller, R. 2003. From Effcient Markets Theory to Behavioral Finance. The Journal of Economic Perspectives, 7, 1:83—104.

[43] Le Roy, S., and R., Porter. 1981. The Present-Value Relation: Tests Based on Implied Variance Bounds. Econometrica, 49, 3:555—574.

[44] De Bondt, W.F.M., Thaler, R. 1985. Does the stock market overreact? Journal of Finance, 40:793—805.

[45] Shleifer, A., R.Vishny. 1997. The limits to arbitrage. Journal of Finance, 52:35—55.

[46] Kahneman, D., Tversky, A. 1972. Subjective probability: a judgment of representativeness, Cognitive Psy-

chology, 3, 3:430—454.

[47] Kahneman, D., Tversky, A. 1973a. On the psychology of prediction, Psychological Review, 80:237—251.

[48] Tversky, A., Kahneman, D. 1971. Belief in the law of small numbers Psychological Bulletin 76, 2:105—110.

[49] Daniel, K., D. Hirshleifer, and A. Subrahmanyam. 1998. Investor Psychology and Security Market under- and Overreactions. Journal of Finance, 53:1839—1886.

[50] Bernard, V., J. Thomas. 1989. Post-earnings announcement drift: delayed price response or risk premium? Journal of Accounting Research, 27:1—36.

[51] Jegadeesh N. and S. Titman, 1993, Returns to Buying Winners and Selling Losers: Implications for Stock Market Efficiency, Journal of Finance, 48:65—91.

[52] Jin, L. 2015. A speculative asset pricing model of financial instability. Working paper.

[53] Goetzmann, W., Kim, D., Shiller, R. 2017. Crash beliefs from investor surveys. Working paper.

[54] Gul, F. 1991. A theory of disappointment in decision making under uncertainty. Econometrica 59:667—686.

[55] Quiggin, J. 1982. A theory of anticipated utility. Journal of Economic Behavior and Organization 3:323—343.

[56] Yaari, M. 1987. The dual theory of choice under risk. Econometrica 55:95—115.

[57] Ellsberg, D. 1961. Risk, ambiguity, and the Savage axioms. Quarterly Journal of Economics 75:643—669.

[58] Campbell, J. Y., Shiller, R. 1988. The dividend-price

ratio and expectations of future dividends and discount factors. Review of Financial Studies 1, 195—228.

[59] Fama, E., French, K. 1988. Dividend yields and expected stock returns. Journal of Financial Economics, 22:3—25.

[60] Fama, E., French, K. 1992. The cross-section of expected stock returns. Journal of Finance, 47:427—465.

[61] Mehra, R., Prescott, E. 1985. The equity premium: a puzzle. Journal of Monetary Economics, 15:145—161.

[62] Lo, A. W., MacKinlay, A. C. 1990. When are contrarian profits due to stock market overeaction? Review of Financial Studies, 3:175—206.

[63] Barberis, N., A. Shleifer, and R. Vishny. 1998. A Model of Investor Sentiment. Journal of Financial Economics, 49:307—343.

[64] Grinblatt, M., Han, B. 2005. Prospect theory, mental accounting, and momentum. Journal of Financial Economics, 78:311—339.

[65] Loughran, T., Ritter, J. 1995. The new issues puzzle. Journal of Finance, 50:23—50.

[66] Ikenberry, D., Lakonishok, J., Vermaelen, T. 1995. Market underreaction to open market share repurchases. Journal of Financial Economics, 39:181—208.

[67] Black, F. 1972. Capital market equilibrium with restricted borrowing. Journal of Business, 45:444—455.

[68] Black, F. 1986. Noise, Journal of Finance, 41:529—543.

[69] Frazzini, A., Pedersen, L. 2014. Betting against beta. Journal of Financial Economics, 111:1—25.

[70] Ang, A., Hodrick, R., Xing, Y., Zhang, X. 2006. The cross-section of volatility and expected returns. Journal of Finance, 61:259—299.

[71] Novy-Marx, R. 2013. The other side of value: The gross profitability premium. Journal of Financial Economics 108:1—28.

[72] Ball, R., Gerakos, J., Linnainmaa, J., Nikolaev, V. 2015. Deflating profitability. Journal of Financial Economics 117:225—248.

[73] 胡昌生、高玉森.2020.分析师情绪与交易诱导:A 股分析师是“虚情假意”的吗,金融经济学研究,第 1 期.

[74] Abreu, D., Brunnermeier, M. 2003. Bubbles and Crashes. Econometrica, 71, 1:173—204.

[75] D'Avolio, G. 2002. The Market for Borrowing Stock. Journal of Financial Economics, 66, 271—306.

[76] Yan, H. 2008. Natural selection in financial markets: does it work? Management Science, 54, 1935—1950.

[77] Barberis, N., R. Thaler. 2003. A Survey of Behavioral Finance. in George Constantinides, Milton Harris, Rene Stulz, eds., Handbook of the Economics of Finance, (Amsterdam: North-Holland).

[78] Barberis N.C. 2018. Psychology-Based Models of Asset Prices and Trading Volume. Handbook of Behavioral Economics: Applications and Foundations, 1, 1:79—175.

[79] Gromb, D., Vayanos, D. 2010. Limits to arbitrage. Annual Review of Financial Economics, 2, 251—275.

[80] De Long J., A. Shleifer, Summers and R. Waldman,

1991. The Survival of Noise Traders in Financial Markets, Journal of Business, 64, 1:1—19.

[81] Shleifer, A., Summers, L. 1990. The noise trader approach to finance. Journal of Economic Perspectives, 4, 19—33.

[82] Abreu, D., Brunnermeier, M. 2002. Synchronization risk and delayed arbitrage. Journal of Financial Economics, 66, 341—360.

[83] Brunnermeier M., Pedersen L. 2009. Market liquidity and funding liquidity. Review of Financial Studies, 22: 2201—2238.

[84] Tversky, A., Kahneman, D. 1992. Advances in prospect theory: Cumulative representation of uncertainty. Journal of Risk and Uncertainty 5, 297—323.

[85] Ang, A., Bekaert, G., Liu, J. 2005. Why stocks may disappoint. Journal of Financial Economics, 76, 471—508.

[86] Epstein, L., Schneider, M. 2001. The independence axiom and asset returns. Journal of Empirical Finance, 8, 537—572.

[87] Epstein, L., Zin, S. 1990. First-order risk aversion and the equity premium. Journal of Monetary Economics, 26, 387—407.

[88] Routledge, B., Zin, S. 2010. Generalized disappointment aversion and asset prices. Journal of Finance, 65, 4—32.

[89] Dahlquist, M., Farago, A., Tedongap, R. 2016. Asymmetries and portfolio choice. Review of Financial

Studies, 30:667—702.

[90] Polkovnichenko, V. 2005. Household portfolio diversification: A case for rank-dependent preferences. Review of Financial Studies, 18, 1467—1502.

[91] Bordalo, P., Gennaioli, N., Shleifer, A. 2012. Salience theory of choice under risk. Quarterly Journal of Economics, 127, 1243—1285.

[92] Benjamin, D., Moore, D., Rabin, M. 2017. Biased beliefs about random samples: Evidence from two integrated experiments. Working paper.

[93] Bordalo, P., Gennaioli, N., Shleifer, A. 2013. Salience and asset prices. American Economic Review Papers and Proceedings, 103, 623—628.

[94] Rabin, M., Vayanos, D. 2010. The gambler's and hot hand fallacies. Review of Economic Studies, 77, 730—778.

[95] Odean T., 1999. Do investors trade too much? American Economic Review, 89, 1279—1298.

[96] Shefrin, H., and M. Statman. 1985. The disposition to sell winners too early and ride losers too long. Journal of Finance, 40:777—790.

[97] Glaeser, E., Nathanson, C. 2017. An extrapolative model of house price dynamics. Journal of Financial Economics, 126, 147—170.

[98] Hong, H., Lim, T., Stein, J. 2000. Bad news travels slowly: Size, analyst coverage, and the profitability of momentum strategies. Journal of Finance, 55, 265—295.

[99] Greenwood, R., Hanson, S. 2015. Waves in ship prices and investment. Quarterly Journal of Economics, 130, 55—109.

[100] Nofsinger, J., and R. Sias. 1999. Herding and Feedback Trading by Institutional and Individual Investors. Journal of Finance, 54, 2263—2295.

[101] Barberis, N., and A. Shleifer. 2003. Style Investing. Journal of Financial Economics, 68, 161—199.

[102] Hong, H., Stein, J.C. 1999. A unified theory of underreaction, momentum trading, and overreaction in asset markets. Journal of Finance, 54, 2143—2184.

[103] Kallinterakis, V., Leite Ferreira, M., 2007. Herding and Feedback Trading: Evidence on Their Relationship at the Macro Level. SSRN Working Paper No. 984681.

[104] Lord, C, L. Ross and M Lepper. 1979. Biased assimilation and attitude polarization: the effects of prior theories on subsequently considered evidence, Journal of Personality and Social Psychology, 37, 2098—2109.

[105] Della Vigna, S., Pollet, J. 2009. Investor inattention and Friday earnings announcements. Journal of Finance 64, 709—749.

[106] Hirshleifer, D., S.S. Lim, S.H. Teoh. 2009. Driven to Distraction: Extraneous Events and Underreaction to Earnings News. Journal of Finance, 64, 5:2289—2325.

[107] Cohen, L., Lou, D. 2012. Complicated firms. Journal of Financial Economics 104, 383—400.

[108] Da, Z., Gurun, U., Warachka, M. 2014a. Frog in the

pan: Continuous information and momentum. Review of Financial Studies, 27, 2171—2218.

[109] Rosch, E., Lloyd, B. 1979. Cognition and Categorization. American Journal of Psychology, 92, 3:561—562.

[110] 胡昌生、彭桢、池阳春.2017.反馈交易、交易诱导与资产价格行为,经济研究,第5期.

[111] 陈聪、胡昌生,2021.反馈交易导致了理性投机的不稳定性吗? 预测,第1期.

[112] Barberis N.C., Greenwood R, Jin L, Shleifer A. 2018. Extrapolation and Bubbles. Journal of Financial Economics, 129, 2:203—227.

[113] Barberis, N., Greenwood, R., Jin, L., Shleifer, A. 2015. X-CAPM: an extrapolative capital asset pricing model, Journal of Financial Economics, 115, 1—24.

[114] Cutler, D., Poterba, J., Summers, L. 1990. Speculative dynamics and the role of feedback traders. American Economic Review Papers and Proceedings, 80, 63—68.

[115] Daniel, K., Hirshleifer, D., Subrahmanyam, A. 2001. Overconfidence, arbitrage, and equilibrium asset pricing. Journal of Finance 56, 921—965.

[116] Jin L J, Sui P. 2019. Asset Pricing with Return Extrapolation. Working Paper, Available at SSRN 3045658.

[117] Scheinkman, J., and W. Xiong. 2003. Overconfidence and Speculative Bubbles. Journal of Political Economy, 111, 6:1183—1219.

[118] Daniel, K., Titman, S. 2006. Market reactions to tangible and intangible information. Journal of Finance,

61, 1605—1643.

[119] Hirshleifer, D., Li, J., Yu, J. 2015. Asset pricing in production economies with extrapolative expectations. Journal of Monetary Economics, 76, 87—106.

[120] Barberis, N., M. Huang, and T. Santos. 2001. Prospect Theory and Asset Prices. Quarterly Journal of Economics, 116, 1—53.

[121] Lee C., Shleifer A., Thaler R. 1991. Investor sentiment and the closed-end fund puzzle. Journal of Finance, 46: 75—110.

[122] Baker M., Wurgler J. 2007. Investor sentiment in the stock market. Journal of Economic Perspectives, 21: 129—151.

[123] Shleifer A. 2000. Inefficient Markets: An Introduction to Behavioral Finance. Oxford University Press.

[124] Barberis N., Huang M. 2001. Mental Accounting, Loss Aversion, and Individual Stock Returns. Journal of Finance, 56:1247—1292.

[125] Barberis N., Huang M. 2009. Preferences with Frames: A New Utility Specification that Allows for the Framing of Risks. Journal of Economic Dynamics and Control, 33, 8:1555—1576.

[126] Barberis N., Huang M., Thaler R. 2006. Individual Preferences, Monetary Gambles, and Stock Market Participation: A Case for Narrow Framing. American Economic Review, 96, 4:1069—1090.

[127] Kumar A, Lee C. 2006. Retail investor sentiment and

return co-movements. Journal of Finance, 61:2451—2486.
[128] Kim SH, Kim D. 2014. Investor sentiment from internet message postings and the predictability of stock returns. Journal of Economic Behavior and Organization, 107: 708—729.
[129] Barber B, Odean T, Zhu N. 2009. Systematic noise. Journal of Financial Markets, 12:547—569.
[130] Shiller R J. 1984. Stock prices and social dynamics. Brookings Papers on Economics Activity.
[131] Lemmon M., Portniaguina E. 2006. Consumer confidence and asset prices: Some empirical evidence. Review of Financial Studies, 19, 4:1499—1529.
[132] Shiller R.J. 2000. Human behavior and the efficiency of the financial system[R]. NBER Working Paper, 6375.
[133] Neal R., Wheatley S. 1998. Do Measures of Investor Sentiment Predict Returns? Journal of Financial and Quantitative Analysis, 33:523—525.
[134] Baker M., Stein J. 2004. Market Liquidity as a Sentiment indicator. Journal of Financial Market, 7:271—299.
[135] Jones, Charles. 1991. A century of stock market liquidity and trading costs. Working paper, Columbia University.
[136] Brown., Stephen J., William N., Goetzman, Takato Hiraki, Noriyoshi Shiraishi, Masahiro Watanabe. 2003. Investor sentiment in Japanese and U. S daily mutual fund flows. Working paper, Yale University.
[137] Warther., Vincent A. 1995. Aggregate Mutual Fund Flows and Security Returns. Journal of Financial Eco-

nomics, 39, 2—3:209—235.

[138] Frazzini, Andrea, Owen Lamont. 2006. Dumb Money: Mutual Fund Flows and the Cross-section of Stock Returns. National Bureau of Economic Research Working Paper 11526.

[139] Stigler George J. 1964. Public regulation of the securities markets. Journal of Business, 37:117—142.

[140] Ritter, Jay. 1991. The long-run performance of the initial public offerings. Journal of Finance, 46:3—27.

[141] Gebhardt, W.R, Lee C, Swaminathan B. 1991. Toward an Implied Cost of Capital. Journal of Accounting Research, 39, 135—176.

[142] Danielsen B.R, Sorescu S.M. 2001. Why Do Option Introductions Depress Stock Prices? A Study of Diminishing Short Sale Constraints. Journal of Financial and Quantitative Analysis, 36, 451—484.

[143] Diether., Karl B., Christopher J., Malloy, Anna Scherbina. 2002. Differences of opinion and the cross section of stock returns. Journal of Finance, 57: 2113—2141.

[144] Pastor L., Veronesi P. 2001. Rational IPO Waves. Journal of Finance, 60, 4:1713—1757.

[145] Chopra N., Charles M., Lee C., Shleifer A., Thaler R. 1993. Yes, Discounts on Closed-End Funds Are a Sentiment Index. Journal of Finance, 48, 2:801—808.

[146] Brown G., Cliff M. 2005. Investor sentiment and asset valuation. Journal of Business, 35:405—440.

[147] 易志高、茅宁.2009.中国股市投资者情绪测量研究:CICSI的构建.金融研究,第11期.

[148] Ramiah V., Davidson S. 2007. An information-adjusted noise model: Evidence of inefficiency on the Australian Stock Market. Journal of Behavioral Finance, 8:209—224.

[149] Yang T., Hasuike. 2017. Construction of Investor Sentiment Index in the Chinese Stock Market. International Journal of Service and Knowledge Management, 1, 2: 49—61.

[150] Huang D., Jiang F., Tu J., Zhou G. 2015. Investor sentiment aligned: a powerful predictor of stock returns. Review of Financial Studies, 28:791—837.

[151] Kearney C., Liu S. 2014. Textual sentiment in finance: A survey of methods and models. International Review of Financial Analysis, 33:171—185.

[152] Tetlock, P.C. 2007. Giving content to investor sentiment: The role of media in the stock market. Journal of Finance, 62:1139—1168.

[153] Garcia, D. 2014. Sentiment during recessions. Journal of Finance. 68, 3:1267—1300.

[154] Tetlock P.C, Saar-Tsechansky M, Macskassy S. 2008. More than words: Quantifying language to measure firms' fundamentals. Journal of Finance, 63:1437—1467.

[155] Engelberg J, Reed A.V., Ringgenber M.C. 2012. How are shorts informed? Short sellers, news, and information processing. Journal of Financial Economics, 105, 2: 260—278.

[156] Sinha N. R. 2010. Underreaction to news in the US stock market. SSRN Working paper.

[157] Das S.R., Chen M.Y. 2007. Yahoo! for Amazon: Sentiment extraction from small talk on the web. Management Science, 53:1375—1388.

[158] Tumarkin R., Whitelaw R.F. 2001. News or noise? Internet postings and stock prices. Financial Analyst Journal, 57:41—51.

[159] Antweiler W., Frank M.Z. Is all that talk just noise? The information content of internet stock message boards. Journal of Finance, 2004, 59:1259—1294.

[160] Chen H., De P., Hu Y., Hwang B. 2013. Customers as advisors: The role of social media in financial markets. Available at SSRN, http://ssrn.com/abstract=1807265.

[161] 胡昌生、陶铸.2017.个体投资者情绪、网络自媒体效应与股票收益.预测,第3期.

[162] Frazzini A, Lamont A. 2008. Dumb Money: Mutual Fund Flows and the Cross-section of Stock Returns. Journal of Financial Economics, 88:299—322.

[163] Otoo M.W. 1999. Consumer sentiment and the stock market. FEDS Working Paper.

[164] Solt M.E., Statman M. 1988. How useful is the sentiment index? Financial Analyst Journal, 44:45—55.

[165] Wang Y.H., Keswani A., Taylor S.J. 2006. The relationship between sentiment, returns and volatility. International Journal of Forecasting, 22, 109—123.

[166] Spyrou S. 2012. Sentiment changes, stock returns and

volatility: Evidence from NYSE, AMEX and NASDAQ stocks. Applied Financial Economics, 22, 19:1631—1646.
[167] Edelen R.M., Marcus A.J., Tehranian H. 2010. Relative sentiment and stock returns. Financial Analyst Journal, 66:20—32.
[168] Chu X., Wu C., Qiu J. 2016. A nonlinear Granger causality test between stock returns and investor sentiment for Chinese stock market: A wavelet based approach. Applied Economics, 48, 21:1915—1924.
[169] Clarke R.G., Statman M. 1998. Bullish or bearish? Financial Analyst Journal, 54, 63—72.
[170] Schmeling M. 2009. Investor sentiment and stock returns: some international evidence. Journal of Empirical Finance. 16, 394—408.
[171] Lee W.Y., Jiang C.X., Indro D.C. 2002. Stock market volatility, excess returns, and the role of investor sentiment. Journal of Banking and Finance, 26:2277—2299.
[172] Wurgler, J. 2012. Introduction: A special issue on investor sentiment. Journal of Financial Economics, 104:227.
[173] Baker M., Wurgler J., Yuan Y. 2011. Global, local, and contagious investor sentiment. Journal of Financial Econmics, 104:272—287.
[174] Berger, D., Turtle, H., 2012. Cross-sectional performance and investor sentiment in a multiple risk factor model. Journal of Banking and Finance, 36, 1107—1121.
[175] Baker, M., Wurgler, J., 2012. Comovement and pre-

dictability relationships between bonds and the cross-section of stocks. Review of Asset Pricing Studies, 2, 57—87.
[176] Friedman M. 1953. The case for flexible exchange rates, ed. Eassys on Positive Economics, 175. Chicago: University of Chicago Press.
[177] Llorente G, Michaely R, Saar G, Wang J. 2002. Dynamic volume-return relation of individual stocks. Review of Financial Studies, 15:1005—1047.
[178] Campbell J, Lettau M, Malkiel B.G, Xu Y. 2001. Have individual stocks become more volatile? An empirical exploration of idiosyncratic risk. Journal of Finance, 56: 1—43.
[179] 胡昌生、陈聪、池阳春.2020.一冷一热总关“情”:情绪 beta 与股票市场动态风格转换.统计与信息论坛,第 6 期.
[180] Durnev A., Morck R., Yeung B., Zarowin P. 2003. Does greater firm-specific return variation mean more or less informed stock pricing? Journal of Accounting Research, 41:797—836.
[181] Chen Q., Goldstein I., Jiang W. 2007. Price informativeness and investment sensitivity to stock prices. Review of Financial Studies, 20, 3:619—650.
[182] Cooper M.J, Khorana A., Osobov I., Patel A., Rau P.R. 2005. Managerial actions in response to a market downturn: valuation effects of name changes in the dot.com decline. Journal of Corporate Finance, 11:319—335.
[183] Yu J., Yuan Y. 2011. Investor Sentiment and the Mean-Variance Relation[J]. Journal of Financial Eco-

nomics, 10:367—381.

[184] Stambaugh, R., J. Yu and Y. Yuan. 2012. The Short of it: Investor Sentiment and Anomalies. Journal of Financial Economics, 104:288—302.

[185] Wei S., Zhang C. 2006. Why did individual stocks become more volatile? Journal of Business, 79:259—292.

[186] Irvine P., Pontiff J. 2009. Idiosyncratic return volatility, cash flows, and product market competition. Review of Financial Studies, 22:1149—1177.

[187] Bekaert G., Hodrick R., Zhang X. 2012. Aggregate idiosyncratic volatility[J]. Journal of Financial and Quantitative Analysis, 47:1155—1185.

[188] Veldkamp L. 2005. Slow boom, sudden crash. Journal Economic Theory, 124:230—257.

[189] Veldkamp, L. 2006. Information markets and the comovement of asset prices. Review of Financial Studies, 73:823—845.

[190] Brockman P., Liebenberg I., Schutte M. 2010. Comovement, information production, and the business cycle. Journal of Financial Economics, 97:107—129.

[191] Cao, C., Simin, T., Zhao, J., 2008. Can growth options explain the trend in idiosyncratic risk? Review of Financial Studies, 21, 2599—2633.

[192] Brandt, M., Brav, A., Graham, J. R., Kumar, A., 2010. The idiosyncratic volatility puzzle: time trend or speculative episodes. Review of Financial Studies, 23, 863—899.

[193] Bernanke B., Blinder, A.. 1988. Credit, money, and aggregate demand. American Economic Review, 98, 435—439.

[194] Bernanke B., Gertler, M., Gilchrist, S. 1996. The Financial accelerator and the flight to quality[J]. The Review of Economics and Statistics, 78, 1, 1—15.

[195] K.Chue, F. A. Gul G. M. Mian. 2019. Aggregate investor sentiment and stock return synchronicity[J]. Journal of Banking and Finance, 108, 1—19.

[196] European Central Bank 2009. Housing wealth and private consumption in the Euro area. Monthly Bulletin(January).

[197] Kiyotaki N., Moore, J. 1997. Credit cycles. Journal of Political Economy, 105, 2:211—248.

[198] Bernanke B., Gertler, M.. 1995. Inside the black box: the credit channel of monetary policy transmission. Journal of Economic Perspectives, 9, 4:27—48.

[199] Bernanke, B., Gertler, M., Gilchrist, S.. 1999. Handbook of Macroeconomics, chapter 21-The financial accelerator in a quantitative business cycle framework, 1341—1393.

[200] Stiglitz, Joseph E, Weiss, Andrew. 1981. Credit Rationing in Markets with Imperfect Information. American Economic Review, 71, 3:393—410.

[201] 胡昌生、池阳春.2012.反馈交易、投资者情绪与波动性之谜,南方经济,第3期.

[202] Sentana, E., Wadhwani, S. 1992. Feedback Traders and Stock Return Autocorrelations: Evidence from a

Century of Daily Data, Economic Journal, 102:415—425.

[203] Koutmos, G. 1997. Feedback Trading and the Autocorrelation Pattern of Stock Returns: Further Empirical Evidence. Journal of International Money and Finance, 16:625—636.

[204] Toshiaki W. 2002. Margin Requirements, Positive Feedback Trading, and Stock Return Autocorrelations: the Case of Japan. Applied Financial Economics, 12:395—403.

[205] Hirshleifer D., Subrahmanyam A., Titman S. 2006. Feedback and the Success of Irrational Investors. The Journal of Financial Economics, 81, 2:311—338.

[206] Loewenstein, M., Willard, G. A. 2006. The limits of investor behavior. Journal of Finance, 61, 231—258.

[207] Mendel B, Shleifer A. 2012. Chasing noise. The Journal of Financial Economics, 104, 2:303—320.

[208] Blanchard O., Watson M.. 1982. "Bubbles, Rational Expectations, and Financial Markets," in Wachtel, P. (Ed.), Crisis in the Economic and Financial Structure: Bubbles, Bursts, and Shocks. Lexington Books.

[209] Tirole J. 1985. Asset Bubbles and Overlapping Generations. Econometrica, 53, 6:1499—1528.

[210] Giglio, S., Maggiori, M., Stroebel, J. 2016. No-bubble condition: model-free tests in housing markets. Econometrica, 84, 1047—1091.

[211] Greenwood R., Shleifer A., You Y. 2019. Bubbles for Fama. Journal of Financial Economics, 131, 1:20—43.

[212] 席勒.2016.非理性繁荣,北京:中国人民大学出版社.

[213] Grossman S.J., Miller M.H. 1988. Liquidity and Market Structure. Journal of Finance, 43, 3:617—633.

[214] Hsieh D. A., Miller M. H. 1990. Margin Regulation and Stock Market Volatility. Journal of Finance, 45, 1:3—29.

[215] Chang E. C., Cheng J. W., Yu Y. 2007. Short-Sales Constraints and Price Discovery: Evidence from the Hong Kong Market. Journal of Finance, 62, 5:2097—2121.

[216] 李志生、陈晨、林秉旋.2015.卖空机制提高了中国股票市场的定价效率吗?——基于自然实验的证据.经济研究,第4期.

[217] Chowdhry B, Nanda V. 1998. Leverage and Market Stability: the Role of Margin Rules and Price Limits[J]. Journal of Business, 71, 2:179—210.

[218] 徐长生、马克.2017.牛市中融资融券交易对股价高估的影响——基于上证A股交易数据的双重差分法分析.经济评论,第1期.

[219] Morris S, Shin H.S. 2004. Liquidity Black Holes. Review of Finance, 8, 1:1—18.

[220] Gromb D, Vayanos D. 2002. Equilibrium and Welfare in Markets with Financially Constrained Arbitrageurs. Journal of Financial Economics, 66, 2—3:361—407.

[221] Garleanu N, Pedersen L.H. 2007. Liquidity and Risk Management. American Economic Review, 97, 2:193—197.

[222] 韦立坚、张维、熊熊.2017.股市流动性踩踏危机的形成机理与应对机制.管理科学学报,第3期.

[223] Hong H, Stein J. C. 2003. Differences of Opinion, Short-Sales Constraints, and Market Crashes. Review of

Financial Studies, 16, 2:487—525.

[224] Scheinkman J. A, Xiong W. 2003. Overconfidence and speculative bubbles. Journal of Political Economy, 111, 6:1183—1220.

[225] Matsushima H. 2012. Role of Leverage in Bubbles and Crashes. CARF Working Paper.

[226] Kumar A. 2009. Dynamic Style Preferences of Individual Investors and Stock Returns. Journal of Financial and Quantitative Analysis, 44, 3:607—640.

[227] Grossman S., Stiglitz J. 1980. On the Impossibility of Informationally Efficient Markets. American Economic Review, 70:393—408.

[228] 胡昌生、王永锋、池阳春.2013.个体投资者风格偏好转换与股票收益.经济评论,第4期.

[229] Daniel K., Hirshleifer D. 2015. Overconfident Investors, Predictable Returns, and Excessive Trading. Journal of Economic Perspectives, 29, 4:61—88.

[230] Barber, B., and T. Odean. 1999. The Courage of Misguided Convictions: The Trading Behavior of Individual Investors. Association for Investment Management and Research, Nov/Dec, 41—55.

[231] Odean, T. 1998b. Volume, volatility, price, and profit when all traders are above average. Journal of Finance, 53, 1887—1934.

[232] Barber B., T. Odean. 2008. All that Glitters: The Effect of Attention and News on the Buying Behavior of Individual and Institutional Investors. The Review of Fi-

nancial Studies, 21, 2:785—818.

[233] Chen H., Bondt WD. 2004. Style Momentum within the S&P-500 Index. Journal of Empirical Finance, 11, 4:483—507.

[234] Froot K. A, Teo M. 2008. Style Investing and Institutional Investors. Journal of Financial and Quantitative Analysis, 43, 4:883—906.

[235] Wahal, S., and M. Yavuz. 2013. Style Investing, Comovement and Return Predictability. Journal of Financial Economics, 107, 136—154.

[236] Glushkov D. 2006. Sentiment Beta. SSRN Working Paper.

[237] Teo, M., and S. J. Woo. 2004. Style Effects in the Cross-Section of Stock Returns. Journal of Financial Economics, 74, 367—398.

[238] Peng, L., W. Xiong, and T. Bollerslev. 2007. Investor attention and time-varying comovements. European Financial Management, 13, 3:394—422.

[239] Battalio R, Schultz P. 2006. Options and the Bubble. Journal of Finance, 61, 5:2071—2102.

[240] Peng L. Xiong W. 2006. Investor Attention, Overconfidence, and Category Learning. Journal of Financial Economics, 80, 3:563—602.

[241] Miller, E. 1977. Risk, uncertainty, and divergence of opinion. Journal of Finance, 32, 1151—1168.

[242] 姜永宏、饶育铭、严伟健. 2017. 牛市还有"巴菲特"吗? ——基于牛熊市中基金投资行为的实证研究,投资研究,第8期.

图书在版编目(CIP)数据

投资者情绪、反馈与金融市场有效性研究 / 陈聪著 .—上海：上海三联书店，2023.9

ISBN 978-7-5426-8236-9

Ⅰ. ① 投… Ⅱ. ① 陈… Ⅲ. ① 投资者—情绪—关系—资本市场—价格波动—研究②投资者—情绪—影响—金融市场—研究 Ⅳ. ① F830.59 ② F830.91

中国国家版本馆 CIP 数据核字(2023)第 170034 号

投资者情绪、反馈与金融市场有效性研究

著　　者 / 陈　聪

责任编辑 / 方　舟
装帧设计 / 一本好书
监　　制 / 姚　军
责任校对 / 王凌霄
校　　对 / 莲　子

出版发行 / 上海三联书店
（200030）中国上海市漕溪北路 331 号 A 座 6 楼
邮　　箱 / sdxsanlian@sina.com
邮购电话 / 021-22895540
印　　刷 / 上海展强印刷有限公司

版　　次 / 2023 年 9 月第 1 版
印　　次 / 2023 年 9 月第 1 次印刷
开　　本 / 890mm × 1240mm　1/32
字　　数 / 210 千字
印　　张 / 9.375
书　　号 / ISBN 978-7-5426-8236-9/F · 900
定　　价 / 68 .00 元